**CLUB OF ROME
DIE ERSTE GLOBALE REVOLUTION**
von
ALEXANDER KING
BERTRAND SCHNEIDER

Alexander King
Bertrand Schneider

Die erste globale Revolution

Ein Bericht des Rates des
Club of Rome

*Aus dem Englischen übertragen
von Klaus Krieger*

1. Auflage. 1992

Copyright der Originalausgabe: Alexander King und Bertrand Schneider, 1991
Copyright der deutschen Ausgabe: Horizonte Verlag GmbH
Alle Rechte vorbehalten.

**Horizonte Verlag GmbH
Bonameser Str. 13
D-6000 Frankfurt/M. 50**

Gesetzt in der 10/12pt Times
Umschlaggestaltung: Peter Spiegel, Frankfurt/M.
Druck: Fuldaer Druckhaus
Printed in Germany

ISBN 3-926116-43-9

Inhalt

Vorwort von Ricardo Díez-Hochleitner 9
Einleitung 13

I Die Weltproblematik 19
  1 Ein Wirbelsturm der Veränderung 21
  2 Die Wechselwirkung der Probleme 51
  3 Das internationale Mißmanagement der Weltwirtschaft 73
  4 Erste Anzeichen von Solidarität 89
  5 Das Vakuum 95
  6 Die menschliche Misere 105
  Die Herausforderung 113

II Die Weltlösungsstrategie 117
  Einleitung 119
  7 Die drei Dringlichkeiten 123
  8 Das Geschäft des Regierens und die Regierungsfähigkeit 155
  9 Schritte und Verfahren einer Weltlösungsstrategie 175
  10 Motivationen und Werte 191

Unser Weg in ein neues Zeitalter 203
Ein Aufruf zur Solidarität 213

Der Rat des Club of Rome 215
Würdigungen 217

»Noch keine Generation hat ihre Propheten geliebt, am allerwenigsten jene, die auf die Folgen von schlechtem Urteilsvermögen und mangelndem Weitblick hingewiesen haben. Der Club of Rome darf sich etwas darauf zugute halten, daß er nun schon seit 20 Jahren unpopulär ist. Ich hoffe, daß er noch viele weitere Jahre damit fortfährt, unangenehme Tatsachen auszusprechen und den Selbstzufriedenen ebenso wie den Gleichgültigen ins Gewissen zu reden.«

Prinz Philip, Herzog von Edinburgh
Botschaft an die Konferenz zum 20jährigen Bestehen
des Club of Rome, Paris 1988

»Ach Liebste! Könnten wir doch einmal Schicksal spielen,
den kümmerlichen Plan der Welt in Händen halten!
In Stücke würden wir ihn haun, den instabilen,
um ihn nach eignen Herzens Wunsch neu zu gestalten.«

Omar Khayyam
Persischer Naturforscher und Dichter aus dem 12. Jahrhundert;
aus der Sammlung *Rubbayat*

Vorwort

1968 war das Jahr der großen Wende. Es markierte den Höhepunkt und Abschluß der langen Nachkriegsperiode eines raschen wirtschaftlichen Aufschwungs in den Industrieländern. Zugleich war es ein Jahr sozialer Unruhen. In vielen Ländern kam es zu Studentenrevolten und zu weiteren Anzeichen von Entfremdung und kulturkritischem Protest. Außerdem entstanden damals erste Ansätze eines öffentlich artikulierten Umweltbewußtseins.

Eine Reihe von Persönlichkeiten, die den Entscheidungszentralen nahestanden, begannen sich Sorgen zu machen über die offensichtliche Unfähigkeit von Regierungen und internationalen Organisationen, die Konsequenzen eines starken materiellen Wachstums vorauszusehen oder auch nur voraussehen zu wollen. Auch gab ihnen die unklare Vorstellung zu denken, die diese Institutionen von den qualitativen Aspekten des Lebens hatten, welches der noch nie dagewesene Überfluß ermöglichen sollte. Daher hielt man es für nützlich, eine Gruppe unabhängiger Denker zusammenzuführen, welche die Arbeit der öffentlichen Organisationen ergänzen sollte, indem sie sich mit den eher langfristigen, grundsätzlichen Problemen befaßte.

Aus diesen Überlegungen heraus entstand 1968 der Club of Rome, dem gegenwärtig einhundert unabhängige ordentliche Mitglieder aus 53 Ländern angehören. Der Club of Rome verfolgt keinerlei politische Ziele. Seine Mitglieder repräsentieren eine Vielfalt von Kulturen, Ideologien, Berufen und Wissenschaftszweigen, und es verbindet sie die gemeinsame Sorge um die Zukunft der Menschheit. Als erstes beschäftigte sich der Club mit dem Thema »Die prekäre Lage der Menschheit«. Seine Überlegungen waren von Anfang an von drei einander ergänzenden Denkansätzen bestimmt:

- einer globalen Betrachtungsweise der großen und komplexen Probleme einer Welt, in der die wechselseitige Verflochtenheit der Nationen immer weiter zunimmt;

- einer Betrachtung von Problemen, politischen Strategien und Optionen unter einer längerfristigen Perspektive, als sie Regierungen

VORWORT

möglich ist, da diese auf unmittelbare Anliegen einer mangelhaft informierten Wählerschaft reagieren;

- dem Bestreben, ein tieferes Verständnis für die Wechselwirkungen der Gegenwartsprobleme zu entwickeln - eines komplizierten Geflechts von Problemen politischer, wirtschaftlicher, sozialer, kultureller, psychologischer, technologischer und ökologischer Art, für das der Club of Rome den Begriff »Weltproblematik« geprägt hat.

Die Weltproblematik ist in gewissem Sinn zum Markenzeichen des Club of Rome geworden. Wir definieren sie als das dichte, ungeordnete Gemisch miteinander verknüpfter, in Wechselwirkung stehender Schwierigkeiten und Probleme, welche die Lage der Menschheit bestimmen. Für unser gegenwärtiges Anliegen haben wir analog dazu den Begriff der »Weltlösungsstrategie« geprägt. Er steht für den umfassenden Versuch, möglichst viele verschiedene Aspekte der Weltproblematik parallel zu lösen oder wenigstens Lösungswege und wirkungsvollere Strategien aufzuzeigen. Wir verstehen darunter allerdings nicht einen Generalangriff auf die Totalität der Problematik in ihrer ganzen Vielfalt. So etwas wäre unmöglich. Vielmehr ist es unser Ziel, die wichtigsten Aspekte der Problematik gleichzeitig anzugehen und dabei sorgfältig auf die gegenseitige Beeinflussung dieser Aspekte zu achten. Es scheint, daß in einer zunehmend durch Bürokratien gelähmten Welt Initiativen verstärkt von flexiblen, unabhängigen Gruppen wie dem Club of Rome ausgehen müssen.

Unsere erste Veröffentlichung, *Die Grenzen des Wachstums*, erschien 1972 als Bericht an den Club (weniger als Bericht des Club selbst). Die von uns in Auftrag gegebene Studie wurde durch ein internationales Team von Professoren und Wissenschaftlern des Massachusetts Institute of Technology (MIT) erstellt und basierte auf der von Jay Forrester entwickelten Methode der Systemdynamik. Sie war ein erster Versuch, die Wechselwirkungen einer Reihe quantifizierbarer Elemente der Weltproblematik darzustellen. Der Bericht und die Kontroverse, die er unmittelbar auslöste, machten den Club of Rome weltweit bekannt oder, wie manche sagen würden, berüchtigt. Das Buch erreichte eine Gesamtauflage von rund zehn Millionen Exemplaren, wurde in über dreißig Sprachen übersetzt und hatte eine beträchtliche politische Wirkung.

Der Bericht hat sein wichtigstes Ziel erreicht: Er löste eine weltweite Diskussion über Wachstum und Gesellschaft aus und führte zu einem zunehmenden Bewußtsein der Wechselwirkungen zwischen den verschiedenen Elementen der Weltproblematik. Der Club wurde scharf kri-

VORWORT

tisiert, weil er angeblich ein wirtschaftliches Nullwachstum befürwortete. Dies war nie unsere Absicht. Wir waren uns über die dringende Notwendigkeit materiellen Wachstums in den armen Ländern im klaren, warnten jedoch vor einer undifferenzierten Wachstumspolitik in den Industrieländern, vor dem Raubbau an der Rohstoffbasis der Welt, vor der Zerstörung der Umwelt und vor der Vorherrschaft materieller Werte in der Gesellschaft.

Seit 1972 hat der Club of Rome achtzehn Berichte über eine Vielzahl verschiedener Probleme publiziert. Der zweite Bericht, *Die Menschheit am Wendepunkt*, verfaßt von den Professoren Pestel und Mesarovic, basierte ebenfalls auf einem Computermodell, berücksichtigte jedoch regionale Verhältnisse. Er schloß mit einer ernsten Warnung vor dem großen menschlichen Leid und den hohen finanziellen Kosten, die ein Aufschieben der notwendigen Maßnahmen verursachen würde.

In den zwanzig Jahren seit 1972 haben sich die tieferen Ursachen der Problematik nicht verändert, aber die Zusammensetzung der Probleme ist eine andere, und die Schwerpunkte haben sich verlagert. Die Menschheit wird immer mit ihrer jeweils spezifischen Zeitproblematik leben müssen, unabhängig davon, wie effektiv die Weltlösungsstrategie in der Vergangenheit war. Neue Situationen sind durch neue Schwierigkeiten gekennzeichnet, die sich nicht zuletzt aus der Art ergeben, wie vergangene Probleme gelöst wurden. Außerdem dürfte sich in einer Zeit raschen Wandels wie der heutigen die Zusammensetzung der Probleme und das Verständnis ihrer relativen Bedeutung rasch ändern. Dies rührt zum Teil daher, daß wir heute einiges deutlicher sehen; andererseits sind aber auch durch neues Wissen ganz neue Gefahren erkannt worden. Die beiden wichtigsten Elemente sind derzeit wahrscheinlich die Bevölkerungsexplosion im Süden und die erst kürzlich erkannten globalen Auswirkungen menschlichen Tuns auf die Umwelt. Die Veröffentlichung *Die Grenzen des Wachstums* beschäftigte sich mit eben diesen beiden Elementen als zentralen Anliegen. Die heutige Weltproblematik umfaßt aber offensichtlich auch neue Elemente wie Veränderungen im menschlichen Verhalten, das Auftauchen anscheinend irrationaler Bewegungen wie des Terrorismus und die Entwicklung eines ausgeprägten individuellen und kollektiven Egoismus auf dem Boden unserer materialistisch orientierten Gesellschaft. Solche Probleme sind für die Beurteilung der gegenwärtigen Lage ganz offensichtlich relevant.

Der Mensch ist der Verursacher der Weltproblematik und hat zugleich ihre Folgen zu tragen. Die Weltproblematik muß deshalb einer systematischen Analyse unterzogen werden, die sich nicht auf das sogenannte vernünftige Verhalten beschränkt, sondern auch die instinktiven,

VORWORT

offensichtlich irrationalen Elemente der menschlichen Natur angemessen berücksichtigt.

Wenn der Club of Rome seiner Rolle gerecht werden soll, müssen wir die Weltproblematik von neuem analysieren, einige ihrer Wechselwirkungen klarer beleuchten und vor den möglichen Konsequenzen und Tendenzen warnen, die sich aus dem unveränderten Fortbestand der wirtschaftlichen Systeme und des menschlichen Verhaltens der Gegenwart ergeben würden. Vielleicht mit Ausnahme der atomaren Bedrohung sind die Gefahren für die Menschheit heute vermutlich größer und näher gerückt als 1972, und wir werden zweifellos auch diesmal wieder als Untergangspropheten kritisiert werden. Vielleicht ist das die Aufgabe, die uns zur Ehre gereicht. Den Untergang zu prophezeien ist jedoch keineswegs unsere einzige, ja nicht einmal unsere wichtigste Funktion oder Absicht, sondern nur ein notwendiges Vorspiel zur Verhütung der Katastrophe. Das Buch *Grenzen des Wachstums* sollte nie eine Prophezeiung sein, sondern eine Warnung vor dem, was eintreten könnte, falls keine Maßnahmen ergriffen würden, um die Voraussagen des Buches zu verhindern. Ein solcher vorbeugender Ansatz verpflichtet aber auch dazu, mögliche Lösungsstrategien vorzulegen.

Ricardo Díez-Hochleitner
Präsident des Club of Rome

Einleitung

An der Schwelle zum neuen Jahrhundert wird die Menschheit offenbar von Endzeitstimmung und Unsicherheit erfaßt; dem Ende eines ganzen Millenniums haftet indessen ein noch geheimnisvollerer Nimbus an: Es verheißt rasche allgemeine Veränderungen und vergrößert damit die Unsicherheit.

In jüngster Zeit hat der Club of Rome mehr als einmal zum Thema »Der große Übergang« getagt. Wir sind überzeugt, daß wir uns im Entstehungsstadium einer neuen Weltgesellschaft befinden, die sich von der heutigen Gesellschaft ähnlich fundamental unterscheiden wird wie die Welt nach der industriellen Revolution von der ihr vorausgegangenen langen agrarischen Periode. Die erste, aber bei weitem nicht die einzige Triebkraft dieses Wandels war ein ganzes Bündel neuer Technologien, die vor allem der Mikroelektronik und den neuen Entdeckungen der Molekularbiologie ihre Entstehung verdankten. Diese Technologien bringen das hervor, was wir oft als Informationsgesellschaft, postindustrielle Gesellschaft oder auch Dienstleistungsgesellschaft bezeichnen. Für die Menschen dieser neuen Gesellschaft werden sich Arbeit, Lebensstil sowie materielle und sonstige Lebensperspektiven sehr von dem unterscheiden, was wir heute kennen.

Wir brauchen nur die Bevölkerungsexplosion in den südlichen Ländern, die Wahrscheinlichkeit gravierender Veränderungen und Störungen des Weltklimas, den bedenklichen Zustand der weltweiten Nahrungsmittelversorgung, die Gefahr einer Energieknappheit und die ungeheuren geopolitischen Veränderungen zu nennen - alles Faktoren, die im Zusammenhang der Weltproblematik miteinander in Wechselwirkung stehen. Wir sind überzeugt, daß das Ausmaß dieser Veränderungen zu einer großen Revolution auf globaler Ebene führen wird.

In den Jahren 1989 und 1990 hat sich der Lauf der Geschichte beschleunigt: Die meisten kommunistischen Regime in Osteuropa sind zusammengebrochen, Ost- und Westdeutschland wurden wieder zu einem Staat, und die Invasion des Irak in Kuwait hat in der Golfregion zu einem tödlichen Konflikt geführt. Das waren natürlich nicht die einzigen, aber doch die weitaus augenfälligsten Ereignisse dieser Jahre. Obwohl geographisch auseinandergelegen, standen sie in einem Zusammenhang:

EINLEITUNG

Das Ende des Kalten Krieges und der Ost-West-Spannung riß gleichsam den Deckel vom Hochdruckkocher der Weltprobleme, so daß schwelende Konflikte sich entladen und lange unterdrückte Bestrebungen mit Gewalt an die Oberfläche dringen konnten.

Höchstwahrscheinlich werden in den kommenden Jahren weitere Ereignisse ins Zentrum der allgemeinen Aufmerksamkeit rücken und die Aktualitäten von heute in den Hintergrund drängen. Der Golfkrieg ist nur der erste Vorgeschmack auf eine Reihe von Krisen, unter denen die Welt in kommenden Jahren mit Sicherheit schwer zu leiden haben wird. Er ist ein Warnsignal, das uns lehren sollte, das internationale Beziehungsgeflecht in einem neuen Licht zu sehen.

Das Ende des Kalten Krieges hat vielerorts zu einem Aufleben des Nationalismus geführt, der bisher von der Ost-West-Spannung überlagert war, zukünftig jedoch unausweichliche Konflikte unterschiedlichen Ausmaßes produzieren wird.

In der Zeit nach dem Kalten Krieg wird sich die Kluft zwischen reichen und armen Ländern, zwischen Nord und Süd weiter vergrößern. Besonders die arabisch-muslimischen Länder werden die damit verbundene Ungerechtigkeit und Demütigung zunehmend als unerträglich empfinden.

Der Golfkrieg ist auch als ein Versuch der Vereinigten Staaten zu werten, ihre Hegemonie in einigen Weltregionen zu festigen, indem sie zugleich ihre militärische Macht in den Dienst von Recht und Gesetz stellen. Aufgrund dieser Doppeldeutigkeit der amerikanischen Politik werden sich trotz des oft bekundeten guten Willens die internationalen Beziehungen der Vereinigten Staaten in Zukunft nicht einfacher gestalten als bisher.

Schließlich müssen wir betonen, daß der Abrüstungsprozeß, der zwischen den USA und der Sowjetunion - beziehungsweise ihren Nachfolgern - in Gang gekommen ist, bei all seinen positiven Aspekten nicht ausreicht. Wir müssen entschieden die Abrüstung in Risikogebieten und die strenge Kontrolle des Handels mit High-Tech-Waffen durch die Vereinten Nationen fordern, wenn wir weitere ähnlich blutige und paradoxe Konflikte vermeiden wollen.

Werden die neuen Demokratien in Afrika, in Osteuropa und in den lateinamerikanischen Ländern wachsen und gedeihen, oder werden sie scheitern und wieder durch autoritäre Regierungen ersetzt werden? Werden Regime, die heute noch stabil erscheinen, dem Druck ihrer Bürger standhalten können, die mehrheitlich unter 20 Jahre alt sind und ein Dach über dem Kopf, einen Arbeitsplatz und die Mittel zum Leben und Überleben fordern? Niemand weiß es.

EINLEITUNG

Eines ist jedoch unbestreitbar: Die wirtschaftlichen Unterschiede auf der Welt, die schreienden Ungerechtigkeiten und die ungeheure, extreme Armut, der ein ebenso extremer Reichtum gegenübersteht, verursachen vielfältige Spannungen und Konflikte, die in den verschiedensten Teilen der Welt aufbrechen. Sie stellen Anzeichen dieser ersten globalen Revolution dar und machen die Unsicherheit deutlich, die über der Zukunft unseres Planeten liegt.

Warum sehen wir in den gegenwärtigen Bedrohungen und Veränderungen die erste globale Revolution? Die Entwicklung von der Kultur der Jäger und Sammler zu einer Kultur seßhafter Ackerbauern, welche vermutlich von intelligenten Frauen durch die Entdeckung eßbarer Anbaupflanzen ausgelöst wurde, benötigte wahrscheinlich Zehntausende von Jahren, bis sie die ganze Welt erfaßt hatte. Die Industrialisierung begann vor etwa zweihundert Jahren in Großbritannien und hat bis heute noch nicht alle Länder erreicht. Die krassen Veränderungen der Gegenwart finden überall gleichzeitig statt, aus Gründen, die auch überall vorliegen, und so verursachen sie den »Sturm und Drang« einer universalen Revolution. Die weltweite Bedeutung dieser Revolution wächst ins Unermeßliche, wenn man in Betracht zieht, daß der falsche Umgang mit ihr die gesamte Menschheit in Gefahr bringt.

Langsam entpuppt sich aus den alten, oft archaischen oder dekadenten Gesellschaften die neue Gesellschaft; dies ist ein komplexer, unsicherer Vorgang, und die Erscheinungsformen des Neuen sind schwer zu deuten. Damit wird die Aufgabe der Entscheidungsträger im öffentlichen und privaten Bereich schwieriger denn je, andererseits führt es zu einer ständigen Reflexion aller denkenden Menschen. Elemente oder Übergangserscheinungen der neuen Gesellschaft treten scheinbar zusammenhanglos an den unterschiedlichsten Orten auf.

Die globale Revolution hat keine ideologische Basis. Sie erwächst aus einer völlig neuartigen Mischung geostrategischer Epizentren und sozialer, wirtschaftlicher, technologischer, kultureller und ethischer Faktoren, die in verschiedenen Kombinationen zu unvorhersehbaren Situationen führen. In dieser Übergangsperiode steht die Menschheit somit vor einer doppelten Herausforderung: Sie muß trotz vieler unbekannter Aspekte zu einem Vorverständnis der Welt von morgen kommen, und sie muß trotz aller Ungewißheiten lernen, diese neue Welt zu beherrschen, statt sich von ihr beherrschen zu lassen. Unser Ziel muß normativer Art sein: Wir brauchen eine Vision von einer Welt, in der wir gerne leben möchten, wir müssen die vorhandenen materiellen, menschlichen und ethischen Ressourcen in unsere Überlegungen einbeziehen, damit unsere Vision realistisch und lebensfähig wird, und wir müssen

EINLEITUNG

die menschliche Energie und den politischen Willen aufbringen, die neue globale Gesellschaft zu gestalten.

Angelegenheiten des öffentlichen Interesses sind ebenso wie andere menschliche Interessen Modeströmungen unterworfen. Gestern stand die atomare Bedrohung im Vordergrund, dann war es die Bevölkerungsexplosion, und heute ist es die Umwelt, während die Furcht vor einer Übervölkerung nicht mehr so stark ist. Der künftige Energiebedarf wird derzeit noch kaum in der Öffentlichkeit thematisiert, aber durch die Ereignisse im Nahen und Mittleren Osten beginnt er bereits zum neuen Modethema zu werden. Man muß all diese Faktoren als wichtige Facetten im Kaleidoskop des planetarischen Wandels betrachten.

Angesichts der komplexen Veränderungen ist es wichtiger denn je, den Blick über die drängenden Augenblicksprobleme hinaus auf die verborgenen Auslöser künftiger Entwicklungen zu richten. Vorhersagen sind einerseits unerläßlich, andererseits werden sie notwendigerweise nie genau so eintreffen. Die bloße Extrapolation bestehender Trends liefert uns noch keine realistischen Antworten. In *Grenzen des Wachstums*[1] wurden mit Hilfe eines interaktiven Simulationsmodells verschiedene Szenarios entwickelt, die verdeutlichen sollten, was es zu verhindern galt. Im Bereich der Technologie und der Industrie sind langfristige Voraussagen unbedingt erforderlich, und weitblickende Konzerne machen Anstrengungen in dieser Richtung - auf der Suche nach neuen Methoden, das Ungewisse zu planen.

■

»In den dreißiger Jahren ließ der amerikanische Präsident Franklin D. Roosevelt eine umfangreiche Studie über künftige technologische Entwicklungen erstellen. Als die Studie vorlag, hinterließ sie einen tiefen, ja geradezu überwältigenden Eindruck. Die Sache hatte nur einen Haken: In der Studie fehlte jeder Hinweis auf das Heraufkommen des Fernsehens, auf Kunststoffe, Düsenflugzeuge, Organtransplantationen oder Laserstrahlen; ja, nicht einmal der Kugelschreiber wurde vorausgesagt!«

Giesbert (1990)

■

Ein weiterer Aspekt der gegenwärtigen Lage ist die wachsende Erkenntnis, daß die Menschheit durch die Jagd nach materiellem Gewinn

---

1 Der erste Bericht des Club of Rome (Meadows 1972)

EINLEITUNG

und die Ausbeutung der Natur sehr schnell an den Punkt gelangen wird, wo sie den Planeten und sich selbst zerstört. Die Bedrohung durch die atomare Zerstörung ist zwar weniger akut geworden, sie besteht jedoch nach wie vor. Die Möglichkeit irreversibler Klimaveränderungen dagegen, deren Konsequenzen wir noch kaum abschätzen können, ist zur akuten Gefahr geworden. Derartige Aspekte der gegenwärtigen Weltproblematik haben globalen Charakter und können selbst von Supermächten nicht im Alleingang gelöst werden. Erst wenn die Bewohner der Erde erkennen, daß sie alle von den gleichen unmittelbaren Gefahren bedroht werden, kann ein universaler politischer Wille entstehen und damit jene Kooperation, die für das Überleben der Menschheit notwendig ist. Deshalb rufen wir zu weltweiter Solidarität auf. Der Begriff »Solidarität« ist oft mißbraucht und stark entwertet worden. Solidarität wurde oft in Situationen gefordert, in denen die Motive für gemeinsames Denken und Handeln äußerst schwach waren; daher hat das Wort einen utopischen, unwirklichen Klang erhalten. Angesichts der gegenwärtigen Umstände freilich und der Gefahren, die die Zukunft aller Erdenbewohner bedrohen, liegt es auf der Hand, daß der Begriff neu aufgewertet werden muß.

Wir stellen hier vieles bewußt vereinfacht dar: Die meisten der aufgegriffenen Phänomene müßten weit tiefergreifend und schärfer analysiert werden. Eine solche Analyse würde jedoch viele dicke Bände füllen.

Unser Ziel ist ein anderes. Wir wollen unsere Sicht der gegenwärtigen Weltproblematik so klar wie möglich darlegen, indem wir in aller Kürze - selbst um den Preis der Oberflächlichkeit und Unvollständigkeit - Elemente der Weltproblematik vorstellen, die vielleicht schon bekannt sind, und dann ihre gegenseitige Verflochtenheit herausarbeiten.

Wir maßen uns nicht an, Rezepte für konkrete Projekte zur Rettung der Welt zu präsentieren. Trotzdem fühlen wir uns durch unsere Analyse ermutigt, eine Reihe praktischer Vorschläge zu unterbreiten, mögliche Handlungsweisen aufzuzeigen und auf notwendige Veränderungen der geistigen Einstellung hinzuweisen.

Noch nie zuvor in ihrer Geschichte hat die Menschheit wie heute das Wissen und die Fähigkeiten, die Mittel und den Zusammenhalt besessen, eine bessere Welt zu gestalten. Das sollte alle Menschen mit nachhaltiger Hoffnung erfüllen. Und doch existieren im Hinblick auf bevorstehende Veränderungen ein weitverbreitetes Unbehagen und eine Angst, die auf der Grundlage von unverarbeiteten Wandlungen der letzten Jahrzehnte die Unsicherheit noch verstärken werden. Gerade in dieser Unsicherheit liegt jedoch, nachdem die Erstarrung der Vergan-

EINLEITUNG

genheit aufgebrochen ist und neue Zukunftshoffnungen erwacht sind, die große Chance zur Neugestaltung der Weltgesellschaft. Es ist die Tragik unserer Situation, daß wir noch nicht in der Lage sind, unser Potential zu realisieren. Wir sehen, daß die Welt und ihre Ressourcen völlig unzulänglich verwaltet werden, lassen uns aber dennoch von der Selbstzufriedenheit unserer Führer einlullen und von unserer eigenen Trägheit und Abneigung gegen Veränderungen. Die Zeit wird knapp. Einige Probleme haben bereits einen Umfang erreicht, der keine erfolgversprechende Lösung mehr zuläßt, und die Kosten einer Verzögerung sind unabsehbar. Wenn wir nicht aufwachen und schnell handeln, kann es zu spät sein.

Dieses Buch besteht aus zwei Teilen. Der erste behandelt die Weltproblematik und versucht, die wichtigsten Veränderungen der letzten zwei Jahrzehnte darzustellen, die dadurch verursachte Misere zu beschreiben und einige der drängendsten Probleme und Gefahren aufzuzeigen, denen sich eine geeinte Menschheit stellen muß. Der zweite Teil unternimmt es, eine Weltlösungsstrategie zu entwickeln. In ihm werden Aktionen vorgestellt, die gegenwärtig besonders dringlich erscheinen. Zum Schluß kommen wir auf die Notwendigkeit einer weltweiten Solidarität zurück.

Die erste globale Revolution ist für alle jene geschrieben, die den Geist des Forschers, des Entdeckers, des risiko- und lernbereiten Menschen in sich tragen. Für alle, die einen Sumpf durchqueren oder einen Berg besteigen, weil sie so beschaffen sind. Auf sie müssen wir zählen, wenn es darum geht, sich den hier beschriebenen immensen Problemen zu stellen, sich Ziele zu setzen und zu versuchen, sie zu erreichen, aus Erfolgen und Mißerfolgen zu lernen und nicht aufzugeben, sondern weiterzulernen.

Schließlich wendet sich das Buch auch an alle, denen die Zukunft des Planeten Erde und der Menschheit am Herzen liegt. Es hofft ihre Betroffenheit weiter zu schärfen. Vor allem aber ist unsere Arbeit für die Jugend bestimmt. Sie soll den Zustand der Welt, die sie von früheren Generationen erbt, besser beurteilen können und ermutigt werden, für den Aufbau einer überlebensfähigen Gesellschaft zu arbeiten, die ihren Kindern und den späteren Generationen ein lebenswertes Leben in bescheidenem Wohlstand bieten kann.

In diesem Geist legen wir die nachfolgenden Ideen und Anregungen vor - Vorschläge, wie wir handeln und als Handelnde lernend unseren Weg in die Zukunft finden können.

I

Die Weltproblematik

1. KAPITEL

Ein Wirbelsturm der Veränderung

Januar 1969: Der 21jährige Student Jan Pallach zündet sich selbst auf dem Wenzelsplatz in Prag an als Zeichen des Protestes gegen die Besetzung der Tschechoslowakei durch sowjetische Panzer.
Dezember 1989: Der Dissident und Schriftsteller Vaclav Havel wird zum Präsidenten der CSFR gewählt.

September 1973: In Chile wird die Demokratie in einem blutigen Militärputsch hinweggefegt: innerhalb eines halben Jahres 10.000 Tote, 90.000 Verhaftungen, 163.000 Exilierte.
Dezember 1989: In Chile finden die ersten demokratischen Wahlen seit 1970 statt; sie setzen dem Militärregime ein Ende.

Die Keime der zu erwartenden globalen Revolution sind in einem langjährigen Prozeß herangereift. Dabei sind Verhältnisse entstanden, die von Komplexität, Unsicherheit und schnellem Wandel geprägt werden wie nie zuvor und die allmählich das internationale Staatensystem zu überfordern beginnen. Regierungen haben den Wandel noch nie geschätzt; sie sind dem Status quo verhaftet und reagieren eher auf Symptome als auf Ursachen. Letzteren stehen sie mißtrauisch gegenüber, da ihre Beseitigung zu »subversiven« Veränderungen führen könnte. Eine der offensichtlichsten menschlichen Schwächen ist die übermäßige Konzentration auf das nächstliegende; spätere Folgen werden außer acht gelassen zugunsten sofortiger Bedürfnisbefriedigung. Dies gilt für Institutionen und Einzelpersonen gleichermaßen. Regierungen, die unter dem Druck der nächsten Wahlen stehen, konzentrieren sich auf unmittelbar anstehende Probleme und übergehen Angelegenheiten, die ihnen weniger dringlich erscheinen, die aber oft von grundsätzlicher Bedeutung sind. In gleicher Weise beugen sich Unternehmen der Tyrannei des nächsten Jahresabschlusses - auch wenn Regierungen wie Unternehmen

EIN WIRBELSTURM DER VERÄNDERUNG

so manches tun, was über die nächste Wahl oder den nächsten Jahresbericht hinausweist.

Der Club of Rome wurde 1968 gegründet, in einer Phase, als der bedingungslose Glaube an wirtschaftliches Wachstum den Höhepunkt erreicht hatte.

Kurz nach der Veröffentlichung seines ersten Berichtes *Die Grenzen des Wachstums* (1972) wurde die Welt von der Ölkrise getroffen, die das wirtschaftliche und gesellschaftliche Leben in vielfältiger Weise erschütterte. Sie wirkte sich weltweit stark auf das Investitionsverhalten aus und veränderte viele politische Einstellungen wie beispielsweise die Haltung der Vereinigten Staaten zum Nahen Osten. Die Krise war ein deutliches Warnsignal für die Industrieländer: Ihre Wirtschaften waren verwundbar, denn die Versorgung mit Rohstoffen und Energie hing von Ereignissen in fernen Ländern ab, welche weitgehend außerhalb ihrer Kontrolle lagen.

Auch führte die Ölkrise den meisten ölimportierenden Entwicklungsländern vor Augen, wie sehr sie von billigen Brennstoffen abhingen und daß sie im eigenen Land kaum über alternative Energiequellen verfügten. Die Krise führte in diesen Ländern auch zu einer exzessiven Auslandsverschuldung, mit der weniger die Entwicklung gefördert als Ölrechnungen bezahlt werden sollten.

Die Ölkrise und andere Faktoren haben nach jahrzehntelangem intensivem Wirtschaftswachstum zu einer beträchtlichen Senkung der Wachstumsraten geführt. Nach wie vor ist aber jede Wirtschaftspolitik erklärtermaßen vor allem auf wirtschaftliches Wachstum ausgerichtet, ohne daß einer Differenzierung der Bedürfnisse oder qualitativen Aspekten genügende Beachtung geschenkt wird. Inwieweit veröffentlichte Wachstumszahlen eine wirkliche Steigerung der menschlichen Wohlfahrt belegen, bleibt dabei offen. Vieles, was als Wachstum ausgegeben wird, ist wahrscheinlich gar keines. So verdeckten die amerikanischen Wachstumszahlen in der Reagan-Ära den verschwenderischen Konsum, die zu niedrigen öffentlichen Investitionen, den Verfall der Infrastruktur, den Niedergang der Innenstädte und die soziale Verwahrlosung. Auch gibt es keinen Beweis dafür, daß Wachstum im Norden mit der Zeit zur Entwicklung des Südens führt.

■

»In der Welt von heute sind alle Kurven exponentiell. Nur in der Mathematik entwickeln sich exponentielle Kurven bis zum Unendlichen. Im wirklichen Leben münden sie entweder in der Katastrophe, oder es

EIN WIRBELSTURM DER VERÄNDERUNG

kommt zu einem allmählichen Sättigungsprozeß. Als denkende Menschen haben wir die Pflicht, auf eine allmähliche Sättigung hinzuwirken, auch wenn das neuartige, schwierige Probleme aufwirft.«

Dennis Gabor[1]

■

»Wächst eine Volkswirtschaft zum Beispiel jährlich um 5 Prozent, dann erreicht sie Ende des nächsten Jahrhunderts das 500fache ihres gegenwärtigen Standes, ist also um 50.000 Prozent gewachsen.«

Eduard Pestel[2]

■

Kaum jemand konnte 1968 die fundamentalen politischen Veränderungen voraussehen, deren Zeugen wir nunmehr geworden sind. Zwar begann die politische Vorherrschaft der beiden Supermächte bereits schwächer zu werden, aber der Kalte Krieg dominierte nicht nur die Ost-West-Beziehungen, sondern das gesamte, ideologisch gespaltene internationale System. Deshalb haben die jüngsten Ereignisse in der ehemaligen Sowjetunion und in Osteuropa den ganzen Planeten erschüttert. Der Zusammenbruch der kommunistischen Wirtschaft und die Auflösung des Warschauer Pakts haben Hoffnungen geweckt und bergen zugleich große Gefahren. Die Verhältnisse sind extrem im Fluß, fast alle Beschränkungen sind entfallen, und die Konsolidierungsphase bietet erhebliche Chancen für die Umstrukturierung und Erneuerung einer viel größeren Region, möglicherweise des ganzen Erdballs.

Es ist kaum zu erwarten, daß uns die Geschichte noch einmal eine so offene, vielversprechende Gelegenheit bietet wie jetzt, und alles kommt darauf an, daß die Menschheit sie mit Weisheit nutzt. Das Auftauen der geopolitischen Erstarrung der letzten fünfundvierzig Jahre ist nur eines der Elemente, die zur globalen Revolution führen. Viele andere Kräfte des Wandels kommen hinzu, und die künftige Gestalt der Welt erscheint nur noch ungewisser.

In den Jahren seit 1968 hat die Welt im Schatten der Atombombe gelebt; aber heute sind Ost und West gewillt, den Kalten Krieg zu beenden, und in den internationalen Beziehungen entsteht trotz der Rück-

---

1 Nobelpreisträger, Erfinder des Holographen (Gabor 1978)
2 Ehemaliger Kultus- und Wissenschaftsminister von Niedersachsen, gehörte dem Exekutivausschuß des Club of Rome an.

schläge, die es Anfang 1991 gegeben hat, allmählich ein neues Klima. Obwohl die atomare Vernichtung uns nicht mehr unmittelbar zu bedrohen scheint, ist die Gefahr mit Sicherheit noch nicht gebannt. Vielleicht wird sie bestehen bleiben, solange es auf diesem Planeten Menschen gibt. Größte Wachsamkeit ist geboten, nicht nur im Hinblick auf die Absichten und das Verhalten der jetzigen Atommächte. Die Weiterverbreitung von Atomwaffen ist unbedingt einzuschränken, und es gilt sicherzustellen, daß kleinere Mächte, die Atomwaffen entwickeln, durch Überredung oder Druck davon abgehalten werden, sie in lokalen Kriegen gegen Nachbarstaaten einzusetzen. Dies erfordert eine ganz neue weltweite Strategie, die sich von der bipolaren Ausrichtung während des Kalten Krieges deutlich unterscheidet. Die Menschheit muß ständig auf der Hut sein vor dem Aufstieg wahnsinniger, charismatischer Führer, die ganze Nationen hypnotisieren und lieber die Welt zerstören, als klein beizugeben. Ein solcher Fall trat im Januar 1991 mit dem Golfkrieg ein. Wer kann die mittel- bis langfristigen Folgen abschätzen, die dieser Krieg auf die Umwelt und auf das geopolitische Gleichgewicht des Nahen Ostens gehabt hat?

Trotz aller Schwierigkeiten und Widersprüche richten sich die Hoffnungen immer noch auf den weiteren Fortschritt der Abrüstungsverhandlungen, bei den konventionellen ebenso wie bei chemischen und biologischen Waffen. Weltweite Kriege müssen unter allen Umständen vermieden werden; angesichts des Vernichtungspotentials und der technischen Perfektion moderner Waffen kann es keine Sieger mehr geben; die hohen Entwicklungskosten dieser Waffen sind zu einer Dauerlast geworden, welche die wirtschaftliche und soziale Entwicklung hemmt. Lokale Kriege werden wahrscheinlich auch weiterhin geführt, bis eine Art umfassende globale Harmonie erreicht ist. Im Berichtszeitraum (also seit 1968) haben ungefähr fünfzig solche Kriege stattgefunden, und die weniger entwickelten Länder haben in bedeutendem Umfang aufgerüstet, was die Entwicklungsmöglichkeiten dieser Länder stark beeinträchtigt hat.

Für die Industriestaaten ist der Waffenhandel ein einträgliches Geschäft, das unter scharfem Wettbewerb stattfindet und die Kriegsbereitschaft enorm anheizt. Dieses Geschäft kann aber auch leicht zum Bumerang werden und die Lieferländer selbst treffen, wie sich im Falle des Falklandkrieges und des Golfkrieges gezeigt hat. Vor allem der Golfkrieg hat die dringende Notwendigkeit verdeutlicht, im Interesse der ganzen Menschheit die Rüstungsindustrie - die staatliche ebenso wie die private - zu kontrollieren.

Hier muß betont werden, daß Frieden mehr ist als die Abwesenheit von Krieg. Auch ohne Krieg gibt es Konflikte, zum Beispiel Handelskriege, wirtschaftlichen Kolonialismus oder die Konflikte in totalitären Regimen. Die ungleiche Verteilung der Lebensgrundlagen ist sicher einer der häufigsten und auch tückischsten Auslöser solcher Konflikte.

Von der umfassenden Abrüstung - ob geplant oder bereits verwirklicht - wird allgemein erwartet, daß sie Menschen und materielle Mittel für positive Zwecke freisetzt, etwa für die Umstrukturierung der osteuropäischen Wirtschaften, für höhere Investitionen in Afrika und Lateinamerika und die Behebung von Umweltschäden. Der Abrüstungsprozeß hat jedoch seine eigene Problematik. Für einige Länder - vor allem jene der ehemaligen Sowjetunion - ist es schwierig, ganze Heere entlassener Soldaten mit Wohnungen zu versorgen und in eine angeschlagene, im Wandel begriffene Wirtschaft zu integrieren. Was die Neuverteilung der eingesparten Gelder betrifft, so besteht die Gefahr, daß sie spurlos in der Staatskasse verschwinden oder unter die Kontrolle bestimmter Interessengruppen geraten.

Der wirtschaftliche Wandel

Auch an der ökonomischen Front haben große Veränderungen stattgefunden; diese werden im 3. Kapitel ausführlicher dargestellt. Nach einer Periode schnellen Wachstums setzte zeitgleich mit der Ölkrise und der Rückfluß der arabischen Öl-Milliarden die Rezession ein. In den beiden zurückliegenden Jahrzehnten hat sich der Wirtschftsschwerpunkt der Erde in den pazifischen Raum verlagert, bedingt durch den verblüffenden Aufschwung der japanischen Wirtschaft. Auf Japan konzentrieren sich derzeit etwa 38 Prozent der Finanzkraft der ganzen Welt; allerdings ist dieser Wert angesichts des Abschwungs an der Tokioter Börse und bei fallenden Grundstückspreisen wieder stark im Rückgang begriffen. Japan hat noch nicht gelernt, seine Wirtschaftskraft richtig einzusetzen, auch wenn es bereits dazu beigetragen hat, den Schuldnerländern im Rahmen des Brady-Planes einen Teil ihrer Last abzunehmen. Politisch agiert es vorsichtig und unverbindlich und hat noch nicht das ihm zustehende internationale Gewicht erlangt.

Eine besonders wichtige Entwicklung der letzten Jahre war der zunehmende Trend zur Einführung der Marktwirtschaft; ihr scheinen sich inzwischen weltweit die meisten Länder verpflichtet zu fühlen. Der offene, manchmal brutale Wettbewerb auf nationaler und internationaler Ebene hat führende Politiker, aber auch Konsumenten, Wähler und so ziemlich alle Kreise in der Gesellschaft davon überzeugt, daß die Marktwirtschaft eine unersetzliche Kraft ist. Das private Geschäft gilt als ihr Motor, der Gewinn als notwendige Voraussetzung für Investitionen und der Finanzmarkt als die gegebene Vermittlungsinstanz zwischen Spargeldern und Anlagen.

Die Effektivität des Marktes als soziale Institution zur Organisation menschlicher Produktivkräfte und zur Deckung menschlicher Bedürfnisse wird heute weltweit anerkannt. Durch Marktmechanismen allein lassen sich globale Probleme freilich nicht lösen, wenn diese einen langfristigen strategischen Ansatz erfordern oder es sich um Probleme der Verteilung handelt. Über den Markt allein können auch die Probleme nicht gelöst werden, bei denen es um Energie, Umwelt, Grundlagenforschung oder Fairneß geht. Solche Probleme können nur durch die Intervention des Staates angegangen werden, die auf politischen Prozessen basiert und Marktmechanismen häufig als Instrument staatlicher Politik einsetzt.

Die in einer Marktwirtschaft wirksamen Kräfte können gefährliche Nebenwirkungen haben, weil sie nicht dem Interesse der Allgemeinheit verpflichtet sind. Die internationale Finanzspekulation ist ein besonders beredtes Beispiel für die Exzesse eines Kapitalmarkts, der von dem aberwitzigen Prinzip des Profits um jeden Preis beherrscht wird. Die Spekulation wird unter solchen Umständen zu einem Spiel, das von der wirtschaftlichen Realität abgekoppelt ist und nicht mehr von Menschen, sondern von der Software der Computer gespielt wird. Die Informationsgesellschaft eröffnet diesem Spiel neue Dimensionen und beschleunigt es.

Einige Bemühungen - noch sehr bescheidene im Verhältnis zur Größe der Aufgabe - leiten einen ersten Angriff auf die rücksichtslose Unterwelt des Drogenhandels ein durch Zugriff auf ihr illegal erworbenes Kapital: So wird zum Beispiel die Geldwäsche für Beträge, die aus dem Drogenhandel oder aus unerlaubten Waffengeschäften stammen, durch partielles Aufheben des Bankgeheimnisses aufgedeckt. Hoffentlich gelingt es, diese Anstrengungen zu verstärken und durch internationale Zusammenarbeit auszubauen.

Auch der geostrategische Wandel ist unübersehbar. Wir erleben gegenwärtig die Entstehung dreier gigantischer handels- und industriewirtschaftlicher Gruppierungen. Der nordamerikanische Markt, zu dem sich Kanada jetzt mit den USA zusammengeschlossen hat und dem sich auch Mexiko anschließen soll, wird mit Sicherheit eine mächtige industrielle und postindustrielle Gruppierung bleiben. Ihre unmittelbaren Zukunfts-

EIN WIRBELSTURM DER VERÄNDERUNG

aussichten sind allerdings getrübt durch das enorme Defizit, in das sich die Vereinigten Staaten in den letzten Jahren hineinmanövriert haben. Trotz langjährigen Zauderns nimmt die Europäische Gemeinschaft jetzt Gestalt an, da ihre Mitglieder in einer Zusammenarbeit greifbare wirtschaftliche und politische Vorteile erkennen und Mechanismen für diese Zusammenarbeit entwickeln. Im Jahr 1993 wird die wirtschaftliche Integration der Europäischen Gemeinschaft abgeschlossen sein, und man beginnt jetzt auch über die politische Einheit zu diskutieren. Diese ist seit der Wiedervereinigung der beiden deutschen Staaten besonders dringlich geworden. Eine Gemeinschaft, die ganz Westeuropa umfaßt und der später auch die osteuropäischen Nachbarn beitreten werden, wenn dies durch die Umstrukturierung ihrer Wirtschaft möglich geworden ist, würde einen zweiten mächtigen Block darstellen. Trotz der gegenwärtigen, unklaren Lage ist nicht auszuschließen, daß auch die westlichen Teilrepubliken der ehemaligen Sowjetunion schließlich diesen Weg beschreiten und ein Europa »vom Atlantik bis zum Ural« entsteht, wie Charles de Gaulle sich 1960 ausdrückte.[3]

Der dritte Block besteht aus Japan und den in der *Association of South-East Asian Nations* (Asean) zusammengefaßten Ländern, zu denen etwa Thailand, Indonesien und Malaysia gehören - Länder, die ein großes Wirtschaftswachstum aufweisen. Später werden sich vielleicht auch Australien und Neuseeland, die über ausgeprägte Handelsverbindungen mit den anderen pazifischen Ländern verfügen, dieser Gruppierung anschließen. Schon in diesem frühen Entwicklungsstadium kündigt sich in der Bildung der drei genannten Blöcke eine völlig neue Industrie- und Handelsstruktur der Welt an.

Die neuen Blöcke schotten sich im allgemeinen nicht gegen andere ab, allerdings gibt es gewisse Zollbarrieren und einen versteckten Protektionismus. Zwischen den Gruppierungen besteht ein reger Handel. Insgesamt muß betont werden, daß die ungemein schnelle Entwicklung neuer Technologien und ihre rasche praktische Anwendung die relative Stärke einzelner Blöcke verändert hat, was besonders für Japan und die Staaten der Asean gilt.

Diese Situation ist in anderen Regionen der Welt Anlaß zu großer Sorge. Besonders in Lateinamerika - wo man den Vereingten Staaten so nahe ist und doch die Dinge ganz anders sieht - macht sich Bestürzung breit. Man muß ständig mit Eingriffen des nördlichen Nachbarn rechnen und bemüht sich gleichzeitig um stärkere Kontakte zu Europa, wobei

---

[3] Als Michael Gorbatschow 1989 Paris besuchte, zitierte er in einem Fernsehinterview diesen Ausspruch de Gaulles, als er von Europa sprach.

EIN WIRBELSTURM DER VERÄNDERUNG

vor allem Spanien eine wichtige Rolle zukommt. Die Sowjetunion löste sich auf, und ihre Nachfolger sind noch nicht in der Lage, auf die neue Situation zu reagieren. China bleibt nach den brutalen Vorgängen von 1989 weiterhin ein Rätsel, und Afrika ist so arm, daß es auf der Landkarte der Weltwirtschaft kaum in Erscheinung tritt.

Ob Südasien, dominiert von der Landmasse und der riesigen Bevölkerung Indiens, den wirtschaftlichen Durchbruch schafft wie vor ihm Südostasien, bleibt die Frage. Entscheidend ist hier die Geburtenkontrolle.

Bei der Entwicklung der Beziehungen zwischen den entstehenden Wirtschaftsblöcken und den Ländern, die noch nicht dazugehören, wird man sehr behutsam vorgehen müssen. Letztere werden von einigen bereits herablassend als Restländer bezeichnet. Da ihnen die meisten ärmeren Länder zuzurechnen sind, macht das neue weltwirtschaftliche System einen völlig neuen Umgang mit dem Problem der Gesamtentwicklung erforderlich, wobei die Partnerschaft an die Stelle der Wirtschaftshilfe treten muß. Die Golfkrise mag ein Vorgeschmack auf viele künftige Konflikte sein. Solche Krisen werden jedoch nicht unbedingt durch den Nord-Süd-Konflikt ausgelöst werden, sondern auch durch Engpässe etwa bei der Energie- und Nahrungsmittelversorgung, durch den Bevölkerungsdruck oder durch ethnische und religiöse Konfrontationen. In einer pluralistischen Welt mit zahlreichen kulturellen, ethnischen und religiösen Unterschieden ist von zentraler Wichtigkeit die Bereitschaft, den anderen zu akzeptieren und dies in Wort und Tat zum Ausdruck zu bringen. Wir müssen einsehen, daß die westliche rationalistische Sicht der Weltprobleme vielen Ländern nicht einleuchtet und daß sie manchmal falsch ist. Die Position des Irak im Jahr 1991 stellt eine Zurückweisung westlicher Werte dar, und sie wird von einem Großteil der arabisch-muslimischen Öffentlichkeit mitgetragen.

In einer Welt, die von riesigen Handelsblöcken dominiert ist, werden Konflikte vermutlich ganz anders verlaufen als in der heutigen, durch Nationalstaaten geprägten Welt. Kriege zwischen Ländern desselben Blocks oder auch zwischen verschiedenen Blöcken werden wahrscheinlich eher wirtschaftlich als militärisch ausgetragen werden. In diesem Zusammenhang wird die Rolle transnationaler Unternehmen vermutlich immer wichtiger, da ihre Interessen und Strukturen alle Blöcke durchdringen.

EIN WIRBELSTURM DER VERÄNDERUNG

Die wechselseitige Abhängigkeit der Nationen

Ein weiteres Kennzeichen der geopolitischen Situation ist die späte Erkenntnis, daß viele unserer Probleme im Grunde globalen Charakter haben. Sie können von den betroffenen Ländern nicht im Alleingang angepackt, geschweige denn gelöst werden. Im Bereich der Wirtschaft ist das schon lange so. Der Börsenkrach an der Wall Street hat sich Anfang der 30er Jahre schnell zur weltweiten Depression ausgewachsen. Massenarbeitslosigkeit tritt meist gleichzeitig in vielen Ländern auf. Die sind unvermeidbare Begleiterscheinungen der enormen Expansion des Welthandels in diesem Jahrhundert. In letzter Zeit treten die weltweiten Probleme eher bei den Verhandlungen über das Seerecht und in der internationalen Finanz zutage. Ein Zeichen dafür, daß man die neue Situation endlich erkennt, sind die ständig zunehmenden bi- oder multilateralen Konferenzen auf Regierungsebene oder auf der Ebene von fachlichen und wissenschaftlichen Gremien. Die derzeitigen internationalen Strukturen reichen aber vermutlich noch nicht aus, um mit der neuen Situation fertig zu werden. Die in der Euphorie der Nachkriegszeit gegründeten Vereinten Nationen mit ihren Unterorganisationen waren auf die Bedürfnisse einer viel übersichtlicheren Welt zugeschnitten. Die jetzige, eher ernüchternde Gesamtlage nötigt zu einer Umstrukturierung dieses ganzen Systems: Die verschiedenen Organisationen und Programme müssen neu zentriert werden und neue Funktionen erhalten. Wie schwierig sich dieser Vorgang gestaltet, zeigen die gegenwärtigen Probleme der Unesco. Daneben werden heute, national und international, auf den verschiedensten Gebieten nichtstaatliche Organisationen aktiv.

Die wachsende Besorgnis über das gesamtplanetarische Umfeld führt zu immer häufigeren Konferenzen auf verschiedensten Ebenen, auch auf der Ebene der Regierungschefs. Noch wagen sich diese Versuche nicht an die grundlegenden Fragen heran. Hoffentlich wird bei der Bekämpfung der globalen Probleme gemeinsames, weltweites Handeln die Rivalitäten der Blöcke überwinden.

Damit sind wir bei der rasch zunehmenden wechselseitigen Abhängigkeit der Nationen, wie sie für unser Zeitalter typisch ist. Beigetragen haben dazu unter anderem die Entstehung von Wirtschaftsgemeinschaften, die Notwendigkeit, globale Probleme gemeinsam zu lösen, das Anschwellen der internationalen Kommunikation und die transnationalen Unternehmen. Daneben ist durch die Ausbreitung der Technologien und ihres Service in aller Welt, durch gemeinsame Normen und Anwendungsvorschriften, durch die Zuteilung von Funkfrequenzen und tausend andere Übereinkünfte ein sich stetig ausbreitendes Netz der Interdependenzen entstanden und damit de facto eine Aushöhlung der nationalen Souveränität, welche noch nicht in vollem Umfang wahrgenommen wird.

■

»Der Kult der Souveränität ist zur wichtigsten Religion der Menschheit geworden. Ihr Gott verlangt Menschenopfer.«

Arnold Toynbee[4]

■

Der Gedanke der Staatssouveränität selbst, der von allen Regierungen für sakrosankt erklärt wird, ist heute in Frage gestellt, und das nicht nur durch die Entstehung regionaler Staatengemeinschaften. In Wirklichkeit können viele kleinere Staaten schon jetzt kaum noch ihre inneren Angelegenheiten selbst regeln, weil Entscheidungen wie die Festlegung von Rohstoffpreisen oder Zinssätzen nicht auf ihrem Territorium getroffen werden oder weil sie ihre Wirtschaftspolitik modifizieren müssen, um Mittel vom Internationalen Währungsfonds (IWF) zu bekommen. Die Aushöhlung ihrer Souveränität mag für die meisten Länder ein positiver Schritt in Richtung auf das neue Weltsystem sein, in dem der Nationalstaat aller Wahrscheinlichkeit nach eine schwindende Bedeutung haben wird. Umgekehrt ist für die meisten der südlich der Sahara gelegenen Länder Afrikas der Erhalt, ja die Stärkung ihrer Souveränität unter den jetzigen Umständen dringend notwendig. Diese Staaten sind künstliche Gebilde, entstanden im Prozeß der Entkolonialisierung nach der willkürlichen Aufteilung des Kontinents durch die früheren Kolonialmächte.

Hier muß man zwischen Nation und Staat unterscheiden. Der afrikanische Staat besteht vielleicht aus einer Anzahl von Stämmen, welche in Wirklichkeit Nationen sind. Ein Land wie der Tschad ist politisch gesehen ein Staat, doch wird er kaum je zu einer Nation werden. Noch komplizierter wird die Situation dadurch, daß wichtige Stammesnationen auf verschiedene Staaten verteilt sein können. Die Anerkennung der Souveränität solcher Staaten kann ein wichtiger Schritt in Richtung auf inneren Zusammenhalt und eine eigene Identität sein, sie sollte jedoch zu regionaler Verwaltung führen. In Lateinamerika wird der Souveräni-

---

4 Britischer Historiker (1889-1979)

tätsgedanke nach wie vor leidenschaftlich verteidigt; man sieht in ihm einen rechtlichen Schutz gegen Übergriffe der Großmächte.

Die Probleme mit künstlich geschaffenen Staaten und mit Nationen, die auf verschiedene Staaten verteilt sind, haben zu einem neuen Konzept geführt: Kürzlich wurde auf Initiative Frankreichs - und wenig später auch mit dem Segen der Vereinten Nationen - durch Frankreich, Großbritannien und die Vereinigten Staaten das »Recht auf Intervention« in die Tat umgesetzt. Dabei ging es um ein humanitäres Eingreifen im Irak zugunsten der Kurden. Ein solches Vorgehen wäre, sollte es Schule machen, eine bedeutende Weiterentwicklung des internationalen Rechts, die endlich einmal auch auf humanitären Überlegungen basierte und nicht nur auf gesetzlichen Bestimmungen und nationalem Egoismus.

Der erwachende Nationalismus von Minderheiten

Damit sind wir bei einem scheinbaren Paradoxon der globalen politischen Entwicklungen angelangt: Einerseits besteht die Tendenz, größere Einheiten wie etwa Wirtschaftsgemeinschaften zu bilden, und die Lösung globaler Probleme macht Maßnahmen auf globaler Ebene erforderlich. Andererseits existiert jedoch eine weitverbreitete öffentliche Abneigung gegen alles, was nach übermäßiger Zentralisierung aussieht. Die Vorherrschaft komplexer, anonymer Bürokratien, die die Bedürfnisse des einzelnen und lokaler Gemeinschaften zu mißachten scheinen, stößt allgemein auf Ablehnung. Akut ist die Situation dort, wo es um die Identität ethnischer Minderheiten geht, und wir erleben, daß sich in immer mehr Regionen ethnische Gruppen zu artikulieren beginnen, die für ihre Autonomie oder Unabhängigkeit aktiv werden. So betonen in Europa die Schotten und die Katalanen ihre Eigenständigkeit als Nationen, und die Iren, Basken und Korsen versuchen dieses Ziel gewaltsam zu erreichen. Jugoslawien, eine explosive Föderation von Republiken mit unterschiedlichen historischen Traditionen und verschiedener ethnischer Zusammensetzung, droht vollständig zu zerfallen.

Am interessantesten ist die Situation in der ehemaligen Sowjetunion, der ethnisch heterogensten aller Föderationen, wo Glasnost und Perestroika in gut einem Dutzend ethnisch verschiedener Republiken zur Separation führten. (Das Völkergemisch in China haben wir, indem wir dies sagen, nicht aus den Augen verloren.) In Amerika erleben wir das kollektive Erwachen der Indianer, die jetzt Aktionen starten. Auch die lateinamerikanischen und die übrigen benachteiligten Minderheiten melden sich zu Wort.

Die beiden gegensätzlichen Trends sind in Wirklichkeit miteinander vereinbar. Der scheinbare Widerspruch entsteht aus der Schwierigkeit, sie mit dem bestehenden politischen System in Einklang zu bringen, das fest auf dem Modell des Nationalstaats basiert. Wir brauchen eine Neubestimmung der zuständigen Entscheidungsebenen: Diese müssen so nah wie möglich bei den Menschen liegen, die von den Entscheidungen profitieren oder ihre Folgen auszubaden haben. Es scheint ein allgemeines Bedürfnis nach ethnischer Identität zu geben, das tief in unserer menschlichen Vergangenheit wurzelt. Außerdem scheinen die Menschen - auch in ethnisch homogenen Gemeinschaften - den Drang zu haben, sich mit allen Angelegenheiten, mit dem Wohlergehen und dem Umfeld der Gemeinschaft zu identifizieren, in der sie leben. Wir schlagen vor, eine größere Zahl von Entscheidungszentren einzurichten, die von der lokalen bis zur internationalen Ebene reicht. Eine solche Maßnahme würde die Zentralregierungen entlasten und einen Beitrag zur Humanisierung des Systems leisten.

Das Wachstum der Städte

Ein hervorstechender Zug unserer Zeit ist das Wachstum der Städte, und alles deutet darauf hin, daß es noch weiter fortschreiten wird. Nach Schätzungen der Vereinten Nationen werden Ende des Jahrhunderts etwa 60 Prozent der Weltbevölkerung in Städten leben; es wird etwa 30 Städte mit über 5 Millionen Einwohnern geben, und Mexico City, die größte unter ihnen, wird 24 bis 26 Millionen Einwohner haben. Es handelt sich um ein weltweites Phänomen; besonders ausgeprägt ist es jedoch in den Entwicklungsländern, wo die Städte förmlich explodieren. Die Gründe sind zum einen die hohen Geburtenraten in den Städten selbst, zum anderen der Zustrom von Bauern, die die Armut auf dem Land gegen die Armut in der Stadt eintauschen. Es ist interessant, daß in London, der ersten Stadt mit über einer Million Einwohner, in der Zeit vor 1840 mehr Menschen starben, als geboren wurden; das Wachstum war dort im wesentlichen der Landflucht zu verdanken. In den heutigen Entwicklungsländern hat sich dieses Verhältnis umgekehrt: Die Vermehrung der bereits in der Stadt lebenden Menschen ist der Hauptgrund des Wachstums. Dies ist ein Anzeichen dafür, wie sich sanitäre Einrichtungen und Hygiene trotz der schlimmen Lebensbedingungen der armen Stadtbevölkerung verbessert haben.

Die Verwaltung von Mammutstädten wie Mexico City, Sao Paulo, Lagos, Kairo oder Kalkutta ist extrem schwierig, zumal ein großer Teil der Bewohner illegal in Favelas oder Barackensiedlungen lebt und der Kontrolle der Behörden weitgehend entzogen ist. Zu dem Komplex städtischer Probleme gehören unter anderem Wasserversorgung, Gesundheits- und Bildungswesen, Arbeitsmöglichkeiten, öffentlicher Nahverkehr und Umweltschutz.

Überall in den Entwicklungsgebieten findet ein rascher Wandel der Wohnformen und somit des Lebensstils statt. Häufig schießen sehr große Städte als Barackensiedlungen aus dem Boden, denen es an jeglicher vernünftiger Wirtschaftsgrundlage fehlt. In der afrikanischen Sahelzone haben sich Städte wie Nouakschott, Bamako und Ouagadougou von ruhigen Behördenzentren zu riesigen städtischen Slums entwickelt, die vermutlich alle inzwischen eine Million Einwohner haben, mit all den explosiven wirtschaftlichen und psychologischen Spannungen, die eine solche Entwicklung begleiten.

Die neuen Siedlungsmuster und das übermäßige Ausufern der Städte sind zum Teil auch auf das unverhältnismäßig starke Bevölkerungswachstum der letzten Zeit zurückzuführen.

Entwicklungspolitik

Während des gesamten Berichtszeitraums wurden große Anstrengungen gemacht, die Entwicklung der ärmeren Länder durch massive bilaterale und multilaterale Hilfsprogramme, finanzieller wie technischer Art, zu beschleunigen. Mahbub ul-Hak[5] gab eine ziemlich optimistische Einschätzung solcher Bemühungen:

»Die durchschnittliche Lebenserwartung hat sich im fraglichen Zeitraum um 16 Jahre erhöht, der Analphabetismus bei Erwachsenen ist um 40 Prozent gesunken, die Nahrungsversorgung ist pro Kopf um 20 Prozent gestiegen, und die Kindersterblichkeit ist um die Hälfte zurückgegangen. Tatsächlich haben die Entwicklungsländer in den letzten dreißig Jahren reale humanitäre Fortschritte gemacht, für die die Industrieländer fast ein Jahrhundert brauchten. Das Einkommensgefälle zwischen Nord und Süd ist immer noch enorm - das Durchschnittseinkommen im Süden beträgt nur 6 Prozent von dem des Nordens -; doch hat sich der Abstand auf humanitärem Gebiet schnell verringert: Die durchschnittliche Lebenserwartung im Süden beträgt heute bereits 80 Prozent derjenigen des Nordens, der Alphabetisierungsgrad Erwachsener liegt bei 66 Prozent,

---

5 Sonderberater für UNDP, das Entwicklungsprogramm der Vereinten Nationen; zitiert aus einer persönlichen Erklärung, die er 1989 abgab.

EIN WIRBELSTURM DER VERÄNDERUNG

und die Versorgung mit Nahrungsmitteln hat 85 Prozent erreicht. Zugegeben, die Ergebnisse sind von Weltgegend zu Weltgegend, von Land zu Land und selbst innerhalb eines Landes verschieden. Auch haben wir noch ein riesiges Entwicklungsprogramm vor uns, denn in den Entwicklungsländern entbehrt ein Viertel der Bevölkerung noch das Lebensnotwendigste sowie ein Mindesteinkommen und annehmbare soziale Fürsorge. Trotzdem darf im ganzen gesagt werden, daß der Entwicklungsprozeß in Gang gekommen ist, daß die internationale Zusammenarbeit ihn bedeutend gefördert hat und daß die verbleibenden Entwicklungsaufgaben in den 1990er Jahren wohl zu bewältigen sind, wenn man die Prioritäten richtig setzt.«

Trotzdem waren die Ergebnisse internationaler Entwicklungspolitik unterschiedlich und oft enttäuschend. Ein großer Teil der Menschheit leidet nach wie vor unter Hunger, Unterernährung, Krankheit und Armut - ein Zustand, der durch die Bevölkerungsexplosion, durch Dürreperioden und die vielen lokalen Kriege noch verschärft wird. Die Waffenkäufe gerade der ärmeren Länder stellen für diese Länder nicht nur eine enorme wirtschaftliche Bürde dar, sondern ermutigen auch zu militärischen Abenteuern. Tatsächlich sorgt dieser Waffenhandel für einen ständigen Wohlstandstransfer aus den armen in die reichen Länder. Einige führende Entwicklungsländer haben inzwischen ihre eigene Rüstungsindustrie aufgebaut, die an Bedeutung zunimmt und zum Teil sogar exportiert.

Der wissenschaftliche und technische Fortschritt in den Industrieländern bewirkt, daß die wirtschaftlichen Unterschiede zwischen reichen und armen Ländern noch verschärft werden; den letzteren wird es schwer gemacht, technische Neuerungen einzuführen. Den armen Länder fehlt es an der industriellen, technologischen und wissenschaftlichen Infrastruktur und an ausgebildeten Führungskräften, um sich die Technologie und das Know-how, das schon für sie verfügbar ist, wirklich anzueignen. Der Technologietransfer wurde lange Zeit als die nächstliegende Methode betrachtet, in den weniger entwickelten Ländern neue Verfahren und Industrien einzuführen, aber er ist oft gescheitert, manchmal, weil nicht die richtigen Verfahren und geeignetsten Industrien ausgewählt wurden, manchmal - bei Lieferung schlüsselfertiger Anlagen -, weil das Empfängerland schlecht vorbereitet war und nicht über das notwendige Führungs-, Wartungs- und Marketingpersonal verfügte. Oft wurden auch, um weitere Importe zu vermeiden, neue Technologien angewandt, mit denen aber kein international konkurrenzfähiges Qualitätsniveau erreicht werden konnte.

EIN WIRBELSTURM DER VERÄNDERUNG

Großen, zum Teil spektakulären Projekten wurde zu hohe Priorität eingeräumt, etwa dem Bau großer Staudämme zur Elektrizitätsgewinnung und zur Speisung großflächiger Bewässerungssysteme. Zu oft verschlammten die Staubecken und versalzte das Wasser der Bewässerungssysteme. Mit dem Bau der Staudämme ging keine vergleichbare industrielle Entwicklung einher, und es fehlten die ländlichen Stromnetze, die den produzierten Strom hätten aufnehmen können. Auch wurde bei der Planung solcher Projekte zu wenig Rücksicht auf soziale Faktoren genommen, etwa auf die Zwangsumsiedlung großer Bevölkerungsgruppen und den Verlust fruchtbarer Böden im Umfeld der Stauseen durch Überflutung sowie auf die Ausbreitung der Bilharziose über die Bewässerungskanäle. Besonders in Afrika ist der Wert solcher Großprojekte begrenzt. Der Kontinent ist in zu viele kleine Nationen aufgeteilt, die ökonomisch oft nicht lebensfähig sind, weil sie zu kleine Märkte haben.

In der Landwirtschaft hat die sogenannte Grüne Revolution - die Einführung neuer ertragreicher Getreidesorten und der systematische Einsatz von Stickstoffdüngern - beträchtlichen Erfolg gehabt, vor allem in Indien und anderen Ländern Asiens, aber auch in Mexiko, von wo diese neuen Techniken ihren Ausgang nahmen. In Indien trat an die Stelle des Nahrungsmitteldefizits eine bescheidene Überschußproduktion. Die sozialen Folgen sind allerdings auch hier schwerwiegend. Das neue Agrarsystem begünstigt Mittel-und Großbetriebe; es hat zur Vertreibung von Kleinbauern geführt und die Landflucht verstärkt. Außerdem ist es sehr energieintensiv und wird auf ein Ansteigen der Ölpreise äußerst sensibel reagieren.

In anderen Teilen der Welt, vor allem wieder in vielen afrikanischen Ländern und in Lateinamerika, wurde der landwirtschaftlichen Entwicklung zu wenig Aufmerksamkeit geschenkt. Häufige Dürreperioden, stark angewachsene Bevölkerungen und Tierpopulationen sowie lokale Kriege oder interne Konflikte haben die materiellen Grundlagen des ländlichen Lebens zerstört und einen Großteil der armen Landbevölkerung an den Rand der Existenz gedrängt. Auch diese Entwicklung hat viele Menschen vom Land vertrieben und das rasche Wachstum der Städte beschleunigt. Gerade die städtischen Ballungsgebiete sind ein Nährboden für Unzufriedenheit und Unruhen; daher ist so manche Regierung der Versuchung erlegen, ihre spärlichen Fördermittel vorrangig in Projekte zu stecken, die den Stadtbewohnern sichtbare Vorteile bringen sollten. Angesichts des niedrigen Stellenwertes, den die Landwirtschaft in vielen afrikanischen und lateinamerikanischen Ländern hat, wird der beträchtliche Mangel an Nahrungsmitteln dort vermutlich noch jahrelang weiterbestehen.

EIN WIRBELSTURM DER VERÄNDERUNG

Einer der Mythen der Entwicklungspolitik lautet, daß sich die Segnungen der wirtschaftlichen Entwicklung der Reichen zuletzt auch auf die Armen auswirken werden. Das muß allerdings bezweifelt werden. Die Grüne Revolution beispielsweise hat in Indien zu einem Nahrungsmittelüberschuß geführt, aber es gibt kaum Anzeichen, daß Hunger, Unterernährung und Armut in den ländlichen Gebieten Indiens entsprechend zurückgegangen wären.

In den letzten Jahrzehnten war es üblich, die Länder der Welt in drei Kategorien einzuteilen - die industrialisierten, marktwirtschaftlich orientierten Länder der Ersten Welt, die marxistischen Staatshandelsländer der Zweiten Welt und die wenig entwickelten Länder der Dritten Welt. Da die Planwirtschaften praktisch zusammengebrochen sind, ist diese Einteilung heute nicht mehr sinnvoll und muß endgültig vom Tisch. Der Begriff »Dritte Welt« ist angesichts der Vielzahl unterschiedlicher Wirtschaftspotentiale und Gegebenheiten, die unter ihn fallen, fast sinnlos geworden.[6] Es ist ganz offensichtlich absurd, Saudi-Arabien und Singapur oder Brasilien, Botswana und Bangladesch in einen Topf zu werfen, und darum haben allgemeine Aussagen über Probleme der Dritten Welt nur wenig oder gar keine Bedeutung für einzelne Länder. Heute spricht man eher von den entwickelten Ländern des Nordens und den unterentwickelten des Südens. Obwohl nach dieser Begriffsbildung Australien im Norden liegen müßte, hat sie einen gewissen Sinn. Allerdings lenkt die Nord-Süd-Differenzierung von der neuen Notwendigkeit ab, Entwicklungsprobleme nicht nur in einem regionalen Zusammenhang zu sehen, sondern auch in dem globalen Zusammenhang eines sich rapide verändernden Weltwirtschaftssystems.

In den letzten Jahren hat sich eine Reihe von Ländern schwer verschuldet. In Brasilien, Argentinien und Mexiko hat die Verschuldung ein erdrückendes Ausmaß angenommen. Zwar haben viele Kreditgeber ihre notleidenden Kredite zu einem Großteil abgeschrieben, und teilweise wurden die Rückzahlungsfristen verlängert, aber das Verschuldungsproblem ist nach wie vor ernst, sowohl im Hinblick auf die Entwicklungsmöglichkeiten der Schuldnerländer als auch für die Stabilität

---

6 Etwas Ähnliches zeigt sich heute bei den sogenannten Schwellenländern. Dieser Begriff wird auf Hongkong, Singapur, Südkorea und Taiwan angewendet, die eine dramatische wirtschaftliche Entwicklung durchlaufen. Jetzt schlagen auch andere asiatische Länder, etwa Indonesien, Malaysia und Thailand, diesen Weg ein. Größere Entwicklungsländer wie Brasilien, Indien und Mexiko, deren industrieller Grundstock bereits vor Jahren gelegt wurde, machen ebenfalls schnelle Fortschritte in den neuen Technologien, fallen aber trotzdem in eine andere Kategorie. Es zeigt sich also ein ganzes Spektrum verschiedener Stadien der Industrialisierung.

des Weltfinanzsystems. In Afrika liegt die Gesamtschuldenlast zwar viel niedriger als in Lateinamerika, aber der Schuldendienst ist hier noch drückender. Da das große Kapital zur Zeit in die osteuropäischen Länder fließt, haben die weniger entwickelten Schuldnerländer wenig Hoffnung auf Besserung ihrer Lage. Ganz unglaublich ist aber die Tatsache, daß die Vereinigten Staaten es zu einer Verschuldung in Höhe von (1989) 3,2 Billionen US-Dollar haben kommen lassen, womit sie zum größten Schuldnerland der Welt geworden sind. Dies bleibt eine drohende Gewitterwolke am wirtschaftlichen Horizont.

Die schwerwiegenden Armutsprobleme in der Welt können, wenn sie durch das Bevölkerungswachstum noch verschärft werden, leicht einen großen, zerstörerischen weltweiten Konflikt auslösen, dessen Folgen sich dann auch die Industrieländer nicht entziehen könnten. Es liegt deshalb unbedingt im eigenen Interesse der reichen Länder, daß in der Entwicklungspolitik ein neuer, energischer und völlig anderer Ansatz entwickelt wird. Bei dem gegenwärtigen Wandlungsprozeß in Osteuropa und dem damit verbundenen dringenden Bedarf an Kapital, Führungskräften und Technologie besteht die berechtigte Furcht, daß die Bedürfnisse der ärmeren Länder ganz vergessen werden oder einen noch niedrigeren Stellenwert erhalten als bisher. Eine solche Entwicklung wäre gefährlich, nicht nur für die Entwicklungsländer, sondern für die ganze Welt.

Die Bevölkerungsexplosion

Die Probleme der meisten Entwicklungsländer werden durch die Bevölkerungsexplosion drastisch verschärft. Die Weltbevölkerung hat gerade die 5-Milliarden-Grenze überschritten (um 1900 gab es 1,8 Milliarden Menschen). Sie wird nach mittleren Schätzungen der UNO bis zum Jahr 2000 auf 6,2 Milliarden ansteigen, 2025 soll es bereits über 8,5 Milliarden Menschen geben. Die indische Bevölkerung wird nach dieser Schätzung von 819 Millionen auf 1,446 Milliarden anwachsen, die Bevölkerung Nigerias von 105 auf 301 Millionen und die Mexikos von 85 auf 150 Millionen. Das Bevölkerungswachstum wird überwiegend die weniger entwickelten Regionen der Welt betreffen. In den industrialisierten Regionen der Erde ist das demographische Wachstum dagegen sehr langsam, mancherorts sogar negativ, was in den betroffenen Ländern zu gravierenden Problemen mit der Altersstruktur der Bevölkerung führt.

Die Weltgesamtbevölkerung wächst gegenwärtig alle vier bis fünf Tage um eine Million (netto, das heißt Geburten minus Sterbefälle).

EIN WIRBELSTURM DER VERÄNDERUNG

Obwohl die Fruchtbarkeitsziffern in einigen Weltregionen - aufgrund des in manchen Entwicklungsländern derzeit sehr niedrigen Durchschnittsalters - rückläufig sind, wird die tägliche Zunahme in absoluten Zahlen im Jahr 2000 noch größer sein als heute. Unter diesen Umständen ist kaum absehbar, wie die notwendige Versorgung mit Nahrung, Wohnraum und Bildung sowie die medizinische Versorgung gesichert werden kann. Die Nahrungsmittelproduktion kann mit dem Bevölkerungswachstum nicht Schritt halten. In den Jahren vor den Dürreperioden der jüngsten Vergangenheit ist die Getreideernte im südlich der Sahara gelegenen Teil Afrikas jährlich um 1,6 Prozent gestiegen, während die Bevölkerung um 3,1 Prozent zunahm. In den Ländern mit der schlimmsten Hungersnot ist die Pro-Kopf-Produktion im letzten Jahrzehnt sogar um etwa 2 Prozent jährlich zurückgegangen. Das Bevölkerungswachstum sorgt auch für ein stark ansteigendes Potential an Arbeitskräften, in der Regel gerade dort, wo ohnehin schon akute Arbeitslosigkeit, Armut und Unterbeschäftigung herrschen. Millionen neuer Arbeitsplätze zu schaffen ist in der Tat eine der gewaltigsten Aufgaben, die die Bevölkerungsexplosion mit sich bringt.

Die Umweltgefahren

3. Dezember 1984 - Bhopal, Indien: Ein Leck in der Pestizidfabrik Union Carbide verseucht die Luft mit Methyl-Isocyanat. Bei dem Unglück sterben 3.600 Menschen; 100.000 werden verletzt, 50.000 tragen bleibende Schäden davon.

26. April 1986 - Tschernobyl, UdSSR: Ein Unfall im Atomkraftwerk Tschernobyl zerstört den Reaktor und setzt fünf Tonnen radioaktiven Brennstoffs in die Atmosphäre frei (entsprechend einer Strahlung von 50 Millionen Curie). Eine radioaktive Wolke umkreist die Erde; sie bedroht vor allem die Ukraine und Weißrußland, Finnland, Skandinavien, Polen, Deutschland und Frankreich. Die unmittelbaren Folgen für die Menschen: offiziell 32 Tote (davon 29 aufgrund der Strahlung), 150.000 Menschen evakuiert, 119 Dörfer für immer verlassen, 499 Schwerverletzte. 600.000 Menschen waren der Strahlung ausgesetzt, und man rechnet mit 7.000 bis 25.000 Krebsfällen. In ganz Europa sind die Anbaupflanzen und das Vieh auf Jahre hinaus strahlenverseucht. Im Jahr 1990 befinden sich etwa drei Millionen Menschen unter ärztlicher Überwachung, Berichten zufolge sterben infolge der nuklearen Katastrophe zwei Personen täglich.

EIN WIRBELSTURM DER VERÄNDERUNG

24. März 1989 - Prince William-Sund, Alaska: Der amerikanische Öltanker Exxon Valdez läuft auf ein Riff. Dabei gelangen 40.000 Tonnen Öl ins Meer und verseuchen einen über 1744 Kilometer langen Küstenabschnitt; es kommen massenweise Fische, Säugetiere und Vögel ums Leben. Die Säuberungsarbeiten und die an Fischerdörfer gezahlte Entschädigung kosten 1,9 Milliarden US-Dollar.

Im Berichtszeitraum war eine weitverbreitete Unruhe wegen der Verschlechterung unserer Umwelt in Stadt und Land zu beobachten. Zeichen von Umweltverschmutzung zeigten sich im Gefolge der industriellen Revolution, wie schon aus der Literatur des 19. Jahrhunderts hervorgeht, zum Beispiel den »dunklen Teufelsmühlen« Englands bei Blake. Die meisten Länder konnten diese Erscheinungen durch Gesetze weitgehend bekämpfen, doch in Osteuropa hat das sozialistische Wirtschaftssystem eine starke Umweltverschmutzung hinterlassen.

Um 1968 nahm die Beunruhigung andere Formen an. Die Industrie hatte sich ungeahnte neue Bereiche erschlossen mit einer weit gefächerten Produktpalette und mit Zwischen- und Abfallprodukten, darunter viele giftige, biologisch nicht abbaubare Stoffe, die sich in der Biosphäre verteilten. Die Ballung einer stark vermehrten Bevölkerung in den Großstädten und der gewaltige Material- und Warenverbrauch erschwerten zunehmend die Entsorgung von Abwässern und Feststoffabfällen. Man hatte bis vor kurzem angenommen, daß eine wohlwollende Natur die Abfallprodukte der menschlichen Gesellschaft in der Luft, im Boden und in den Flüssen und Meeren für immer absorbieren und neutralisieren würde. Diese Annahme läßt sich jedoch nicht länger aufrechterhalten: Wir scheinen eine kritische Schwelle überschritten zu haben, jenseits derer die Folgen menschlicher Einwirkung die Umwelt ernsthaft zu schädigen drohen, mit möglicherweise irreversiblen Folgen.

Buchveröffentlichungen wie *Der stumme Frühling* von Rachel Carson (1963) und *Small is Beautiful* von Schumacher (1973) schreckten die Öffentlichkeit auf.

Bis 1968 hatte es bereits lautstarke Reaktionen gegeben, und überall entstanden Initiativen zum Schutz und zur Erhaltung der Umwelt. In den Industrieländern antworteten die Regierungen dem wachsenden Druck der Öffentlichkeit: Umweltministerien schossen aus dem Boden, und da die Verschmutzung nicht an Staatsgrenzen haltmacht, wurde das Umweltthema zum Gegenstand internationaler Konferenzen.[7] Gesetzliche Maßnahmen haben zu manchen Verbesserungen geführt. Grundsätze wie etwa das Verursacherprinzip (»Der Umweltverschmutzer trägt die Kosten«) haben das soziale Gewissen der Großindustrie geschärft, Flüsse konnten entgiftet und die Luftverschmutzung reduziert werden, und überall sind örtliche Umweltgruppen auf dem Plan, teils mit durchdachten Vorschlägen, teils mit fanatischem Eifer.

Es ist ein interessanter Vorgang, wie sich die Umweltgruppen zu politischen Handlungsträgern konsolidiert haben. Die neu entstandenen grünen Parteien haben das Verdienst, die traditionellen Parteien gezwungen zu haben, die ökologischen Belange ernstzunehmen. Gleichwohl fällt es schwer, ihnen eine bleibende Rolle zuzusprechen. Die »grüne Bewegung« kann bei aller Nützlichkeit, ohne es zu wollen, die öffentliche Aufmerksamkeit von den langfristigen, noch weit ernsteren Umweltgefahren ablenken, von denen weiter unten die Rede sein wird.

■

*»... auflösend alles, was geschaffen ward,
in eine grüne Vorstellung in grüner Tönung.«*
                                    Andrew Marvell (engl. Dichter des 17. Jh.)

■

Bis vor kurzem waren die Formen der Umweltzerstörung im wesentlichen lokal begrenzt; sie konnten durch lokale und nationale Maßnahmen beseitigt werden, zwar nicht kostenlos, aber zu einem erträglichen Preis. Heute jedoch weiß man von Umweltgefahren einer neuen Größenordnung, die einen ganz anderen Ansatz verlangen. Es handelt sich um eine Reihe von Umweltschäden globalen Ausmaßes, deren Beseitigung die Möglichkeiten einzelner Länder weit übersteigt. Gegenwärtig haben wir es mit vier Hauptspielarten solcher Schäden zu tun.

Die Ausbreitung toxischer Substanzen in der Umwelt. Solche Substanzen sind biologisch nicht abbaubare Chemikalien und atomarer Müll. Man wurde zum erstenmal darauf aufmerksam, als man die weltweite Verbreitung von DDT entdeckte: DDT konnte sogar in Pinguin-Eiern in der Antarktis nachgewiesen werden. Diese Entdeckung ließ befürchten, daß das Molekül auch in die menschliche Nahrungskette gelangen und sich dort bis zu einem gefährlichen Schwellenwert anreichern könnte. In der Folge wurden noch viele andere toxische Stoffe identifiziert, die in großem Umfang in die Umwelt gelangen, und man vermutet, daß in einigen Jahrzehnten giftige Substanzen in die wichtigsten wasserführenden Schichten der Erde eindringen könnten. Die Ak-

EIN WIRBELSTURM DER VERÄNDERUNG

kumulation giftigen Mülls, der an Ort und Stelle schwer zu beseitigen ist, hat einige Industrieländer dazu veranlaßt, ganze Schiffsladungen von Gift in arme afrikanische Länder zu exportieren, die bereit sind, die Fracht gegen Bezahlung zu löschen. Dies ist ein unmoralisches Geschäft, das bei Fortsetzung nicht nur die Empfängerländer, sondern die ganze Welt schädigt. Auch für die Entsorgung radioaktiven Mülls hat man noch keine befriedigende Lösung gefunden. Radioaktiver Müll muß extrem lange sicher gelagert werden, da viele Radium-Isotope eine sehr lange Halbwertszeit haben.

Die Säuerung von Seen und Wäldern durch Schadstoffe. Diese werden über die Schornsteine von Kohlekraftwerken, Stahlwerken und so weiter an die Luft abgegeben. Dies ist seit einiger Zeit bekannt und hat zu internationalen Beschwerden geführt. So werden etwa die Seen und Wälder Ostkanadas durch die Abgase von Pittsburgh verschmutzt und die Seen und Wälder Skandinaviens durch sauren Regen, für den Mittelengland und das Ruhrgebiet verantwortlich sind. Gegen diese Verschmutzung kann (mit internationalen und lokalen Auswirkungen) auf lokaler Ebene viel getan werden, indem man die Abgase reinigt, schwefelarme Öle und Kohlearten einsetzt und andere Mittel anwendet, aber solche Maßnahmen sind teuer und schwierig. Auch ist noch nicht ganz geklärt, wie es zur Übersäuerung kommt: Es mag außer der Verseuchung über weite Entfernungen hinweg noch andere Ursachen geben.

Die Verseuchung der oberen Schichten der Atmosphäre durch Fluorchlorkohlenwasserstoffe (FCKW). Diese Substanzen finden wegen ihrer extremen Stabilität unter normalen Bedingungen in Kühlschränken und als Treibgase in Spraydosen Verwendung. Die Stoffe zersetzen sich jedoch, wenn sie in die oberen Schichten der Atmosphäre gelangen. Dabei werden Chloratome frei und greifen die Ozonschicht der Stratosphäre an - mit der befürchteten Folge, daß mehr ultraviolette Strahlung zur Erdoberfläche vordringt und eine starke Zunahme von Hautkrebs auslöst.

Dieser Gefährdung könnte nur in internationaler Zusammenarbeit begegnet werden. Die eingeleiteten Bemühungen in dieser Richtung geben deutliche Hinweise auf die Art von internationalen Verhandlungen, die in anderen, komplizierteren Fällen erforderlich sein wird. Im Grunde ist die Situation im vorliegenden Fall sehr einfach, weil nur recht wenige Fabriken auf der Welt FCKW herstellen. Auf der Konferenz von

EIN WIRBELSTURM DER VERÄNDERUNG

Montreal 1987 wurde prinzipielle Übereinstimmung bezüglich der Art des Problems und seiner Lösung erzielt: Man kam überein, alternative Treibgase zu entwickeln, die der Ozonschicht nicht schaden. Die Industrieländer wollen keine Fluorchlorkohlenwasserstoffe mehr verwenden und haben, um dieses Ziel zu erreichen, bereits praktische Forschungs- und Entwicklungsmaßnahmen eingeleitet. Die Schwierigkeit besteht darin, daß einige der ärmeren Länder wie Indien und China erst kürzlich mit der Herstellung von FCKW begonnen haben, um die dringend notwendige Erweiterung ihrer Kühlkapazitäten voranzutreiben. Man kann von solchen Ländern kaum erwarten, daß sie Anlagen aufgeben, in die sie gerade erst investiert haben, und ohne internationale Entschädigung wieder von vorn beginnen. Dieses Problem ist bis jetzt noch nicht gelöst.

Der sogenannte »Treibhauseffekt«, der bei weitem bedrohlichste Umweltschaden.[10] Er betrifft die Temperatur an der Erdoberfläche. Mit Treibhauseffekt wird das Phänomen bezeichnet, daß bestimmte Bestandteile der Atmosphäre die Abstrahlung der Sonnenenergie von der Erde in den Weltraum einschränken, was zur Aufwärmung der Erde führt. Das Verhältnis zwischen den wichtigsten Bestandteilen der Luft, Sauerstoff und Stickstoff, ist offenbar seit vielen Jahrtausenden konstant, und das Leben auf der Erde wird dadurch reguliert. Beim Treibhauseffekt spielen jedoch andere Gase eine Rolle, Spurengase, die in der Atmosphäre in viel kleineren Konzentrationen vorhanden sind. Der Anteil dieser Gase hat seit der industriellen Revolution zugenommen. Das wichtigste, Kohlendioxid (CO_2), hat um 25 Prozent zugenommen, die Stickoxide um 19 Prozent und Methangas gar um 100 Prozent. Außerdem tragen auch die in die Atmosphäre freigesetzten neuen Gase wie die berüchtigten, künstlich hergestellten FCKW sowie das Ozon in bodennahen Luftschichten zum Teibhauseffekt bei. Die Besorgnis über mögliche negative Folgen des Treibhauseffekts entstand, als man einen Anstieg der CO_2-Konzentration in der Luft feststellte. Daß auch andere Gase mit geringen Konzentrationen dabei eine Rolle spielen, wurde erst kürzlich erkannt. Der CO_2-Anteil der Atmosphäre ist zwar klein, aber er hat aufgrund der Verbrennung fossiler Brennstoffe wie Öl und Kohle,

---

10 Der »Treibhauseffekt« ist wissenschaftlich noch umstritten; absolute Gewißheit über dieses Phänomen wird man wohl erst in zehn Jahren haben. Wenn der Effekt dann aber bestätigt wird - und damit ist zu rechnen -, wird es zu spät sein, um noch irgend etwas dagegen zu unternehmen.

EIN WIRBELSTURM DER VERÄNDERUNG

ohne die es keine Industrialisierung gegeben hätte, seit der industriellen Revolution stärker zugenommen als in den 16.000 Jahren davor. Außerdem sinkt mit der extensiven Abholzung der tropischen Regenwälder die Fähigkeit der Natur, das Gas durch die Photosynthese zu absorbieren, die in den Blättern der Bäume stattfindet.

Verschiedene komplexe Modellstudien zum Weltklima lassen vermuten, daß sich bei einer Verdoppelung des vorindustriellen CO_2-Anteils die Oberflächentemperatur der Erde um zwischen 1,5 und 4,5 Grad Celsius erhöhen würde. Die Weltöffentlichkeit kann sich natürlich nur schwer vorstellen, daß das unsichtbare und scheinbar harmlose Gas, das im Whisky Soda oder in der Cola perlt und das wir selbst ausatmen, unseren Wohlstand und unseren Lebensstil bedroht. Trotzdem kann bei gleichbleibender Verbrennung fossiler Brennstoffe im industriellen Prozeß in 40 bis 45 Jahren der kritische Punkt erreicht sein, und dieser Zeitraum könnte sich durch eine zunehmende Konzentration der anderen Klimagase sogar noch verkürzen.

In diesem Zusammenhang ist vieles noch nicht geklärt, vor allem die Rolle der Weltmeere als CO_2-»Schlucker« sowie mögliche weitere Auslöser für die Freisetzung dieses Gases. Die Indizien einer Erwärmung des Erdklimas sind jedoch mittlerweile so eindeutig, daß die daraus resultierende Gefahr ernstgenommen werden muß. Die wahrscheinlichen Folgen einer Erderwärmung werden im nächsten Kapitel erörtert. Jedenfalls sind sie sehr ernster Natur. Damit bekommen wir einen klassischen Fall der Notwendigkeit, Methoden für den Umgang mit einer Gefahr zu entwickeln und zu Entscheidungen zu gelangen, obwohl über die Gefahr selbst noch Ungewißheit besteht. Wenn die Nationen nichts unternehmen, bis die Folgen des Treibhauseffekts unwiderlegbar sind, dann wird es möglicherweise zu spät sein, die Katastrophe zu verhindern. Wenn andererseits schon jetzt Maßnahmen ergriffen werden und die Entwicklung dann doch langsamer verläuft als vorausgesagt, hat man sich auf enorme Kosten eingelassen.

Wir müssen nochmals kurz die Vernichtung der Wälder ansprechen. Sie verschärft nicht nur den Treibhauseffekt, sondern ist auch aus vielen anderen Gründen zu verurteilen. Sie verursacht lokale und regionale Klimaveränderungen; der Boden erodiert und wird von den Flüssen fortgespült, und was zurückbleibt, ist für eine dauerhafte landwirtschaftliche Nutzung oft ungeeignet. Insbesondere im Amazonasbecken hat die Vernichtung des Waldes außerdem die Ausrottung zahlreicher Tier- und Pflanzenarten zur Folge, und das in einer Zeit, in der die Bewahrung der genetischen Vielfalt von unschätzbarer Wichtigkeit wäre.

Außerdem führt die Vertreibung oder Ausrottung der Waldbewohner zu großem menschlichen Elend und zum Verlust ganzer Kulturen.

In diesem Zusammenhang muß auch noch das Problem der zunehmenden Verknappung von Brennholz erwähnt werden. In vielen Ländern Afrikas und Asiens, aber auch anderswo ist die Verbrennung von Holz und Holzkohle für einen Großteil der Bevölkerung besonders in den ländlichen Gebieten noch immer die wichtigste einheimische Energiequelle. Das Sammeln des Holzes obliegt in der Regel den Frauen. Mit zunehmender Bevölkerung wird das verfügbare Holz immer knapper, und an manchen Orten braucht man zum Holzsammeln heute sechs Stunden, während man früher nur zwei benötigte. Bei Holzknappheit geht die Landbevölkerung dazu über, Dung zu verbrennen. In der Folge fehlt der nötige Stickstoff zum Düngen der Pflanzen, und mit der Zeit verödet der Boden. In vielen Städten der Tropen ist der Preis für Brennholz ins Unermeßliche gestiegen, und in den Haushalten wird Kerosin verbraucht, das - ebenso wie die ausländischen Lebensmittel bei einer Änderung der Eßgewohnheiten - für knappe Devisen importiert werden muß. Um es mit den Worten von Lester Brown, dem Präsidenten des Worldwatch-Instituts, zu sagen: Viele Städte in den ärmeren Ländern leben buchstäblich »vom Schiff in den Mund«.

Der Vormarsch der High-Tech-Industrie

Die heutige Gesellschaft gründet sich ganz wesentlich auf den technischen Fortschritt. Seit die industrielle Revolution menschliche und tierische Kraft durch die Dampfmaschine und später durch den elektrischen Strom ersetzte, hat sich die menschliche Arbeitsproduktivität vervielfacht. Entgegen anfänglichen Befürchtungen hat dies zu erweiterten Märkten, mehr Arbeitsplätzen und zu Wohlstand in der Breite geführt. Der Fortschritt beruhte zunächst auf empirischen Erfindungen; doch mit dem Aufbau der chemischen und elektrotechnischen Industrie kamen die Impulse zur Weiterentwicklung hauptsächlich aus den wissenschaftlichen Labors. Der Erfolg der technischen Entwicklung und der Ausgang des Zweiten Weltkrieges, welcher wesentlich durch die Anwendung wissenschaftlicher Methoden bestimmt wurde, bewogen die Regierungen der Nachkriegszeit zu massiver Förderung der Grundlagenforschung und ihrer technischen Anwendung. Die Zeitspanne von der wissenschaftlichen Entdeckung über die angewandte Forschung und Entwicklung bis zur industriellen Produktion ist lang; deshalb hielten sich die Verbesserungen und Neuentwicklungen, die im ersten Teil des Berichtszeitraumes an

EIN WIRBELSTURM DER VERÄNDERUNG

die Öffentlichkeit kamen, mehr oder weniger im traditionellen Rahmen. In einer späteren Phase erschien dann eine Technologie völlig neuer Art, vor allem aufgrund der Entdeckungen in der Festkörperphysik und der Molekularbiologie.

Die neuen Technologien haben ein so weites Anwendungsfeld, daß wir ihre Reichweite hier nur oberflächlich andeuten können.

Am sichtbarsten tritt die allgegenwärtige Anwendung der Mikroelektronik in Fabriken, Büros, Geschäften zutage. Der kostengünstige, extrem verkleinerte Siliziumchip-Prozessor kann jedem Gegenstand, den der Mensch erfunden hat, Gehirn und Gedächtnis geben. Außerdem verbindet sich die Mikroelektronik ideal mit anderen Systemen der Hochtechnologie wie Holographie, Satellitentechnik, Flüssigkristalle, Glasfaseroptik. Eine unübersehbare Fülle mikroelektronischer Geräte und Gags ist daraus entstanden. Statt der ersten, noch während des Krieges entwickelten Computer, die ganze Räume füllten, haben wir jetzt praktisch überall Mini-Computer, die unendlich schneller, verläßlicher und billiger sind.

Die Mikroelektronik beherrscht die Industrie in jedem Arbeitsstadium, vom Entwurf bis zur Verpackung. Alle Vorgänge und Strukturen wurden durch die Automation revolutioniert, gefährliche und schmutzige Arbeiten werden überflüssig, es werden neue Fertigkeiten und Fähigkeiten gebraucht, traditionelle Trainingsmethoden halten nicht mehr stand. Und dies ist nur der Anfang. »Intelligente Roboter« treten auf den Plan, die sehen und fühlen können. Von der Fertigung nach dem Flußprinzip verlagert sich der Schwerpunkt auf integrierte Produktionssysteme; neue Typen von Werks- und Geschäftseinrichtung entstehen durch Mechatronik, ein kombiniertes Verfahren, das elektronische und hochentwickelte mechanische Techniken vereinigt. Diese Errungenschaften durchdringen schnell alle Sektoren des Wirtschaftslebens und begründen die post-industrielle Gesellschaft. Wie weit und wie schnell dies erkannt wird, hängt vom Vordringen der anderen erwähnten Wandlungen ab.

Wir haben bereits die vollautomatisierten Banken und die bargeldlose Gesellschaft; die automatischen Börsen und Systeme des Geldtransfers arbeiten manchmal allzuschnell; jede Form der Forschung, von der Geschichtswissenschaft bis zum Fluzeugbau, wird vom Computer gesteuert.

Am deutlichsten zeigt sich die Elektronik in der Kommunikation. Die Telefonsysteme sind entscheidend verbessert. Telefax hat sich in kürzester Zeit durchgesetzt; E-Mail-Systeme breiten sich aus, und die Video-Konferenzschaltung ist auch schon da. Die unglaublichste Entwicklung

EIN WIRBELSTURM DER VERÄNDERUNG

war der ständige, unaufhaltsame Vormarsch des Fernsehens. Dieses Medium hat sich weltweit durchgesetzt; seine Anwendungsgebiete reichen von der Beeinflussung eines ganzen Landes, so daß es sich seinem Diktator beugt, über Bildungsprogramme, Nachrichten- und Meinungssendungen - wobei die Tatsachen oft verzerrt oder verniedlicht werden - bis zu dem großen Gebiet der Unterhaltung. Es hat einen gewaltigen Einfluß auf die Politik und auf den Ausgang von Wahlen, indem es vorhandenes oder fehlendes Charisma der Kandidaten potenziert. In einigen Ländern haben Direktübertragungen von Parlamentsdebatten die Trivialität der Argumente und die Banalität von Politikern bloßgestellt, was in der Öffentlichkeit zu schwindendem Vertrauen in das parlamentarische System geführt hat, weil es die Bemühungen der politischen Parteien um Stimmenfang aufzeigte.

Auch über den anderen Hauptzweig der technischen Entwicklung, die Biologie, ist noch einiges zu sagen. Sie wurde revolutioniert durch das Verständnis für die Funktionen der DNS, die Entschleierung des genetischen Codes und andere Entdeckungen der Molekularbiologie. Diese Entwicklungen sind bei weitem nicht so publikumswirksam wie die Mikroelektronik, haben aber ebenso große Bedeutung für die Zukunft der Menschheit. Schwierige ethische Probleme stellen sich, vor allem im Zusammenhang mit einer möglichen Genmanipulation. Die Gentechnologie hat schon zu wichtigen Neuerungen in der Medizin geführt, und noch viel mehr steht zu erwarten. Pflanzen- und Tierarten konnten widerstandsfähiger gegen Krankheiten und klimatische Veränderungen gemacht werden, ihre Population konnte vermehrt und ihre Eigenschaften verändert werden. Genetische Veränderungen führen wahrscheinlich zu wesentlich höheren Erträgen an Milch, und zumindest im Anfangsstadium ausgerechnet dort, wo ohnehin schon Milch im Überfluß vorhanden ist. Unbehagen bereiten neuere Gerichtsurteile, nach denen es möglich ist, genetisch erzeugte neue Gattungen patentieren zu lassen.

Das Weltfinanzsystem

Der wirtschaftliche Umbruch in den osteuropäischen Ländern und in der früheren Sowjetunion erfordert rasches Handeln, wenn der Kollaps vermieden werden soll. Das Abstreifen des marxistischen Systems und die Hinwendung zur Marktwirtschaft sind kein leichtes Unterfangen. Neue Strukturen müssen entstehen, ein Wettbewerbssystem verlangt eine ganz neue Einstellung von Arbeiterschaft und Management. Im alten System bedeutete die Beschäftigungsgarantie geringe Produktivität und Antriebsschwäche und verhinderte Neuerungen. Daher treten diese Länder jetzt in ein Wettbewerbssystem ein mit großen Schulden, veralteten und umweltverseuchten Fabriken und Anlagen, zu geringem Kapital und ohne Know-how im modernen Management. Soziale und psychologische Anpassung ist gefordert, zum Beispiel in der ungewohnten Situation massiver Arbeitslosigkeit. Starke Hilfe von außen wird gebraucht in der Bereitstellung von Kapital, aber auch durch technische und organisatorische Unterstützung. Im wiedervereinigten Deutschland kann die alte Bundesrepublik Kapital, Führungskräfte und Ausbildung stellen, aber es ist unwahrscheinlich, daß die Wende in Ostdeutschland ohne erhebliche persönliche und soziale Härten gelingen wird.

In Osteuropa setzt man große Hoffnungen auf den Wohlstand, der aus der Marktwirtschaft fließt. Diese Hoffnungen sind natürlich langfristig berechtigt, aber die Kräfte des Marktes dürfen nicht als das einzige Mittel zu einem besseren Leben betrachtet werden; ihre Grenzen müssen, wie schon erwähnt, ebenfalls bewußt gemacht werden. Ideale dürfen nicht in Bausch und Bogen verworfen werden; die positiveren Aspekte des Sozialismus sind zu bewahren, sonst könnte es leicht zu einem Pendelumschwung gegen den Kapitalismus kommen.

Politische Macht wird in der modernen Welt nicht mehr in erster Linie von der Stärke und Verfeinerung der Rüstung bestimmt, sondern zunehmend von der Finanzkraft. In jüngster Vergangenheit haben überhöhte Rüstungsausgaben die beiden Supermächte entscheidend geschwächt. Auch ist es schädlich, daß die Rüstungsindustrie der Großmächte ganz vom Staat bestimmt ist und daher nicht dem freien Handel unterliegen kann, den es in den anderen Branchen gibt.

In der zweiten Hälfte der achtziger Jahre wurden die Weltmärkte vom Finanzwahnsinn erfaßt. Computerunterstützte Finanz- und Devisenspekulation wurde zu einem Spiel bar jeder wirtschaftlichen Realität. Überall kam es zu Firmenzusammenschlüssen wegen des schnellen Gewinns, ohne an die langfristige Leistungskraft zu denken. Der Insider-Handel und andere Formen der Korruption drangen in Bereiche ein, die bis dahin als ethisch sauber gegolten hatten. Wirtschaftlicher Gewinn wurde eher in Finanzgeschäften als in wettbewerbsfördernden Neuerungen gesehen, oft ohne Rücksicht auf die betriebliche Grundlage der Finanzkraft (zum Beispiel war der Ölpreis mehr das Produkt der Strategie von Kartellen als der tatsächlichen Ölförderung). Dies nährte die Furcht vor einem Zusammenbruch der Wertpapiermärkte. Eine Schwäche des Finanzsystems ist immer noch ein gefährliches Krisenelement in der Weltproblematik, auch wenn die Realität wieder mehr in den Blick kommt (so manches Finanzgenie ist heute bankrott oder sitzt im Gefängnis).

Der Werteverlust

Überall zeichnet sich ein Verlust jener Werte ab, die früher den Zusammenhalt der Gesellschaft und das Wohlverhalten des einzelnen sicherstellten. Mancherorts lag die Ursache im schwindenden Glauben an die Religion und deren ethische Werte, in anderen Fällen im Vertrauensverlust des politischen Systems und seiner Akteure. Der Wohlfahrtsstaat wiederum hat trotz seiner sozialen Vorzüge und der sozialen Sicherheit offenbar das Selbstvertrauen und Verantwortungsgefühl vieler Menschen geschwächt. Immer häufiger stemmen sich Minderheiten gegen die Entscheidungen der Mehrheit, oft aus einem Gefühl sozialer Ungerechtigkeit oder Ausbeutung. Aber es gibt inzwischen schon viel gezielte, gut organisierte Hilfe für die Hilfsbedürftigen - leider einstweilen noch bescheidene Zeichen.

Diese und andere Ursachen haben zu sozialer Ordnungsstörung, zu Wandalismus und Gewalt geführt, die ein Kennzeichen unserer Zeit geworden sind. Bei wirklicher oder eingebildeter politischer Verfolgung oder Rassendiskriminierung kann aus Gewaltakten der Terrorismus erwachsen, in dem sich die Energien der Unzufriedenen und Fanatiker sammeln. Diese Gruppen nutzen technische Errungenschaften wie wirksamere Sprengsätze, genauere Zeitzündung und Fernauslösung. Das sind alles Zeichen für den Krankheitszustand der heutigen Gesellschaft, und so können sie auch behandelt werden, wo sie auf schlimmer Ungerechtigkeit beruhen.

Die neuen Plagen

In eine andere Kategorie fallen organisierte Verbrechen, Gewalt und Nötigung mit dem Ziel, Geld oder politische Macht zu gewinnen. Die Mafia ist der klassische Fall. Noch gefährlicher ist der neue, skrupellose organisierte Drogenhandel, der mit terroristischen Taktiken ganze Regierungen in Schach hält. Der Gesamtumfang des Drogenhandels soll bereits den der Erdölindustrie übertreffen. Das Drogennetz, das sich vom Erzeuger über die Drogenbarone mit ihren Raffinerien bis zu den Händlern und Dealern spannt, ist allgegenwärtig und, wie es manchmal scheint, unverwundbar. Es erzeugt unglaubliches menschliches Leid und

EIN WIRBELSTURM DER VERÄNDERUNG

verbreitet eine tödliche Krankheit, wie wir noch zeigen werden. Dieses Übel wächst immer weiter an und ist Anlaß zu schwerer Sorge, aber es herrscht Unsicherheit darüber, wie es zu bekämpfen ist. Die endgültige Lösung wäre, durch Behandlung und Erziehung die Nachfrage zu unterbinden; doch dies ist wegen der weiten Streuung der Drogenabhängigen äußerst schwierig. Man versucht statt dessen, Zentralen der Drogenbosse auszuschalten und die Erzeuger zum Getreideanbau zu bewegen.

Auch die neu aufgetretene tödliche Krankheit Aids ist noch zu erwähnen. Sie wird durch das HIV-Virus ausgelöst, im Sexualverkehr übertragen und auch beim Drogenkonsum durch infizierte Nadeln weitergegeben. Infizierte Schwangere bringen mit hoher Wahrscheinlichkeit Kinder zur Welt, die mit dem Virus behaftet sind. In seinem Anfangsstadium wurde das Virus auch bei Bluttransfusionen übertragen, da das Blut noch nicht der HIV-Probe unterzogen wurde. Ein Virusträger kann jahrelang leben ohne zu erkranken, doch früher oder später entwickelt sich Aids, das das Immunsystem angreift und auf dem Weg über eine beliebige Krankheit, die der Patient nicht mehr bekämpfen kann, zum Tode führt. Derzeit macht die Arbeit an einem Heilverfahren Fortschritte, es werden neue lebenverlängernde Behandlungen erprobt, und es gibt Anzeichen, die auf Erfolg deuten.

In einigen afrikanischen Ländern ist Aids offenbar schon zur Seuche geworden, und die Furcht vor weltweiter Ausbreitung ist groß. Einmal abgesehen von der Sterberate und dem schrecklichen menschlichen Leid, sind die Kosten für Behandlung und Erziehungsmaßnahmen eine schwere Bürde für die betroffenen Länder; Krankenhäuser und Pflegekräfte werden voll in Anspruch genommen und erschweren oder verhindern die wirksame Kontrolle anderer Krankheiten wie Malaria und Bilharziose.

In einer Zeit, da die Medizin in Vorbeugung und Therapie so außerordentliche Erfolge errungen hat, gemahnt uns die Krankheit Aids, daß der Mensch trotz allen Fortschritts in seiner physischen und geistigen Gesundheit verwundbar bleibt. Diese tödliche Erkrankung, begleitet von der Mutation gewisser Viren, die die Impfung unwirksam machen, zeigt uns, daß zumindest vorläufig der ständige Kampf um unsere Gesundheit ebenso unvermeidbar ist wie der Tod, allen Wünschen und Träumen zum Trotz.

2. KAPITEL

Die Wechselwirkung der Probleme

Unsere Untersuchung hat schon gezeigt, in welch enger Wechselbeziehung die verschiedenen Elemente der Weltproblematik stehen. Wächst zum Beispiel die Bevölkerung in einem armen Land, so müssen mehr Nahrungsmittel angebaut werden, und dies wiederum führt zu einer stärkeren Belastung von Boden und Wasservorräten. Müssen Nahrungsmittel importiert werden, so heißt das: Umleitung knapper Devisenreserven aus anderen Entwicklungsbereichen. Der Bevölkerungszuwachs wird sich auch auf die Umwelt auswirken. So wird er möglicherweise dazu führen, daß übermäßig viele Bäume als Brennholz gefällt werden - mit den schon beschriebenen sozialen Folgen.

In diesem Kapitel wollen wir einige der drängendsten materiellen Probleme untersuchen, die zu einer Bedrohung für die Menschheit geworden sind, insbesondere jenen Teil der Weltproblematik, bei dem die Faktoren *Bevölkerung, Umwelt, Ernährung* und *Energie* zusammenwirken.

Die stete Zunahme menschlicher Aktivität

Die Weltsituation in diesem Jahrhundert war charakterisiert durch eine enorme Zunahme menschlicher Aktivitäten, die zu einem starken Anstieg des Rohstoff- und Energiebedarfs geführt hat. Für diese Zunahme ist natürlich weitgehend das atemberaubende Wachstum der Weltbevölkerung verantwortlich, das auch in den kommenden Jahren unvermindert anhalten wird. Einige Autoren[1] führen an, daß die Geburtenrate überall in der Welt bereits im Rückgang begriffen ist. So ist nach Schätzungen der Vereinten Nationen die durchschnittliche Kinderzahl der

---

1 Chesnais (1987)

DIE WECHSELWIRKUNG DER PROBLEME

Frauen von 6,1 in den Jahren 1965 bis 1970 auf 3,9 im Jahr 1985 gesunken. Demnach vollzieht sich weltweit ein demographischer Wandel. Zwar stehen diesem Wandel noch beträchtliche kulturelle Hindernisse entgegen, so daß sich die Entwicklung um ein oder zwei Jahrzehnte verzögern kann; doch auf lange Sicht ist der Trend, der weitgehend der Modernisierung zuzuschreiben ist, unaufhaltsam. Die Frage lautet nicht, *ob* die Geburtenrate zurückgeht, sondern *wann* und in welchem Umfang.

Aber selbst wenn die Geburtenrate drastisch fällt, wird doch der demographische Druck aufgrund der Alterspyramide zunächst bestehen bleiben. Die Bevölkerung wird noch auf Jahrzehnte hinaus so weiter wachsen wie bisher, und deshalb werden kühne Entwicklungsstrategien notwendig.

Doch beim Gedanken an die Zunahme der menschlichen Aktivitäten ist ein Faktor von noch größerem Gewicht zu beachten: der gestiegene Pro-Kopf-Verbrauch, den das Wirtschaftswachstum erst ermöglicht und der seinerseits Impulse für weiteres Wachstum gegeben hat.

Die Massengüter, mit denen die Fabriken der Industrieländer den Markt überschwemmen, weisen deutlich darauf hin, daß wir in einer Konsumgesellschaft leben. Der Pro-Kopf-Verbrauch im Europa der vorindustriellen Periode unterschied sich nur wenig vom heutigen Pro-Kopf-Verbrauch in vielen Entwicklungsländern. Nun ist der durchschnittliche Rohstoff- und Energieverbrauch pro Kopf im Norden ungefähr vierzigmal höher als in den weniger entwickelten Ländern. Im Extremfall kann das Verhältnis sogar noch ungünstiger sein als hundert zu eins. Dies ist nicht nur eine soziale Ungerechtigkeit, es läßt auch ahnen, in welchem Ausmaß die Ausbeutung der Natur perfektioniert worden ist.

Aus den Faktoren Bevölkerungszahl und Pro-Kopf-Verbrauch ergibt sich eine grobe Anhaltsgröße für die Gesamtheit menschlicher Aktivität. Nach unserer Schätzung hat sich diese im Lauf des zwanzigsten Jahrhunderts ungefähr vervierzigfacht. Bis jetzt war diese blühende Aktivität hauptsächlich durch den hohen Verbrauch in den reichen Ländern bedingt; doch in den kommenden Jahrzehnten wird die demographische Komponente zunehmendes Gewicht erhalten.

Wenn wir vom Verbrauch unserer Ressourcen sprechen, müssen wir auch auf die kriminelle Verschwendung von menschlichen, materiellen und Energie-Ressourcen für militärische Zwecke eingehen, die nur ein paar entwickelten Ländern Arbeit und Gewinn bringt. Es ist kaum zu fassen, daß die Völker der Welt, die unter Hungersnot, Armut, Krankheit und Unterentwicklung leiden und damit selbst wieder den Nährbo-

DIE WECHSELWIRKUNG DER PROBLEME

den für Krieg und Gewalt erzeugen, eine solche Vergeudung bereitwillig toleriert haben. Über den Umfang des Verbrauchs für militärische Zwecke läßt sich kaum Genaues sagen; Anhaltspunkte liefern aber die Verteidigungsausgaben der Staaten. Im Augenblick dürften sie sich - alle Länder zusammengerechnet - real in der Größenordnung von einer Billion Dollar bewegen. Das entspricht einer Steigerung um das Vierfache seit Ende des Zweiten Weltkriegs und um das 25fache seit Beginn des Jahrhunderts. Dies sei hier mit einigen Vergleichen veranschaulicht. So wurde zum Beispiel festgestellt, daß seit vielen Jahren die Militärausgaben in aller Welt etwa so hoch sind wie das Bruttosozialprodukt aller lateinamerikanischen und afrikanischen Länder zusammengenommen. Der Jahresetat des Weltkinderhilfswerks der Vereinten Nationen (Unicef) entspricht etwa der Summe, die weltweit alle vier Stunden für das Militär ausgegeben wird. Die erfolgreiche Bekämpfung der Pocken durch die Weltgesundheitsorganisation (WHO), die innerhalb von zehn Jahren erfolgte, kostete knapp 100 Millionen US-$ - weniger als der Bau eines kleineren Luft-Luft-Geschosses. Wir können nur hoffen, daß diese ungeheure Materialverschwendung jetzt im Zuge umfassender Abrüstung erheblich eingeschränkt wird und die dadurch gesparten Mittel den lebensnotwendigen, konstruktiven Bedürfnissen der Unterprivilegierten zugute kommen.

Auf hohem Konsum mit seinen Ungereimtheiten gründet auch das Konzept einer dauerhaften Entwicklung, wie es im Brundtland-Bericht über Umwelt und dauerhafte Entwicklung[2] optimistisch dargestellt wurde. Es ist zu bezweifeln, daß weltweit eine dauerhafte Entwicklung erreicht wird, wenn die Wachstumsrate in den Industrieländern weiter so steigt, wie in dem Bericht vorgeschlagen. Eine dauerhaft entwickelte Gesellschaft muß sich - und das impliziert dieser Begriff - auf eine langfristige Vision stützen, das heißt, sie muß voraussehen, wohin ihre vielfachen Aktionen führen, um zu gewährleisten, daß diese die Zyklen der Erneuerung nicht unterbrechen. Sie muß eine Gesellschaft der Bewahrung und der Sorge um das Wohl der künftigen Generationen sein. Sie darf sich keine Ziele stecken, die miteinander unvereinbar sind. Sie muß auch soziale Gerechtigkeit anstreben, denn krasse Unterschiede bei Einkommen und Privilegien führen zu Spannungen destruktiver Art. Mit anderen Worten, das Konzept ist notwendigerweise utopisch; aber es ist wert, daß man es verfolgt. Die dauerhafte Gesellschaft könnte niemals aus einer Weltwirtschaft hervorgehen, die *ausschließlich* auf die Kräfte des Marktes setzt, so wichtig diese auch für die Erhaltung von Vitalität

---

2 Weltkommission für Umwelt und Entwicklung (1987)

DIE WECHSELWIRKUNG DER PROBLEME

und Innovationsfähigkeit sein mögen. Wie bereits erwähnt, reagieren die Kräfte des Marktes besonders auf kurzfristige Signale; für längerfristige Überlegungen bieten sie keine verläßlichen Anhaltspunkte.

Wer also das Konzept einer dauerhaften Entwicklung akzeptiert, muß sich fragen, auf welchem allgemeinen Niveau der materielle Wohlstand auf Dauer gehalten werden kann und welche Unterschiede zwischen Arm und Reich - im Innern eines Landes und im Ländervergleich - toleriert werden dürfen, wenn das Streben nach sozialer Gerechtigkeit und zugleich die realen Gegebenheiten berücksichtigt werden. Dies ist kein Plädoyer für egalitäre Gleichheit; in den letzten Jahren wurde ja mit kollektiven Werten ein Pseudo-Egalitarismus gepredigt, der zu den Gegebenheiten der menschlichen Natur im Widerspruch steht.

Angesichts der gegenwärtigen Turbulenzen und Veränderungen ist die Suche nach einem verbindlichen Weg für die zukünftige Weiterentwicklung an eine ganz zentrale Frage geknüpft: Ist das derzeitige Niveau materiellen Wohlstands in den reichen Industrieländern mit einer dauerhaften globalen Entwicklung vereinbar, oder anders ausgedrückt, kann eine Weltwirtschaft, die ihre Dynamik aus der stimulierten Verbrauchernachfrage bezieht, lange Bestand haben? Natürlich gehen die Meinungen auseinander, und wenn überhaupt, so wagen es nur wenige Regierungen, sich dieser Frage zu stellen. Gleichwohl ist sie für die Gegenwart von lebenswichtiger Bedeutung, und letzten Endes werden die Völker ihre Politiker zwingen, sich mit ihr zu beschäftigen. Wir sind der Überzeugung, daß der Konsum in seiner gegenwärtigen Form nicht überleben kann - nicht allein wegen des wirtschaftlichen Druckes, sondern mehr noch aus Rücksicht auf menschliche Werte. Die oberflächliche Befriedigung materieller Bedürfnisse, das Mithaltenwollen mit den Nachbarn - »Ich bin, was ich habe« - sind unvereinbar mit einem menschenwürdigen Leben, das nach einem tiefen Gefühl für die eigene Identität verlangt. Das Konsumverhalten führt zu vielen Formen der »Misere«, auf die wir noch zurückkommen werden.[3]

An dieser Stelle sei ausdrücklich betont, daß wir nicht für ein Nullwachstum plädieren. Wir halten ein wirtschaftliches Wachstum im unterentwickelten Süden sogar für unerläßlich; für den industriellen Norden ist dagegen auf seinem Weg in die postindustrielle Gesellschaft eher ein qualitatives Wachstum notwendig.

---

3 Vgl. das 6. Kapitel

DIE WECHSELWIRKUNG DER PROBLEME

Die globale Erwärmung und der Energiehaushalt

Nach allem, was wir derzeit über die komplexen Wechselbeziehungen auf unserem Planeten wissen, ist es besonders der Treibhauseffekt, der uns zwingt, über die weitere Zukunft einer Wirtschaftsweise nachzudenken, welche den reicheren Ländern lange Zeit gute Dienste geleistet hat. Die Folgen der Erwärmung der Erdoberfläche lassen sich in ihrem Ausmaß zwar noch nicht genau bestimmen, doch über die allgemeinen Tendenzen ist man sich offenbar einig.

■

»Wir haben das Klima immer als ein Werk Gottes betrachtet. Jetzt aber müssen wir unsere Sicht von der Welt und unserem Platz in ihr gewaltig umstellen. Wir müssen begreifen, daß wir bereits ein Stadium erreicht haben, in dem wir selbst für die Steuerung klimatischer Parameter verantwortlich sind. Nach jahrelangen Fehlgriffen erkennen wir allmählich, daß dauerhafter wirtschaftlicher Wohlstand an die Erhaltung der Umwelt geknüpft ist. Wir können Nutzen aus dem Planeten ziehen und dennoch verantwortungsvoll handeln, wenn wir uns um ihn kümmern.«

Robert Redford[4]

■

Schätzungen zufolge wird der Temperaturanstieg aufgrund einer Verdoppelung der CO_2-Konzentration viel größer sein als zyklische Veränderungen, die in früheren Zeiten aufgetreten sind. Der Anstieg wird nicht überall auf der Erde gleich sein: Am Äquator wird er schwächer, in hohen Breitengraden stärker ausfallen. Dadurch werden sich die Temperaturgradienten des Planeten und aller Voraussicht nach auch die Niederschlagsstruktur verändern, was wiederum eine Modifikation der verschiedenen Klimazonen und ihres landwirtschaftlichen Nutzens bewirken wird. So erwartet man beispielsweise, daß in wichtigen Agrargebieten, etwa im amerikanischen Mittelwesten oder in der Ukraine, die Böden austrocknen, während weiter nördlich gelegene Regionen fruchtbar werden. Unabhängig davon, ob sich der Übergang schrittweise vollzieht oder nicht, wird in jedem Fall die Nahrungsmittelversorgung der

---

4 Der Begründer des Institute for Resource Management in Sundance, Utah; zitiert aus *The Sundance Summit on Global Climate Change* (Sundance, Utah, 1989)

DIE WECHSELWIRKUNG DER PROBLEME

Welt in Gefahr geraten. Außerdem ist damit zu rechnen, daß die klimatischen Bedingungen weniger stabil sein werden als früher; es wird zu mehr extremen Wetterlagen und Wirbelstürmen kommen. Einer der größten Unsicherheitsfaktoren bei der Voraussage örtlicher und globaler Klimaveränderungen ist die Frage, wie sich die Erderwärmung auf die Wolkendecke auswirken wird. Zum Beispiel trägt das tropische Monsun-Wolkensystem entscheidend zur Klimaregulierung bei, und man weiß, daß es auf kleinste Veränderungen der Ozeantemperatur deutlich reagiert.

Eine weitere Folge der Erwärmung wäre ein Anstieg des Meeresspiegels, verursacht durch die Wärmeausdehnung des Wassers und das abtauende Inlandeis. Ein allgemeiner Anstieg des Meeresspiegels um einen Meter würde zur Überflutung tiefgelegener Gebiete führen und größere Regionen bei Springfluten und Stürmen einer erhöhten Überschwemmungsgefahr aussetzen. Der Anstieg des Meeresspiegels würde sich natürlich langsam im Lauf vieler Jahre vollziehen, so daß genügend Zeit für Anpassungsmaßnahmen bliebe. Einige Inselgruppen würden verschwinden, und viele Mündungsgebiete wichtiger Flüsse (zum Beispiel Nil oder Ganges) würden ausgewaschen. Eine Umsiedlung großer Teile der Bevölkerung wäre die unausweichliche Folge. Interessant ist, daß der Meeresspiegel in den letzten hundert Jahren weltweit um 10 bis 20 cm angestiegen ist, und zwar bei einem Anstieg der durchschnittlichen Lufttemperatur an der Oberfläche um etwa 0,5 Grad Celsius.

Es stehen genügend Maßnahmen zur Verfügung, um die Erderwärmung abzubremsen und sogar ganz zu unterbinden. Entscheidend ist zunächst, daß die Verbrennung fossiler Brennstoffe und damit der CO_2-Ausstoß reduziert wird. Die Konferenz von Toronto 1988 gab als Richtwert an, daß der CO_2-Ausstoß bis zum Jahr 2005 um etwa 20 Prozent gesenkt werden müsse. Durch eine weltweite Kampagne für sparsame, effiziente Energienutzung könnten einige wertvolle Jahre gewonnen werden. Manche sind überzeugt, daß sich das Problem schon durch intensive Bemühungen um eine effizientere Nutzung unserer Energievorräte lösen ließe. Aber selbst wenn sie recht hätten: In Anbetracht der langen Vorlaufzeit bei der Entwicklung wirksamer Verfahren ist kaum zu erwarten, daß man, wenn man allein auf diese Politik setzt, die Erwärmung schnell genug in den Griff bekommt. Eine effizientere und sparsamere Nutzung der Energie und die Entwicklung sanfter Energiequellen sind jetzt vorrangige Aufgaben, wenn eine gewaltsame Unterbrechung der Industrieproduktion und menschliche Not verhindert werden sollen.

DIE WECHSELWIRKUNG DER PROBLEME

Wie sind die Zukunftsaussichten im Energiebereich? Im Augenblick gibt es noch ein Überangebot an Erdöl, doch nähern wir uns bereits dem Ende einer langen Periode, in der diese nicht erneuerbare Energiequelle billig und reichlich zur Verfügung stand. Deshalb sollte nicht nur wegen des Treibhauseffektes der Verbrauch von Erdöl als Primärbrennstoff eingeschränkt werden, sondern es sollten nach und nach Maßnahmen ergriffen werden, um diesen lebenswichtigen Rohstoff für die petrochemische Industrie zu erhalten, wo er zur Herstellung von Kunststoffen, Arzneimitteln, Farbstoffen und vielen anderen Produkten auf unabsehbare Zeit gebraucht wird. Kohle ist immer noch im Überfluß vorhanden, doch scheint ihre Nutzung aufgrund der Erderwärmung zu gefährlich zu werden, falls es nicht mit Hilfe des technischen Fortschritts gelingt, die umweltschädlichen Folgen der Kohleverbrennung stark zu reduzieren. Zweifellos kann auch auf sanfte Alternativenergien wie Sonnen-, Wind-, Gezeiten- und geothermische Energie zurückgegriffen werden, doch gemessen am gegenwärtigen Stand der Entwicklung werden sie kaum rechtzeitig in genügend großer Menge zur Verfügung stehen, um die notwendige Einschränkung bei fossilen Brennstoffen ausgleichen zu können. Nach heutigen Schätzungen können bis zum Ende des Jahrhunderts etwa 8 bis 10 Prozent des Weltenergiebedarfs durch alternative Energien gedeckt werden. Offenbar bestehen gute Aussichten, daß die Leistung von Photozellen erheblich verbessert wird. Der Gedanke freilich, daß sie eines Tages große Landflächen bedecken und diese für andere Zwecke unbrauchbar machen könnten, ist nicht gerade einladend.

Seit vielen Jahren wird die erhoffte Kernverschmelzung als die endgültige, praktisch unerschöpfliche Lösung all unserer Energieprobleme hingestellt. Das mag zutreffen, aber die Nutzung dieser Energie im großen Stil scheint heute nicht näher gerückt zu sein als an dem Tag, da dieser Gedanke zum erstenmal geäußert wurde. Wir können sicher nicht damit rechnen, daß die Kernverschmelzung einspringen wird, wenn die Erderwärmung uns zwingt, den Gebrauch der fossilen Brennstoffe stark einzuschränken.

Es sieht so aus, als müßten wir uns für die kommenden Jahrzehnte auf eine kritische Situation einstellen, wenn wir durch die Risiken der Erderwärmung zur drastischen Einsparung fossiler Brennstoffe gezwungen werden, ohne eine Alternative an der Hand zu haben. Unter diesen Umständen könnte allein noch die Kernspaltung als Mittel übrigbleiben, unsere Situation wenigstens teilweise zu entschärfen. Viele von uns betrachten die Verbreitung von Atomkraftwerken seit langem mit Skepsis in Anbetracht der offenkundigen Gefahren, die von ihnen und von der

DIE WECHSELWIRKUNG DER PROBLEME

Lagerung des Atommülls ausgehen. Heute jedoch räumen wir widerwillig ein, daß die Verbrennung von Kohle und Öl wegen des dabei entstehenden Kohlendioxids für die Gesellschaft wahrscheinlich noch gefährlicher ist als die Atomkraft. Deshalb sprechen triftige Gründe dafür, die nukleare Option offenzuhalten und schnelle Brüter zu entwickeln. Es sei jedoch die Warnung ausgesprochen, daß diese Option in jedem Fall nur eine Teillösung bringen kann. In der kurzen Zeit, die uns verbleibt, um den CO_2-Gehalt zu reduzieren, ist es kaum noch möglich, die notwendigen Anstrengungen für den Bau einer ausreichenden Zahl von Kernkraftwerken zu unternehmen und das benötigte Kapital zu beschaffen.

Unter den Folgen der Erderwärmung hätten ganz besonders die ärmeren Länder zu leiden. Ohne Energie für die Industrie, die Landwirtschaft und den häuslichen Bedarf einer wachsenden Bevölkerung gibt es keine Entwicklung. Was aber dabei entstehen kann, zeigen eindrucksvoll die Industrialisierungsbemühungen in China, dem bevölkerungsreichsten Land der Welt. Die dortigen Projekte stützen sich auf die Nutzung von Kohle, von der das Land große Reserven besitzt, und würden China zur gleichen Zeit, da die Industrie der übrigen Welt sich um eine drastische Kürzung ihres CO_2-Ausstoßes bemüht, zu einem der größten Umweltverschmutzer mit Kohlendioxid in aller Welt machen. Wollte man aber China oder ein anderes Land deswegen zwingen, seine Industrialisierung ohne vernünftige Alternative einzustellen, so wäre dies moralisch falsch, politisch verhängnisvoll und praktisch unmöglich. Die chinesischen Experten sind sich des Problems durchaus bewußt, aber das Dilemma bleibt bestehen.

Die Sicherung der Welternährung

Eine ausreichende Nahrungsmittelproduktion, um den Bedarf einer rasch wachsenden Weltbevölkerung zu decken, ist zweifellos dringend erforderlich. Anfang der siebziger Jahre, als die Bevölkerungsexplosion erstmals ins Bewußtsein einer breiten Öffentlichkeit rückte, wurde uns von maßgeblicher Seite versichert, daß es ohne weiteres möglich sei, genügend Nahrung für eine Weltbevölkerung von 20 Milliarden Menschen zu produzieren. Technisch gesehen mag das auch zutreffen, wenn man die Landwirtschaft isoliert betrachtet. In Wirklichkeit aber kann sie wegen der Zwänge, die von anderen Faktoren herrühren, nicht losgelöst von der Weltproblematik betrachtet werden. So beruhen die Schätzungen über die langfristigen Möglichkeiten der Nahrungsmittelproduktion

DIE WECHSELWIRKUNG DER PROBLEME

zum Beispiel auf der Annahme, daß Wasserknappheit durch Entsalzung von Brack- oder Meerwasser behoben werden könne mit Hilfe von technischen Neuerungen, die unter dem Druck der Nachfrage schon entwickelt würden. Dabei blieb aber der enorme Energieverbrauch solcher Verfahren unberücksichtigt, und so wurde auch nicht geklärt, ob solche Energiemengen überhaupt zur Verfügung stünden.

Dennoch hat die Landwirtschaft seit Ende des Zweiten Weltkriegs phänomenale Leistungen erbracht und trotz Bevölkerungswachstums weltweit einen beträchtlichen Überschuß erzielt. Im Jahr 1987 lieferte die Nahrungsmittelproduktion Schätzungen zufolge weltweit 19 Prozent mehr Kalorien, als für eine vernünftige Ernährung aller Menschen benötigt wurden. Trotzdem herrscht weiterhin in riesigen Gebieten Hunger und Unterernährung, oft noch verschlimmert durch Dürre, Mißernten und Krieg. Daß Nahrung im Überfluß vorhanden ist, konnte offenbar nicht verhindern, daß weiter gehungert wird. Der Erfolg der Grünen Revolution in Indien beispielsweise, wo ein Nahrungsmitteldefizit in eine Überschußproduktion umgewandelt werden konnte, hat den Hunger in diesem Land anscheinend nicht beseitigen können. Es sind die Armen, die hungern, denn sie können sich die erhältlichen Lebensmittel nicht kaufen. In weiten Teilen der Welt ist der Hunger daher nur ein Symptom des Grundproblems, der Armut. Gewiß, heute sind mehr Menschen ausreichend ernährt als 1968, im Gründungsjahr des Club of Rome; doch in absoluten Zahlen nimmt der Hunger weiter zu.

Das Nebeneinander von Überangebot und Hunger erscheint unerträglich. Es wirft sowohl in den Überschuß- wie in den Mangelländern Probleme auf. In den Überschußländern gibt es enorme Schwierigkeiten mit den Nahrungsmittelreserven, mit Subventionen und den Bedürfnissen der Bauern. Die größten Nahrungsmittelreserven, die für den Export zur Verfügung stehen, werden in Nordamerika produziert, und die Mangelländer sind vom Erfolg der dortigen Produktion abhängig. Wenn in der Landwirtschaft nach bisherigem Muster weiterproduziert wird, werden am Ende des Jahrhunderts die wichtigsten Mangelgebiete der Nahe und Mittlere Osten, Nordafrika und die afrikanischen Länder südlich der Sahara sein, deren jährliches Defizit auf 60 Millionen Tonnen Getreide geschätzt wird.

Aber wird denn so weiter produziert wie bisher? Die Dürrekatastrophen von 1988 haben das Welternährungssystem erschüttert. In den Vereinigten Staaten wurde offenbar die verheerendste Dürre aller Zeiten registriert, die Getreideproduktion sank dort erstmals unter den Inlandsverbrauch. Die Ernte ging in den USA um 31 Prozent, in Kanada um 27 Prozent zurück. Die Defizite wurden dadurch ausgeglichen, daß man

DIE WECHSELWIRKUNG DER PROBLEME

auf Vorräte zurückgriff; aus diesen Vorräten wurden auch die vertraglich zugesicherten Lieferungen an rund hundert Länder, die auf Lebensmittelimporte aus Nordamerika angewiesen sind, bestritten. Die Folge war ein dramatischer Rückgang der Weltnahrungsreserven. Was würde geschehen, wenn es häufiger zu solchen Dürrekatastrophen käme? Es wäre voreilig, die Dürre von 1988, die auch viele andere Teile der Welt heimsuchte, mit der globalen Erwärmung zu erklären, aber sie war eine deutliche Warnung, wie leicht klimatische Veränderungen die Nahrungsmittelversorgung gefährden können.

Bis etwa 1950 war der Anstieg der Agrarproduktion vor allem auf die Erweiterung der Anbauflächen zurückzuführen; danach brachten chemische Düngemittel einen massiven Zuwachs. Seitdem hängt die Landwirtschaft nicht mehr nur von der täglichen Sonneneinstrahlung ab, sondern in erheblichem Maße auch von fossilen Brennstoffen - der gespeicherten Sonnenenergie vergangener Zeitalter.

Um eine Tonne Stickstoffdünger herzustellen, benötigt man annähernd eine Tonne Öl oder die entsprechende Menge Erdgas. Erdöl wird aber auch für die Herstellung von Unkraut- und Insektenvertilgungsmitteln gebraucht, die in der modernen Landwirtschaft in großen Mengen eingesetzt werden, außerdem als Treibstoff für Traktoren und Bewässerungspumpen. Im Zeitraum von 1950 bis 1986 stieg der durchschnittliche Düngemittelverbrauch pro Erdenbürger von 5 auf 26 Kilogramm, doch ging im gleichen Zeitraum die Getreideanbaufläche pro Kopf von 0,24 auf 0,15 Hektar zurück.

Grob gesagt heißt das: Die gewaltige Steigerung der weltweiten Nahrungsmittelproduktion ist gleichbedeutend mit der Umwandlung von Erdöl in eßbares Getreide mit Hilfe der Photosynthese. Landwirtschaft im herkömmlichen Sinn ist in vielen Teilen der Welt kaum noch anzutreffen. Die Landwirtschaft ist zu einem Sektor der Industrie geworden, der sich wie jeder andere Sektor auf neue Technik und moderne Managementmethoden stützt. Sie muß auch als Teil des globalen Energiesystems angesehen werden, da sie Energie verbraucht und produziert. Sollte das Öl in Zukunft knapp und teuer werden oder sollte die globale Erwärmung zur Einschränkung des Ölverbrauchs zwingen, dann würde das die Nahrungsmittelproduktion treffen und müßte in einer Zeit, in der mit wachsender Bevölkerung auch der Nahrungsmittelbedarf steigt, zu einer spürbaren Verteuerung der Lebensmittel führen. Es ist sicherlich erstrebenswert, den Energiebedarf der Landwirtschaft zu drosseln, aber es muß noch viel Denkarbeit geleistet werden, um zu klären, in welchem Umfang der gegenwärtige und künftige Nahrungsbedarf der Weltbevölkerung aus »organischem Anbau« befriedigt werden kann.

DIE WECHSELWIRKUNG DER PROBLEME

■

»Nach Informationen der Xochicalli-Stiftung müssen in Mexiko 19.000 Kilokalorien aufgewendet werden, um 2.200 Kilokalorien als Nahrungsmittel auf den Tisch zu bringen. Nach einer anderen Berechnung entspricht die Energiemenge, die in Mexiko für den Lebensmitteltransport verbraucht wird, fast genau der gesamten Energiemenge, die der Primärsektor für die Nahrungsmittelproduktion benötigt. Daß man einen solchen Tatbestand als positiv werten kann, deutet ganz gewiß auf eine Verwirrung der Begriffe.«

Manfred Max-Neef[5]

■

Eine weitere potentielle Gefahr für die Landwirtschaft ist die weitverbreitete Verschlechterung und Erosion der Böden. Bodenerosion ist ein natürlicher Vorgang; schreitet sie aber schneller voran, als neuer Boden sich bilden kann, nimmt die Fruchtbarkeit ab. Schätzungen zufolge ist das bei etwa 35 Prozent der Anbauflächen in aller Welt der Fall. In Trockengebieten mit Übervölkerung und zu hoher Tierpopulation sowie in vielen Regionen, etwa der afrikanischen Sahel-Zone, haben sich in den letzten Jahren Grenzertragsböden zunächst in unfruchtbares Weideland und schließlich in Wüste verwandelt. In den Kornkammern Nordamerikas hat man ungeeignete Böden in die Produktion mit einbezogen und gute Böden ausgebeutet, um der ständig steigenden Auslandsnachfrage nach Nahrungsmitteln gerecht zu werden. Große Mengen der fruchtbaren Ackerkrume werden vom Regen in die Flüsse gespült.

Intensive Landwirtschaftsmethoden, wie sie zum Beispiel in der Grünen Revolution angewandt wurden, erfordern weitaus mehr Wasser als herkömmliche Verfahren und lassen in der Regel den Grundwasserspiegel absinken. Dies weckt Zweifel, ob sich solche Methoden langfristig einsetzen lassen. Darüber hinaus wurde vielerorts die künstliche Bewässerung intensiviert, oft mit spektakulären Ergebnissen. In vielen Fällen führte dies aber zur Versalzung der Böden und zur Zerstörung ihrer Fruchtbarkeit. Doch das ist nur ein Element der Krise, die sich bei der globalen Wasserversorgung abzeichnet. Jedes Wirtschaftswachstum steigert den häuslichen Wasserverbrauch. Auch bei vielen industriellen Her-

---

5 in: *Human Scale for Development* (CEPAUR, Dag-Hammarskjöld-Stiftung)

stellungsverfahren werden riesige Wassermengen verbraucht. Akute Wasserprobleme ergeben sich aus dem Anwachsen der Städte, insbesondere dann, wenn die Städte in Trockengebieten errichtet wurden, die von Natur aus ungeeignet sind, eine große städtische Bevölkerung zu versorgen. Und schließlich müssen wir nochmals auf die drohende Gefahr einer Verseuchung wasserführender Schichten durch Giftmüll und radioaktive Abfälle hinweisen.

Auch einige negative Begleiterscheinungen sollten wir noch ansprechen, die mit dem Vordringen westlicher Lebensart und Bedürfnisse in einigen Entwicklungsländern aufgetreten sind. Vielerorts, vor allem aber in afrikanischen Städten haben sich, zum Teil infolge der Hungerhilfen und billiger Lebensmittelimporte, die Ernährungsgewohnheiten verändert. So ist beispielsweise Brot in Gegenden beliebt geworden, die für den Getreideanbau ungeeignet sind, und Reis wird allgemein hoch geschätzt, obwohl für den Reisanbau viel Wasser gebraucht wird. Dieser Trend geht vor allem zu Lasten herkömmlicher Feldfrüchte und nimmt den heimischen Bauern den Anreiz, ihre Produktion zu steigern. Die Erzeugung von Plantagefrüchten in Anlehnung an die Praktiken der Kolonialzeit ist sicher von Nutzen, da sie ausländische Devisen einbringt. Wird sie in Ländern, die ihren Inlandsbedarf an Nahrungsmitteln nicht decken können, jedoch übertrieben, so ist das offensichtlich töricht. Dies trifft vor allem dort zu, wo große Gebiete als Weiden genutzt werden und das Vieh anschließend zu Hunde- oder Katzenfutter für die westlichen Überflußländer verarbeitet wird.

Das Bevölkerungsgefälle

Die längerfristigen Folgen der demographischen Veränderungen sind untrennbar mit der künftigen Entwicklung und Harmonie des Globus verbunden. Die Industrieländer mit ihrer alternden Bevölkerung sollten mit Hilfe der Automation und des bedeutenden Produktionszuwachses, den diese ermöglicht, in der Lage sein, den erreichten Lebensstandard auch mit einem verminderten Arbeitskräftepotential zu halten. Der wesentlich höhere Anteil älterer Menschen wird allerdings den Rentenkassen und dem Gesundheits- und Sozialwesen zur Last fallen. Einige dieser Länder gehen denn auch immer mehr zu einer geburtenfreundlichen Politik über, bisher jedoch mit wenig Erfolg.

Angesichts geringerer Neuzugänge im Erziehungswesen und der Erweiterung der Gesundheits- und Sozialfürsorge für ältere Menschen - die freilich teilweise dadurch aufgewogen wird, daß weniger Kinder medi-

DIE WECHSELWIRKUNG DER PROBLEME

zinisch versorgt werden müssen - werden diese Länder um größere Strukturanpassungen nicht herumkommen. Obwohl ein kleinerer Teil der Bevölkerung das staatliche Ausbildungssystem durchlaufen wird, muß die Ausbildung qualitativ verbessert und vertieft werden, denn der Erfolg in der postindustriellen Gesellschaft wird entscheidend von der Erschließung menschlicher Anlagen abhängen. Eine flexible und selektive Ruhestandsregelung muß gefunden werden, damit die Kenntnisse und Fähigkeiten älterer Menschen, die noch einen wertvollen Beitrag zur Gesellschaft leisten können, nutzbar werden. Das Problem einer ungleichen Alterspyramide kann als Zeichen für eine erfolgreiche Familienplanung gewertet werden. Es ist ein vorübergehendes Phänomen, auf das man sich beizeiten einstellen kann. In Schweden, wo man es zuerst erkannte, ist die Situation wieder im Gleichgewicht.

Die weniger entwickelten Länder stehen vor dem umgekehrten Problem. Für die meisten müssen Wirtschaftswachstum und Bekämpfung der Armut erste Priorität haben. Bei ihrem Streben nach Wachstum müssen sie aber ihre traditionellen Kulturen respektieren, auf ihnen aufbauen und nicht sklavisch das materialistische Wachstum des Nordens imitieren, denn das würde unweigerlich zu der gleichen Misere führen, an der die Industrieländer heute leiden. Doch ein zu großes Bevölkerungswachstum kann der Entwicklung fatale Zwänge auferlegen. In vielen Fällen sind daher die Entwicklungspläne unrealistisch geworden, weil dieser Faktor zu wenig berücksichtigt wurde.

Hier soll uns jedoch in erster Linie die gegenläufige demographische Entwicklung im Norden und Süden beschäftigen. Mitte des kommenden Jahrhunderts werden die Bewohner der heutigen Industrieländer nicht einmal mehr 20 Prozent der Weltbevölkerung stellen. Können wir uns eine künftige Welt vorstellen, in der sich reiche, mit hochmodernen Waffen gerüstete Staaten wie in einem Getto gegen die übrige Welt abschirmen, um die aufgebrachten Horden der Hungernden, Ungebildeten und Arbeitslosen fernzuhalten? Ein solches Szenario, das aktuelle Trends in die Zukunft projiziert, wird wahrscheinlich nie Wirklichkeit werden. Ereignisse von großer Tragweite, die heute noch nicht vorstellbar sind, werden mit Gewißheit eintreten, und zudem werden bis dahin zweifellos mehrere weniger entwickelte Länder eigene Kernwaffen besitzen.

Eher ist wohl damit zu rechnen, daß der Bevölkerungsdruck, fehlende Chancengleichheit sowie Tyrannei und Unterdrückung Auswanderungswellen in Richtung Norden und Westen auslösen werden, die sich nicht mehr eindämmen lassen. Unsere Nachkommen werden wahrscheinlich Massenwanderungen unbekannten Ausmaßes erleben. Diese

DIE WECHSELWIRKUNG DER PROBLEME

Bewegungen haben schon begonnen - denken wir nur an die »boat people« aus dem Fernen Osten, an die Mexikaner, die illegal in die Vereinigten Staaten einsickern, oder an die Asiaten und Afrikaner, die nach Europa drängen. Man kann sich leicht ausmalen, daß im Extremfall unzählige ausgehungerte, verzweifelte Immigranten mit Booten an den nördlichen Küsten des Mittelmeers landen werden. Ebenso ist mit einer massiven Einwanderung von Lateinamerikanern in die Vereinigten Staaten zu rechnen, und der Bevölkerungsdruck in China könnte sich in einem Vorstoß ins nahezu menschenleere Sibirien ein Ventil schaffen. Wir haben auch schon erwähnt, daß der Anstieg des Meeresspiegels als Folge des Treibhauseffekts größere Wanderungsbewegungen auslösen könnte, zum Beispiel in Bangladesch und Ägypten.

Deshalb ist es dringend geboten, die wirtschaftlichen Bedingungen in den armen Ländern zu verbessern und gleichzeitig wirksame Mittel der Bevölkerungskontrolle einzuführen. Wir möchten dabei betonen, daß ein Abbau des Wirtschaftsgefälles und eine sinnvolle, kooperative Entwicklungshilfe beileibe nicht nur eine humanitäre Geste darstellen, sondern auch im ureigenen Interesse der reichen Länder liegen. Die breite Öffentlichkeit in den Industrieländern hat das noch nicht begriffen, und solange sich das nicht ändert, werden die Politiker vermutlich auch nicht handeln. Andererseits ist klar, daß sich der Einwanderungsschub durch keine Maßnahmen wirkungsvoll abblocken läßt. Daher muß eine deutliche Verschärfung des defensiven Rassismus in den Zielländern befürchtet werden, der bei allgemeinen Wahlen rechtsgerichteten Diktatoren zur Macht verhelfen kann. Dazu darf es nicht kommen. Deshalb reicht es nicht aus, die Entwicklungshilfe für die armen Länder zu erhöhen; ebenso wichtig ist es, die Menschen in den reichen Ländern darauf vorzubereiten, diese Wirklichkeit zu akzeptieren.

Die Informationsgesellschaft

Die im Entstehen begriffene Informations- oder postindustrielle Gesellschaft ist eine der wichtigsten Triebkräfte des weltweiten Wandels. Die Entwicklung in den kommenden Jahren kann viele Verbesserungen der menschlichen Lebensbedingungen bringen, vorausgesetzt, sie wird vernünftig gesteuert und Probleme werden rechtzeitig angepackt. Wir haben schon aufgezeigt, wie die Anwendungen der Mikroelektronik in jeden Bereich des Alltags- und Arbeitslebens eindringen. Hier geht es nun um die wirtschaftlichen, sozialen und politischen Folgerungen.

DIE WECHSELWIRKUNG DER PROBLEME

Die Informationsgesellschaft gründet sich auf Entwicklungen, die vor allem in den wissenschaftlichen und industriellen Labors des Nordens stattgefunden haben. Es konnte nicht ausbleiben, daß die neuartigen Anwendungen der Mikroelektronik die Märkte der Industrieländer überschwemmten. Bei unserer Erörterung der Folgeerscheinungen bewegen wir uns daher in einem eher »nördlichen« Umfeld. In den Entwicklungsländern haben sich bis jetzt viel weniger unmittelbare Auswirkungen gezeigt. Dennoch haben diese Neuentwicklungen, wie wir später noch sehen werden, auch für den Süden zentrale Bedeutung - zum besseren oder zum schlechteren.

Die rasche Entwicklung der Mikroelektronik mit ihren integrierten Schaltkreisen, wobei eine Million elektronischer Elemente in einem Siliziumchip zusammengefaßt sein kann, hat sich vor allem in den Vereinigten Staaten und in Japan vollzogen. Dabei lag der Schwerpunkt in den Vereinigten Staaten in den Labors relativ kleiner, hochmoderner Firmen (Silicon Valley) im Rahmen von Auftragsarbeiten für das Verteidigungsministerium und die Weltraumbehörde; in Japan wurde die Entwicklung durch Zusammenarbeit der großen Elektrokonzerne mit der Regierung im Rahmen einer phantasiereichen Langzeitstrategie ermöglicht. Die Europäer erschienen erst später auf der Bildfläche und unternehmen nun viel, aber möglicherweise nicht genug, um aufzuholen. Die Konkurrenz auf diesem Feld ist besonders hart.

Um gleich vorweg einem Mißverständnis vorzubeugen: Wenn wir von der Entwicklung zur postindustriellen Gesellschaft sprechen, dann heißt das nicht, daß industriell gefertigte Produkte, darunter auch die der Schwerindustrie, in Zukunft weniger benötigt werden als bisher, wie aus einigen oberflächlichen öffentlichen Erklärungen gefolgert werden könnte. Auch wer künftig mit der Verarbeitung und Verbreitung von Information zu tun hat, braucht eine Wohnung, Messer, Gabel und Teller und auf dem Teller etwas zu essen. Der Pendlerverkehr wird vermutlich zurückgehen, weil ein großer Teil der Arbeit zu Hause am Computer erledigt werden kann. Wahrscheinlich werden die Menschen weiter nach der Unabhängigkeit streben, die das Auto bietet; doch selbst wenn Autos Mangelware und im Unterhalt zu teuer werden sollten, verlangt das öffentliche Transportwesen immer noch den Bau von Bussen, Zügen und Schiffen. Auch in der Informationsgesellschaft wird die Industrie weiter florieren, doch wird sie ihre Erzeugnisse mit einem viel kleineren Teil des Arbeitskräftepotentials produzieren als in der Glanzzeit des Industriezeitalters. Die Mehrheit wird in der informationsverarbeitenden Industrie und im Dienstleistungssektor beschäftigt sein - eine Entwicklung, die bereits weit fortgeschritten ist.

DIE WECHSELWIRKUNG DER PROBLEME

Schon seit der Fertigung der ersten Werkzeuge aus Steinen oder Knochen hat die Entwicklung der Technik Art und Verhaltensformen der Gesellschaft stark beeinflußt. Die industrielle Revolution schuf nach und nach den heutigen industriellen Gesellschaftstypus, und die Hochtechnologien werden wohl noch nachhaltigere Auswirkungen haben: schon heute verändern sie unseren Lebensstil und führen zu neuen Berufen. Vor allem erweckt die Informationsgesellschaft die Hoffnung, daß sie durch ihre überall verfügbaren Anwendungen in der Industrie und im Dienstleistungssektor die Produktivität der menschlichen Arbeitskraft dermaßen steigert, daß es möglich wird, mit einem Bruchteil der heute aufgewendeten körperlichen Arbeit alle Bedürfnisse eines Landes - industrielle Produktion, Landwirtschaft, Verteidigung, Gesundheitsvorsorge, Bildung und Soziales - zu decken und jedem Bürger einen angemessenen Lebensstandard zu sichern. Kein Land wird es sich erlauben können, diese Entwicklungen zu ignorieren oder ihre Verwirklichung hinauszuzögern; denn damit würde es mögliche Vorteile, die sie bieten, ungenutzt lassen und Verluste im internationalen Handel riskieren. Gerade im Hinblick auf die ungeahnten Möglichkeiten, die in dieser Entwicklung stecken und deren soziale Folgen unabsehbar sind, müssen wir über unser Jahrzehnt hinausblicken und darauf hinwirken, daß die Menschheit den größtmöglichen Vorteil daraus zieht. Wenn das nicht geschieht und die weitere Entwicklung nur auf der Basis mittelfristiger Vorteile und kurzsichtiger Interessen geplant wird, dann werden die Regierungen versuchen, soziale und sonstige Folgen bloß durch eine leichte Anpassung ihrer Politik sowie vorhandener Sozialmodelle auszugleichen und Krisensituationen erst dann zu bewältigen, wenn sie akut werden. Es wäre nicht zu verantworten, eine für das Wohl der Gesellschaft so überaus bedeutende Entwicklung nur dem Kräftespiel des Marktes zu überlassen, der zwangsläufig nur auf kurzfristige Signale reagiert.

Die Folgen dieser Innovationen lassen sich im gegenwärtigen Stadium unmöglich klar voraussehen, doch einige Trends werden bereits erkennbar. Durch die allgemeine Zugänglichkkeit von Informationen in der Informationsgesellschaft wird die Interdependenz zwischen den Einzelmenschen wie auch zwischen den Ländern sehr viel stärker. Institutionen und Gesellschaften werden immer komplexer. Diese Verflechtung könnte Entscheidungsprozesse zwischen Machtzentren auf ein hohes Niveau bringen, aber sie könnte genausogut von skrupellosen Führern zum Ausbau einer zentralen Macht mißbraucht werden. Diktatoren und Staaten im Stil eines »Big Brother« werden alle Mittel an der Hand

DIE WECHSELWIRKUNG DER PROBLEME

haben, die Aktivitäten jedes Bürgers elektronisch zu überwachen, und zwar weit effektiver als eine noch so aufgeblähte Geheimpolizei.

Technische Entwicklungen machen eine Gesellschaft tendenziell verwundbarer, besonders dann, wenn elektronische Einrichtungen im Spiel sind. Saboteure und politische Terroristen erhalten relativ leichten Zugang zu den Nervenzentren von Elektrizitätswerken, Ölraffinerien, Kernreaktoren, Kommunikationszentren und Datenbanken, und ihre Gefährlichkeit wächst dadurch, daß sie immer raffiniertere Methoden anwenden. Wir haben bereits erlebt, wie ein Computer-Virus, richtig plaziert, schnell große Systeme befallen kann, und wir wissen, daß ein in der Elektronik versierter Saboteur in das internationale Datennetz der Banken eindringen und es hoffnungslos zerstören könnte.

Über die tieferliegenden sozialen und psychologischen Auswirkungen der Informationsgesellschaft läßt sich noch schwerer etwas voraussagen. In einer stark von der Technik geprägten Kultur gibt es immer den Unterschied zwischen denen, die das System kennen, und den anderen, die nur auf den Knopf drücken. Natürlich muß man kein Elektroniker sein, um Spaß am Fernsehen zu haben. Aber wenn mit der Verbreitung des Mikroprozessor fast alle Geräte und Gebrauchsgegenstände des täglichen Lebens zur »Black box« werden, dann wird das Spezialwissen derer, die sie erfinden, konstruieren und die dazugehörige Software entwickeln, weit über dem Verständnishorizont der Mehrheit liegen, und dann haben wir die scharfe Trennung zwischen den wenigen Wissenden und den vielen Unwissenden. Es kann in niemandes Interesse liegen, daß ein Priesterstand von Wissenschaftlern, Technologen und Technokraten heranwächst. Dem vorzubeugen muß eines der Ziele einer Bildungsreform sein.

Eine dominierende Rolle in der Diskussion über die Informationsgesellschaft spielt das Beschäftigungsproblem.[6] Vollbeschäftigung gilt immer noch als vorrangiges Ziel jeder Wirtschafts- und Sozialpolitik, aber in der Diskussion darüber wird der Einfluß der Automation und des technischen Wandels selten angemessen berücksichtigt.

Nach Ansicht der einen werden die Verbreitung der Informationstechnologie und der Automation, die sie ermöglicht, dem Muster früherer Neuerungen folgen: Neue Produkte, neue Industriezweige und neue Märkte werden entstehen, die Wirtschaft wird weiter wachsen. So werden neue Arbeitsplätze geschaffen für alle die, deren alter Arbeitsplatz der Rationalisierung zum Opfer gefallen ist. Andere halten dem entgegen, daß sich die heutige Situation grundsätzlich von früheren techni-

---

6 siehe hierzu Schaff und Friedrichs (1982)

DIE WECHSELWIRKUNG DER PROBLEME

schen Entwicklungen unterscheidet und daß wir wahrscheinlich ein Wirtschaftswachstum erleben werden, ohne daß eine nennenswerte Zahl neuer Arbeitsplätze entsteht.

Diese Frage darf nicht nur im Hinblick auf den möglichen Verlust von Arbeitsplätzen betrachtet werden, sondern ist auch im Zusammenhang mit dem allgemeinen Unbehagen in der Gesellschaft zu sehen. Unzählige Menschen in den Industrieländern finden in ihrer Arbeit nur wenig Befriedigung, und auch die Segnungen des Sozialstaates, die ihnen den nackten Existenzkampf ersparen, helfen ihnen nicht aus ihrem eigentlichen Dilemma. Diese Menschen leiden oft unter dem Gefühl der Nutzlosigkeit - dem Gefühl, weder für die Gesellschaft noch für sich selbst etwas zu leisten. Menschliche Würde, Selbstwertgefühl und der Wunsch nach einem Lebensziel sind menschliche Grundbedürfnisse, die im industriellen städtischen Milieu schwer zu befriedigen sind und deren »Mangelerscheinungen« bei verbreiteter struktureller Arbeitslosigkeit stark um sich greifen würden.

Es leuchtet ein, daß eine umfassende Automation in der Fertigungsindustrie viele Beschäftigte überflüssig machen wird, vor allem ungelernte Arbeiter. Ebenso klar ist, daß mit der Verbreitung der neuen Technologie neue Industrien und Arbeitsplätze entstehen werden, die neue Qualifikationen verlangen. Werden sich diese zwei Tendenzen die Waage halten? Es scheint sicher, daß auf lange Sicht die Zahl der Arbeitskräfte, die in der Industrie gebraucht werden, stark zurückgehen wird, sofern keine neuen Märkte erschlossen werden. In den wohlhabenden Teilen der Welt ist der Markt für viele Waren schon annähernd gesättigt, so daß eine nennenswerte Expansion nur zu erwarten ist, wenn sich die unterentwickelten Regionen zum Massenmarkt für Investitions- und Konsumgüter entwickeln. Doch damit ist in naher Zukunft leider nicht zu rechnen.

Es wird argumentiert, der massive Überhang von Arbeitsplätzen in der Fertigungsindustrie werde durch die Expansion im Dienstleistungssektor aufgefangen. Als Analogie führt man an, daß in den heutigen Industrieländern der Anteil der in der Landwirtschaft Beschäftigten im Laufe von zweihundert Jahren auf vier Prozent zurückging. Dies war möglich, weil im Zuge der Mechanisierung der Bedarf an menschlicher Arbeitskraft auf dem Lande sank. Dabei führte die Landflucht nicht zu Arbeitslosigkeit, weil der expandierende industrielle Sektor die frei gewordenen Arbeitskräfte aufnehmen konnte. Historische Analogien können auf Abwege führen, wenn die Verhältnisse nicht exakt übereinstimmen. Genau dies ist hier der Fall, denn heute automatisieren der industrielle und der Dienstleistungssektor zu gleicher Zeit. Es ist äußerst

DIE WECHSELWIRKUNG DER PROBLEME

unwahrscheinlich, daß die Arbeitskräfte, die von der Industrie bei fortschreitender Automation freigesetzt werden, vom Dienstleistungssektor, so wie er sich heute darbietet, aufgenommen werden könnten. Eher ist damit zu rechnen, daß in dem Maße, wie die Informationsgesellschaft sich entwickelt, Funktionen im Herstellungs- und Dienstleistungsbereich sich schrittweise einander annähern und der durchschnittliche Beschäftigte künftig eine Mischtätigkeit ausübt, die beiden Bereichen zuzuordnen ist.

Begriffe wie Beschäftigung, Arbeitslosigkeit, Unterbeschäftigung und Freizeit sind mit moralischen und historischen Werten aus der Arbeitsethik überfrachtet, und einige dieser Wörter haben einen abwertenden Klang. Die Industrie hat keinen Bedarf mehr an den vielen Arbeitskräften, und zwar nicht infolge zyklisch auftretender Konjunkturschwankungen, sondern weil die Gesellschaft ein Höchstmaß an Arbeitsproduktivität verlangt und die neue Technik dieses Höchstmaß auch ermöglicht. Damit verlieren die eben genannten Werte ihr Gewicht und die Wörter ihre traditionelle Bedeutung. Vermutlich wird die Hauptsorge des einzelnen in Zukunft nicht so sehr Arbeitslosigkeit sein, wie wir sie in der Vergangenheit verstanden haben, sondern Beschäftigung im weitesten Sinn. Dazu gehört natürlich die Zeit, in der er gegen entsprechende Bezahlung seinen Beitrag zur Befriedigung der wirtschaftlichen Bedürfnisse der Gesellschaft leistet, aber ebenso gehören dazu selbstgewählte Tätigkeiten, in denen er seine persönliche Erfüllung findet. Die Tätigkeit des einzelnen muß also weiter gefaßt werden. Zum Teil wird sie aus geistiger oder praktischer Arbeit im herkömmlichen Sinn bestehen, doch wird dies wahrscheinlich viel weniger Lebenszeit beanspruchen (späterer Eintritt ins Berufsleben, kürzere Arbeitszeit, früherer Ruhestand, Phasen der Weiterbildung und der Erholung). Hinzu kommen außerhalb seiner Freizeit eine oder mehrere Nebentätigkeiten handwerklicher, erzieherischer, künstlerischer, sozialer oder sportlicher Art.

Solche Verhältnisse werden sich nicht von selbst entwickeln. Viele Tausende, insbesondere junge Leute, die arbeitslos werden und die Last einer schier endlosen Freizeit zu tragen haben, verfallen in Frustration. Im günstigsten Fall wird die Zeit mit Fernsehen und Fußball ausgefüllt, häufiger aber kommt die »Freizeitverschmutzung« in Alkoholismus, Drogenmißbrauch, Rowdytum und Kriminalität zum Ausdruck. Der neue Ansatz muß dem Willen der Gesellschaft selbst entspringen und wird tiefgreifende Veränderungen im Bildungssystem und bei der Verteilung des Wohlstandes mit sich bringen.

Das hier entworfene Szenario ist nicht so unwahrscheinlich oder extrem, wie es auf den ersten Blick scheinen mag. Wenn die Automatisie-

DIE WECHSELWIRKUNG DER PROBLEME

rung der Fabrik- und Büroarbeit tatsächlich Langzeitprobleme mit der Arbeitslosigkeit verursacht und wenn die Gewerkschaften einsehen, daß sie den Fortschritt der Automation angesichts des internationalen Wettbewerbs nicht aufhalten können, wird es zu Verhandlungen kommen, an deren Ende eine gleichmäßigere Verteilung der Arbeit durch Arbeitszeitverkürzung und andere Mittel stehen wird. Bei kürzerer Arbeitszeit für alle müssen Maßnahmen zur Schaffung gesellschaftlich erwünschter Beschäftigungen auf freiwilliger Basis ergriffen werden. Nur so kann der größere Freizeitanteil schöpferisch und befriedigend genutzt werden und ein Übergang von einer Informationsgesellschaft in eine Beschäftigungsgesellschaft erfolgen. Damit könnte für die industrialisierte Welt ein goldenes Zeitalter anbrechen, in dem die Maschinen für uns arbeiten, statt uns zu beherrschen.

Das rosige Bild dessen, was im Norden eintreten könnte, ist von einer Verwirklichung im Süden noch weit entfernt. Die Entwicklungsländer beginnen jetzt gerade von der Verbreitung der Mikroelektronik zu profitieren. Elektronische Kommunikationsnetze verbinden bereits, zum Teil über Satelliten, die wichtigen Zentren der Entwicklungsländer mit denen der Industrieländer, aber im Landesinneren sind die Kommunikationsnetze infolge der Armut meist nur im Ansatz vorhanden.

Auch Computer sind langsam auf dem Vormarsch - nicht nur dort, wo sie Teil eines weltweiten Netzes sind, wie zum Beispiel für Flugreservierungen; auch in Behörden und Firmen werden sie zunehmend eingesetzt. Dies ist aber auch nur in bestimmten Ländern der Fall, zum Beispiel in Indien, Brasilien oder Mexiko; in den ärmeren Ländern sind Computer noch immer kaum anzutreffen. Hier haben wir ein klassisches Beispiel dafür, daß technische Innovationen zwangsläufig solchen Ländern zugute kommen, die bereits einen Schritt weiter sind, und zwar auf Kosten derer, die noch in einem früheren Stadium stecken. Wo eine industrielle Infrastruktur fehlt und wissenschaftliche und technische Kapazität kaum vorhanden ist, setzen sich die modernen Technologien notgedrungen nur sehr langsam durch.

Es wurde behauptet, man könne die Entwicklung im Süden dadurch beschleunigen, daß man die traditionelle Industrialisierungsphase überspringt und massenweise Computer in die Entwicklungsländer einschleust. Ein solches Vorgehen halten wir nicht für wünschenswert. In diesen Ländern sind Arbeitslosigkeit und Unterbeschäftigung weitverbreitet. Die modernen Technologien sind nicht arbeitsintensiv und würden wenig Arbeitsplätze schaffen; außerdem sind sie kapitalintensiv, und Kapital ist im Süden Mangelware. Da diese Technologien im Besitz von Firmen aus dem Norden sind, würde durch ein solches Vorhaben

DIE WECHSELWIRKUNG DER PROBLEME

ein technischer Kolonialismus Fuß fassen. Trotzdem muß es zu partnerschaftlicher Zusammenarbeit zwischen den Industrie- und den Entwicklungsländern kommen, denn es gilt zu verhindern, daß letztere im Zuge der Industrialisierung sich gezwungen sehen, eine veraltete, nicht wettbewerbsfähige Wirtschaft aufzubauen.

*

Umwelt-, Energie-, Bevölkerungs-, Ernährungs- und Entwicklungsprobleme bilden innerhalb der Weltproblematik einen zusammenhängenden Komplex und stehen im Kern der gegenwärtigen Ungewißheit über die Zukunft der Menschheit. Da Wechselwirkungen eine große Rolle spielen, wäre es wenig sinnvoll, jedes dieser Elemente für sich behandeln zu wollen. Doch die Möglichkeiten des Nationalstaates sind begrenzt. Wir müssen den ganzen Komplex zu gleicher Zeit angehen, aber im Rahmen einer koordinierten weltweiten Strategie. Damit steht und fällt der Erfolg der ersten globalen Revolution. Aus diesem Geflecht von Problemen werden die Konflikte der kommenden Jahre erwachsen - einige davon wurden schon genannt. Als ein weiteres Beispiel sei noch die zunehmende Verknappung des Wassers angeführt. Vertreter des Umweltprogramms der Vereinten Nationen (UNEP) sehen potentielle internationale Konflikte über die Frage voraus, wer das Wasser aus achtzehn bestimmten Flüssen verwenden darf. Ein aktueller Fall ist der Euphrat: Die Türkei kontrolliert die Quellen, aber ganz Syrien und ein Teil des Irak sind auf das Wasser angewiesen. Durch diesen Konflikt könnte sich im Nahen Osten ein weiterer gefährlicher Krisenherd entwickeln.

Über all diese Punkte werden einzeln und getrennt intensive Diskussionen geführt. Konferenzen über die Erwärmung der Erde und ganz allgemein über Umweltfragen sind an der Tagesordnung. Staatsoberhäupter tagen zum Thema Ozonloch oder Treibhauseffekt, aber noch hatte keiner der führenden Politiker den Mut, auf die Folgen im einzelnen einzugehen, und noch hat niemand zum Ausdruck gebracht, daß die Probleme eng miteinander verflochten sind und daß sie gemeinsam in einem Generalfeldzug angegangen werden müssen. In aller Regel reagiert politisches Handeln nur auf dringende Forderungen einer tief betroffenen informierten Öffentlichkeit.

3. KAPITEL

Das internationale Mißmanagement der Weltwirtschaft

Besondere Aufmerksamkeit unter den aufgelisteten Problemkreisen verdient die rapide Veränderung der Weltwirtschaft. In diesem Kapitel geben wir einen kurzen, selektiven Überblick über heutige Kernfragen. Dabei konzentrieren wir uns auf die folgenden Schlüsselländer und Ländergruppen: die Vereinigten Staaten, Japan, die Europäische Gemeinschaft, die Entwicklungsländer sowie Ost- und Mitteleuropa.

Die US-Wirtschaft[1]

Der Zustand der US-Wirtschaft wird stark unterschiedlich beurteilt, je nachdem, wieviel Gewicht man den einzelnen Aspekten einer äußerst komplexen Situation zumißt. Dies erklärt zum Teil auch die Schwierigkeit, gegen Probleme etwas zu unternehmen, über deren ernste Natur man sich doch weithin einig ist, wie etwa das Haushaltsdefizit.

Auf den ersten Blick zeigen sich viele positive Elemente: Sieben Jahre lang ist die US-Wirtschaft kontinuierlich gewachsen, zur Zeit liegt die Wachstumsrate bei etwa 2,9 Prozent. Es wurden Millionen von Arbeitsplätzen geschaffen, Arbeitslosigkeit (5,2 Prozent) und Inflation (4,5 Prozent) halten sich auf niedrigem Niveau. Das Bruttosozialprodukt beträgt etwa 20.000 Dollar pro Kopf, die Kapazitäten der Wirtschaft sind bei einem jährlichen Umsatz von 4,13 Billionen Dollar nahezu ausgelastet. Für Wahlen fast ideale Daten.

---

[1] Die Zahlenangaben über die Vereinigten Staaten und Japan sind offizielle Zahlen für 1990.

MISSMANAGEMENT DER WELTWIRTSCHAFT

Trotzdem herrscht weltweit - auch in den Vereinigten Staaten selbst - tiefe Sorge über die Bedingungen, unter denen dieser Zustand erreicht worden ist, und darüber, ob er von Dauer sein kann. Für unsere Zwecke lassen sich diese Bedenken in vier Kernfragen zusammenfassen:

Inlandsverschuldung. Trotz wiederholter Anstrengungen und internationaler Zusagen bewegt sich das jährliche Haushaltsdefizit weiterhin um die 140 Milliarden Dollar. Über die Jahre ist die Staatsverschuldung, die 1981 noch bei 900 Milliarden Dollar gelegen hatte, auf nahezu 3 Billionen Dollar angewachsen. Die Zinszahlungen auf diese Schuld stellen einen der großen Haushaltsposten dar; seine Höhe hängt von den schwankenden Zinssätzen ab. Parallel zur wachsenden Staatsverschuldung stieg auch die Verschuldung in anderen Sektoren der Wirtschaft: bei den privaten Haushalten, bei Unternehmen und Banken. Die Verschuldung der Unternehmen im Verhältnis zum Bruttosozialprodukt liegt rund 30 Prozent höher als normal, und die Großbanken sind ernstzunehmende Risiken eingegangen, zum Teil durch fremdfinanzierte Firmenübernahmen und Kredite an die Dritte Welt.

Auslandsverschuldung. Im Verlauf weniger Jahre haben sich die Vereinigten Staaten vom größten Kreditgeber der Welt zum größten Schuldner der Welt entwickelt. Das Defizit auf laufenden Konten beträgt rund 120 Milliarden Dollar im Jahr, und die Gesamtauslandsverschuldung hat bereits 500 Milliarden Dollar überschritten und steigt weiter. Nach Schätzungen des Internationalen Währungsfonds (IWF) wird sich das laufende Defizit im kommenden Jahr weiter um 140 Milliarden Dollar verschlechtern. Der Dollarkurs ist seit Jahren rückläufig, wozu das Inlandsdefizit in Verbindung mit dem Handelsdefizit beigetragen hat. Die Vereinigten Staaten bezahlen ihre »auswärtigen« Schulden in US-Dollar und zwingen damit ihre Gläubiger, eine Währung zu akzeptieren, die ständig an Wert verliert. Das mag für den US-Export vorteilhaft sein, doch den Inhabern von Vermögenskonten in Dollar schadet es; ebenso werden Länder benachteiligt, deren Deviseneinnahmen zum großen Teil aus dem Export von Waren und Dienstleistungen in die USA stammen. Wegen der Zahlungen für den Schuldendienst ergab sich im zweiten Quartal 1988 erstmals nach dreißig Jahren ein Defizit im Kapitaldienst.

Natürlich sind Gleichgewichtsschwankungen im internationalen Handel gang und gäbe. Aber die Höhe des amerikanischen Handelsdefizits und die Schnelligkeit, mit der es gewachsen ist, sind etwas Einmaliges. Die USA werden um eine grundlegende Neuorientierung ihrer Wirtschaft nicht herumkommen, wenn sie das Defizit ausgleichen und genug

MISSMANAGEMENT DER WELTWIRTSCHAFT

Überschüsse erzielen wollen, um ihre Auslandsverbindlichkeiten, mittlerweile über eine Billion Dollar, zu begleichen.

Das Handelsdefizit ist also ein sehr ernstes Problem. Dabei muß aber auch gesehen werden, daß es selbst nur ein Symptom anderer Probleme ist. Über die eigentlichen Ursachen wird heftig gestritten. Eine Zeitlang galt der starke Dollar als Hauptursache. Doch nach der Übereinkunft auf der New Yorker Plaza-Konferenz und dem anschließenden Absakken des Dollarkurses suchte man die Schuld bei den »schiefen Wettbewerbsbedingungen«, das heißt bei unfairen Praktiken der Handelspartner der USA, vor allem der Japaner. Inzwischen setzt sich die Einsicht durch, daß der übermäßige, mit ausländischen Anleihen finanzierte US-Konsum und die schwindende Wettbewerbsfähigkeit der US-Wirtschaft die Hauptursachen für das Handelsdefizit sind.

Bildungswesen, Soziales, Gesundheit. In den Vereinigten Staaten gewinnt die Erkenntnis an Boden, daß das Wirtschaftswachstum, auf das die Amerikaner so stolz sind, zunehmend von ernsten Problemen im sozialen und medizinischen Bereich begleitet war. Im Vordergrund des öffentlichen Interesses steht das Drogenproblem; andere wichtige Probleme werden zunächst vertagt. Jedes dieser Probleme wird jedoch zu gegebener Zeit behandelt werden müssen und Ausgaben erfordern. Solche Probleme sind zum Beispiel: Verbesserung des Bildungswesens, um die Wirtschaft wettbewerbsfähiger zu machen; die Armut in den Städten und zunehmende rassische Spannungen; Gesundheitswesen; Verfall der medizinischen Infrastruktur; Umweltprobleme, Entsorgung von Gift- und Atommüll und so weiter.

Ausgaben für die Sicherheit. Einer der bedeutendsten Bilanzposten im US-Haushalt sind die Verteidigungsausgaben, die jährlich ungefähr 300 Milliarden Dollar betragen, womit sie 7 Prozent des Bruttosozialprodukts ausmachen. Ein beträchtlicher Teil dieser Ausgaben dient der Finanzierung der strategischen Ziele der USA und ihrer Verbündeten in aller Welt. Nun, da die USA wirtschaftliche Schwierigkeiten haben und direkt mit Ländern konkurrieren, für deren Sicherheit sie garantieren, stellen sich vor allem drei Fragen.

Erstens: Die Zukunft der USA ist durch ernste wirtschaftliche und soziale Probleme bedroht. Können sich die USA in dieser Situation für ihre militärische Sicherheit noch einen derartigen Aufwand an Kosten und Personal leisten? Zweitens: Warum sollten die USA weiterhin Mittel für die Sicherheit Westeuropas und Japans aufbringen (Japan gibt kaum mehr als ein Prozent seines Bruttosozialprodukts für Verteidigung aus), wenn die anderen Länder inzwischen einen erheblichen Teil ihrer Verteidigungsausgaben selbst tragen können? Drittens: Die 40 Jahre

MISSMANAGEMENT DER WELTWIRTSCHAFT

währende Konfrontation mit der Sowjetunion ist praktisch beendet. Ist das nicht eine Gelegenheit, die Ausgaben zu kürzen und die freiwerdenden Mittel zu nutzen, um die Wettbewerbsbasis der US-Wirtschaft zu stärken und endlich den Berg von Problemen im Sozial- und Umweltbereich anzugehen?

Die Antwort auf diese Fragen fällt sicher nicht leicht. Es wird hier deutlich, bis zu welchem Grad Wirtschafts- und Sicherheitsfragen miteinander verflochten sind. Inzwischen wird, vor allem seit dem Golfkrieg, eine ernsthafte Diskussion über die grundsätzliche Frage geführt, worin die Sicherheit der Vereinigten Staaten in der modernen Welt letzten Endes besteht. Sicherheit ist nicht mehr nur eine Funktion militärischer Macht. Zweifellos spielt auch die wirtschaftliche und technologische Stärke des Landes eine wichtige Rolle, sein politischer Einfluß in der Welt und der Stand seiner Beziehungen zu seinen Verbündeten. Langfristig hängt die Sicherheit der Vereinigten Staaten auch von globalen Faktoren wie Energie, Umwelt, Bevölkerung und Entwicklung ab.

So steht also die stärkste, reichste Wirtschaftsmacht der Welt heute vor ernsten Problemen, die schwer auf ihrer Zukunft lasten und sie teuer zu stehen kommen wird. Ohne eine neue Politik werden die Defizite bestehenbleiben, und der Schuldenberg wird weiter anwachsen. Eine solche Entwicklung wird durch Protektionismus und Handelskriege, durch Wechselkursschwankungen und Vertrauensverlust zu einer Bedrohung für den Welthandel und das Weltwährungssystem, von denen das Wirtschaftswachstum abhängt. Es wird immer schwieriger werden, zweckgebundene Mittel freizustellen, selbst für so vordringliche Aufgaben wie die Bekämpfung des Drogenmißbrauchs, die Verbesserung des Bildungswesens, die Schaffung von Investitionsanreizen und die Förderung von Forschung und Entwicklung. Die Hauptursachen der Probleme können unter solchen Umständen nicht angegangen werden.

Was auch immer an Vorschlägen für das internationale Management der Weltwirtschaft auf den Tisch kommt - zunächst müssen die Haushalts- und Handelsdefizite, mit denen die US-Wirtschaft zu kämpfen hat, abgebaut werden. Andernfalls werden diese zu einer ständigen Quelle der Instabilität und der Spannung, womit sie den Welthandel und das Weltwährungssystem gefährden. Auch werden sie die Handlungsfähigkeit der USA in Angelegenheiten von weltweiter Bedeutung gerade zu einer Zeit einschränken, in der das volle Engagement der Vereinigten Staaten dringend gebraucht wird.

MISSMANAGEMENT DER WELTWIRTSCHAFT

Die japanische Wirtschaft

Die bedeutendste Gewichtsverlagerung, die es in den letzten Jahren innerhalb der Weltwirtschaft gegeben hat, war die Etablierung Japans als wirtschaftliche Supermacht. Ausmaß und Tempo dieser Veränderug lassen sich schwer ermessen. Einige Zahlen zur Erhellung: Von 1985 bis 1987 stieg das Volksvermögen Japans von 19,6 Billionen auf 43,7 Billionen Dollar. Im gleichen Dreijahreszeitraum erhöhte sich das Volksvermögen der Vereinigten Staaten von 30,6 Billionen auf 36,2 Billionen Dollar.

Nach Schätzungen der Organisation für wirtschaftliche Zusammenarbeit und Entwicklung (OECD) haben die Japaner 1990 einen Überschuß von 38 Milliarden Dollar erwirtschaftet, 1991 dürften es 37 Milliarden und 1992 36 Milliarden werden. Im Vergleich dazu die Schätzung für die USA: Das Defizit wird vermutlich von 110 Milliarden Dollar im Jahr 1989 auf 60 Milliarden Dollar im Jahr 1992 abgebaut. Das Auslandsvermögen der Japaner dürfte bis Mitte der neunziger Jahre eine Billion Dollar erreicht haben. Die Bank von Japan gebietet heute über die größten Reserven der Welt, rund 80 Milliarden Dollar (Ende 1990). Weiter wird geschätzt, daß die Bank von Japan in ihrer Tätigkeit im Weltwirtschaftssystem zwischen Januar 1986 und Juni 1987 57 Milliarden Dollar zu dem Zweck ausgegeben hat, den Dollarkurs zu schwächen. Japan ist heute führend in der Welt in der Gewährung von Entwicklungshilfe (jährliche Ausgaben 10 Milliarden Dollar), und es ist der zweitgrößte Geldgeber für multilaterale Institutionen wie zum Beispiel Weltbank und Internationaler Währungsfonds.

Japan stellte jahrelang einen Großteil jener Mittel bereit, die jeden Monat für die Finanzierung des US-Haushaltsdefizits aufgebracht werden müssen, indem es US-Schatzanleihen im Wert von bis zu 10 Milliarden Dollar monatlich erwarb. Außerdem investieren japanische Unternehmen in den Vereinigten Staaten: zuletzt übernahm Sony für 3,4 Milliarden Dollar die Columbia Pictures Entertainment. Im Jahr 1988 erwarben japanische Interessenten Immobilien für 16,5 Milliarden Dollar und kauften Firmen für fast 13 Milliarden Dollar auf. Alles in allem kamen 1987 fast 19 Prozent des US-Kapitalzuflusses aus Japan.

Die Zinssätze für langfristige Kredite haben sich in Japan drastisch erhöht: anstelle der 4,8 Prozent im Jahr 1988 werden für 1991 und 1992 7,9 Prozent erwartet. Demgegenüber sind die amerikanischen Zinssätze um den Wert von 8,7 Prozent relativ stabil geblieben und liegen heute real unter den japanischen. Eine der Ursachen ist die Entschlossenheit der Bank von Japan, die inflationäre Preisentwicklung bei Wirtschaftsgütern zurückzuschrauben, welche die Ausdehnung bei Bankdarlehen begünstigte.

Japan hat seine Forschung und Entwicklung systematisch vorangetrieben, deren Ergebnisse in erster Linie im zivilen Produktionssektor Anwendung finden. Der Anteil am Bruttosozialprodukt, der in Forschung und Entwicklung fließt, hat sich innerhalb von zehn Jahren fast verdoppelt: von 2 Prozent im Jahr 1980 auf momentan etwa 3,5 Prozent. Um ein Beispiel für die technologische Vitalität des Landes zu geben: Japan bringt jedes Jahr ebensoviele Industrieroboter heraus wie der Rest der Welt zusammengenommen.

Das politische und ökonomische System Japans hat zweimal den Nachweis erbracht, daß es in der Lage ist, einen Konsens über neue Ziele zu erreichen und in kürzester Zeit die ganze Wirtschaft neu auszurichten: zuerst nach dem Ölpreisschock von 1973 und dann, in neuerer Zeit, als das Land sich unter dem Druck der Handelspartner daran machte, Handelsüberschüsse abzubauen und den Inlandsverbrauch zu steigern.

Diese Fähigkeit zum Konsens und zu wirtschaftlichem Umdenken ist für Japan ein enormer Aktivposten, wenn es darum geht, sich den immer rascheren Veränderungen in der internationalen Wirtschaft anzupassen. Finanzinstitute, Unternehmen, Gewerkschaften, Bildungswesen, Forschung und die Regierung, sie alle sind offenbar in der Lage, im Interesse allgemeiner nationaler Ziele ihre Anstrengungen aufeinander abzustimmen. Diese Anpassungsfähigkeit, verbunden mit den heute bereitstehenden riesigen Finanzmitteln, einem dynamischen Forschungs- und Entwicklungssektor sowie einem Bildungswesen von hoher Qualität, scheinen für die kommenden Jahre einen noch stärkeren wirtschaftlichen Aufschwung zu gewährleisten.

Trotz seiner enorm starken Stellung gibt es für Japan aber auch Gründe zu ernster Besorgnis: Da ist zunächst die Anfälligkeit der Handelsbeziehungen zu nennen, dann der Wandel in der Bevölkerungsstruktur - im Jahr 2020 werden ungefähr 24 Prozent der Japaner 65 Jahre und älter sein -, aber auch eine allmählich sich verändernde Einstellung zur Arbeit sowie neue Ansprüche an die Lebensbedingungen, insbesondere in der jüngeren Generation. Diese Trends werden sich im Lauf der Zeit auf die Dynamik der japanischen Wirtschaft auswirken, doch es steht kaum zu erwarten, daß sich deren Gesamtleistung dadurch wesentlich verändern wird. In seiner Geld-, Handels-, Schulden- und Entwicklungspolitik sowie in den Beziehungen zu den Handelspartnern muß Japan seine traditionelle Haltung und Praxis den neuen Aufgaben des Landes als eine der führenden internationalen Mächte anpassen.

Die Europäische Gemeinschaft

In den frühen achtziger Jahren, als die Wirtschaft in den Vereinigten Staaten und in Japan boomte, machte der Begriff der »Eurosklerose« die Runde - in Anspielung auf die hohe Arbeitslosigkeit und das geringe Wachstum in Europa. In den letzten Jahren hat sich die Lage jedoch entscheidend verändert, vor allem aus drei Gründen.

Erstens hat die allgemeine Belebung des Welthandels - eine Folge der amerikanischen Hochkonjunktur - der europäischen Wirtschaft neue Impulse gegeben. Zweitens verfolgten die meisten europäischen Länder jetzt eine nationale Wirtschaftspolitik, die zu einer Leistungssteigerung führte. Drittens trug auch die Entscheidung, bis 1993 einen europäischen Binnenmarkt einzurichten, europaweit zur Belebung der Wirtschaft bei und gab psychologischen Auftrieb.

Heute sind es die Europäer, die mit sich zufrieden sind. Sie befinden sich in einem raschen Prozeß einer »europäischen Perestroika« mit hochgesteckten Zielen, die man noch vor wenigen Jahren für undenkbar gehalten hätte.

Wie ist es dazu gekommen, und welche Folgerungen lassen sich daraus ziehen? Die wichtigste Ursache war vielleicht das Gefühl, daß Europa, wenn es jetzt keine größeren Anstrengungen in Richtung auf verbesserte wirtschaftliche und technische Leistungsfähigkeit machte, nicht nur hinter den Vereinigten Staaten, sondern insbesondere auch hinter Japan weit zurückbleiben würde.

Europa ist auf dem Sprung zu einem Binnenmarkt mit über 320 Millionen Menschen, der für Kapital, Arbeit, Waren und Dienstleistungen relative Freizügigkeit bietet. Dieser Prozeß hat bereits begonnen, und die meisten größeren Unternehmen und Banken stehen schon in den Startlöchern, um durch Investitionen, Fusionen und Firmenübernahmen die neue Situation zu nutzen. Außerdem kommt es zu einem wahren Investitionsschub von außerhalb, in erster Linie aus Japan und den Vereinigten Staaten, die vermutlich sichergehen wollen, daß sie als Außenstehende in der Gemeinschaft nicht benachteiligt werden.

Diese neue Integrationsbewegung der alten europäischen Nationen ist nicht nur unter wirtschaftlichen oder technokratischen Gesichtspunkten zu sehen. Es handelt sich um einen politischen Vorgang von historischer Tragweite. Je weiter der wirtschaftliche Prozeß fortschreitet, desto mehr werden auch wichtige politische Entscheidungen getroffen, die die künftige Form der Gemeinschaft, ihrer Institutionen und ihrer Innen- und Außenpolitik bestimmen werden.

Viele der schwierigsten Fragen müssen noch gelöst werden; das Endergebnis ist noch keineswegs klar. Die Europäische Währungsunion hat in den zwölf Mitgliedsstaaten eine breite Zustimmung für die erste Phase des Delors-Plans auf dem Weg zu einer Wirtschafts- und Währungsunion erhalten, und die Madrider Konferenz brachte einen entscheidenden Schritt nach vorn. Mit der einstweiligen Ausnahme von Großbritannien hat sich die Gemeinschaft darauf verständigt, gemeinsam den weiteren Weg bis zu einer Einheitswährung festzulegen.

Die Veränderungen in Osteuropa sind so tiefgreifend und vollziehen sich mit solcher Schnelligkeit, daß sie bei der Gestaltung der Europäischen Gemeinschaft nach 1992 nicht übersehen werden können. So wird zum Beispiel die Wiedervereinigung Deutschlands den Charakter Europas und seine künftige Rolle tiefgreifend verändern. Ob die Weltwirtschaft wieder eine stabil bleibende höhere Wachstumsrate erzielt, wird ganz wesentlich vom Führungsstil, von der Politik und der Zusammenarbeit der führenden Wirtschaftsmächte abhängen - also von der Europäischen Gemeinschaft, Japan und den Vereinigten Staaten.

Es müssen neue Formen der Zusammenarbeit gefunden werden, wenn den globalen Herausforderungen der kommenden Jahrzehnte begegnet werden soll.

Die Entwicklungsländer

Unter dem Gesichtspunkt des internationalen Managements der Weltwirtschaft hat der Begriff »Entwicklungsländer« kaum praktische Bedeutung. Zu dieser großen Gruppe zählen heute so viele unterschiedliche Länder, daß es der Präzisierung bedarf. Nützlicher ist die Analyse einer Anzahl von Schlüsselfragen, die uns helfen können zu klären, welche Funktionen das internationale System der Zukunft erfüllen muß.

Im folgenden werden drei solcher Schlüsselfragen näher umrissen: a) Verschuldung; b) Armut und Entwicklung; c) Einbindung in die Weltwirtschaft. Man kann die Problematik auch von ganz anderer Seite angehen, aber die genannten Punkte führen zu Einsichten über die in Zukunft erforderlichen Funktionen.

Das Schuldenproblem ist jetzt für das internationale Wirtschaftssystem nicht mehr so bedrohlich, nachdem die führenden Banken Vorkehrungen getroffen und von der Kreditvergabe an Entwicklungsländer

MISSMANAGEMENT DER WELTWIRTSCHAFT

Abstand genommen haben (heute liegen für die Banken die größten Risiken in ihren Inlands-Immobilien- und Grundstücksdarlehen). Aber für viele Entwicklungsländer bleibt die Verschuldung eine der drückendsten Lasten, ganz besonders in Lateinamerika und Afrika. In den letzten zwei Jahren haben die westlichen Staatschefs endlich erkannt, daß es ein Problem der Überschuldung gibt. Zunächst einigten sie sich darauf, ärmeren Ländern, die sich um eine Verbesserung ihrer Wirtschaftspolitik bemühen, günstigere Rückzahlungsbedingungen einzuräumen (die »Toronto terms« aus dem Jahr 1988). Zweitens legten sie einen Plan vor, der einen teilweisen Schuldenerlaß für die größten Schuldner wie Mexiko und Brasilien vorsah (der Brady-Plan). Dies waren wichtige Schritte nach vorn, aber sie müssen noch viel zielstrebiger verfolgt werden und werden mehr Mittel erfordern, als bisher bereitgestellt sind.

Im Jahr 1988 verzeichnete die Weltwirtschaft ein Gesamtwachstum von fast 4 Prozent, während die Zuwachsrate in Lateinamerika nur bei einem halben Prozent lag. Im selben Jahr ging die Verschuldung Lateinamerikas leicht zurück. Sie sank von 441 Milliarden auf 426 Milliarden Dollar, vor allem bedingt durch die Umwandlung von Krediten in Beteiligungskapital. Doch in den darauffolgenden zwölf Monaten bis März 1989 stieg die Schuldendienstlast wieder um 10 Milliarden Dollar, nur weil die internationalen Zinssätze um drei Prozent angezogen hatten. Wie hoch der Schuldendienst ausfällt, hängt zum einen von den Zinsen, zum andern vom Dollarkurs ab; auf beides haben die betroffenen Länder keinen Einfluß.

Diese gefährlich instabile Lage scheint nicht die Besorgnis zu erregen, die sie eigentlich verdient. Dabei kann das Problem, wenn es nicht ernstgenommen wird, die Aussichten für die Weltwirtschaft erheblich beeinträchtigen, aus mehreren Gründen.

Erstens: Einige große amerikanische Banken haben zwar ihr Engagement in Darlehen eingeschränkt, führen aber in ihren Büchern immer noch - gemessen am Kapital - erhebliche Summen, die sie als Kredite an Entwicklungsländer vergeben haben.

Zweitens haben die Entwicklungsländer seit 1984 in Form von Rückzahlungen mehr Geld in die entwickelten Länder überwiesen, als sie an neuen Krediten erhielten. Dieser Netto-Kapitaltransfer belief sich 1988 auf mehr als 50 Milliarden Dollar. Was erschwerend hinzukommt: Die direkten Auslandsinvestitionen in den Entwicklungsländern sind von 25 Milliarden Dollar im Jahr 1982 auf 13 Milliarden 1987 zurückgegangen.

In einer Zeit, in der die Entwicklungsländer dringend auf weitere Mittel angewiesen wären, findet also ein erheblicher Netto-Kapitalabfluß aus den armen in die reichen Länder statt. Das bedeutet, daß die entwickelten Schuldnerländer, vor allem die Vereinigten Staaten, mit den armen Schuldnerländern der sich entwickelnden Welt um Ressourcen konkurrieren. Das ist nicht nur ungerecht, sondern stellt auch eine immense Verschwendung menschlichen und wirtschaftlichen Potentials dar. Tatsächlich war der plötzliche Niedergang der lateinamerikanischen Wirtschaft nur durch eine starke Einschränkung der US-Exporte und durch Beschäftigungsrückgang bedingt.

Die Verschuldung der Entwicklungsländer würde für sich allein schon eine ernste und wachsende Bedrohung für die Weltwirtschaft und die politische Stabilität darstellen; doch muß das Schuldenproblem auch in den Kontext der anderen gefährlichen Ungleichgewichte zwischen den entwickelten Ländern im Handels- und Finanzbereich gestellt werden. Unter diesem Gesichtspunkt erscheint das internationale Management der Weltwirtschaft doch sehr unzulänglich. Die vielversprechenden, beruhigenden Aussichten auf ein dauerhaftes Wirtschaftswachstum scheinen zweifelhaft.

Außerdem müssen mehr Mittel zur Verfügung stehen, um in einer Zeit, da konkurrierende Forderungen erhoben werden - etwa aus Osteuropa oder aus Ländern, die direkt vom Golfkrieg betroffen waren -, Entwicklungsanreize zu geben. Es ist ebenso unausweichlich, daß die Schuldnerländer nicht nur Zugang zu den Märkten des Nordens erhalten, sondern diesen weiter ausbauen. Sollte sich der Protektionismus im Norden verstärken, so wird dies nur zu einer Zuspitzung des Schuldenproblems führen, wie es schon in der Vergangenheit der Fall war. Um das Schulden- und Entwicklungsproblem sachgerecht anzugehen, müßten die Regierungen und Institutionen, die sich mit dem Finanzmanagement (Internationaler Währungsfonds), mit Investitionen und Entwicklung (Weltbank) und dem Handel (Unctad, GATT)[2] befassen, ihre Politik sehr viel klarer in Übereinstimmung bringen. Dies stellt für die Weltgemeinschaft eine zentrale Herausforderung dar und verlangt vor allem von den Vereinigten Staaten, Europa und Japan Phantasie und Zusammenarbeit. In Bereichen, die so eng miteinander verflochten sind wie Finanzen, Schuldenmanagement, Investitionen, Entwicklung, Politik, Erschließung menschlicher Fähigkeiten, Handel und Umwelt, müssen politische Ziele und Maßnahmen besser aufeinander abgestimmt werden, auch gegen den Widerstand von Institutionen.

---

2 Abkürzungen für »United Nations Conference on Trade and Development« (Uno-Konferenz für Handel und Entwicklung) und »General Agreement on Tariffs and Trade« (Allgemeines Zoll- und Handelsabkommen)

MISSMANAGEMENT DER WELTWIRTSCHAFT

Ein weiterer Problemkreis, der für die Welt langfristig sogar noch bedrohlicher ist als die Schuldenfrage, betrifft das Bevölkerungswachstum, die Armut und den immer mehr zurückgehenden Lebensstandard in vielen Ländern des Südens, zum Beispiel in Bangladesch, Burkina Faso und Haiti.

Vielleicht ist es ein Gesetz, daß für Politiker, Wirtschaftsführer, Intellektuelle und für die Öffentlichkeit in den entwickelten Ländern solche Fragen im Vordergrund des Interesses stehen müssen, die unmittelbar ihr eigenes Wohlergehen betreffen. Dann wirkt natürlich die Aussicht auf ein höheres Wachstum der Weltwirtschaft zunächst einmal beruhigend. Die langfristigen Auswirkungen des jetzigen Wirtschaftskurses - eine zunehmende Polarisierung in ein kleines Lager der Reichen einerseits (im Jahr 2025 vielleicht 20 Prozent) und ein großes Lager der Armen und Verzweifelten andererseits - scheinen ja noch in weiter Ferne zu liegen. Doch das ist ein Irrtum. Selbst wenn wir ethische Gesichtspunkte - die offenbar nur eine sehr geringe Motivationskraft für menschliches Handeln besitzen - einmal beiseite lassen, gibt es zwei praktische Konsequenzen, die sich schon sehr bald schmerzhaft bemerkbar machen können.

In einigen armen Ländern werden die Regierungen anfangen, dem Druck ihrer jugendlichen, frustrierten Bevölkerung, die sich immer stärker in den riesigen Städten ballt, nachzugeben. Es besteht kein Grund zu glauben, daß sie sich dabei an Verhaltensnormen orientieren werden, die vorwiegend von Vertretern des Westens aufgestellt wurden, als diese vor vierzig Jahren den Grundstock für eine internationale Ordnung schufen. Nach Jahrzehnten von UN-Resolutionen, Nord-Süd-Dialogen und Konferenzen, die wenig positive Ergebnisse zeitigten, ist es durchaus denkbar, daß diese Länder auf Konfrontationskurs gehen. Überlegungen, daß dies unlogisch oder zu teuer wäre, spielen für die beteiligten politischen Kräfte keine Rolle. Hierfür gibt es genügend Beispiele in der Geschichte.

Unter solchen Umständen wäre es mit einer bequemen Abwicklung internationaler Geschäfte im bisherigen Stil vorbei. Im günstigsten Fall wären die hochempfindlichen Netze des internationalen Reiseverkehrs, der Gesundheits- und Sicherheitskontrollen, der diplomatischen Gepflogenheiten, der geschäftlichen und wissenschaftlichen Kontakte aufs äußerste bedroht. Im schlimmsten Fall käme es zum Aufflammen von Terrorismus und Konflikten und dann zu Flüchtlingsströmen, die den Norden nicht mehr gleichgültig lassen könnten.

Der Druck, den die rasch wachsende Bevölkerung auf die Umwelt ausübt, ist inzwischen offenkundig. Eine Lösung nur im Rahmen der

Umweltpolitik ist jedoch nicht möglich. Umweltprobleme entstehen aus einem ganzen Komplex von menschlichen Bedürfnissen, wirtschaftlichem Druck, technischen Verfahren und politischen Interessen. Umfassendes Wissen, materielle Mittel, Einfühlungsvermögen und Engagement sind gefordert, wenn eine Lösung gefunden werden soll. In einer breiten Öffentlichkeit ist man sich inzwischen bewußt, daß unser Planet ein einheitliches, sehr anfälliges System ist: Die Umweltzerstörung im Süden bedroht auch den Norden und umgekehrt. In der Umweltpolitik sind heute alle Voraussetzungen für internationales Handeln gegeben.

Die dritte Schlüsselfrage war die Einbindung in den weltwirtschaftlichen Prozeß. Wie oben gezeigt, besitzen die entwickelten Länder ein riesiges Potential an neuen Technologien, Managementpraktiken und politischen Verfahren, um einen Wachstumsschub auslösen und steuern zu können. Als Folge dieses technischen Fortschritts, der Automation und der veränderten demographischen Struktur wird jedoch in diesen mächtigen Volkswirtschaften die Nachfrage nach den Erzeugnissen der Entwicklungsländer voraussichtlich zurückgehen. Der Übergang von Naturprodukten zu synthetischen Erzeugnissen und neuen Werkstoffen hat darüber hinaus die Märkte für einen Großteil der Grundprodukte weiter schrumpfen lassen, aus denen die meisten Entwicklungsländer ihre Exporterlöse immer noch überwiegend erzielen.

Einige Entwicklungsländer, darunter Südkorea, Singapur oder Malaysia, Brasilien und neuerdings auch Mexiko, sind inzwischen wettbewerbsfähig geworden; sie können Investoren anlocken, eine moderne Wirtschaftsbasis aufbauen und werden vielleicht tatsächlich zu vollwertigen Partnern im entwickelten Bereich der Weltwirtschaft. Daneben gibt es Länder mit einer zweigleisigen Wirtschaft, in der der modernere Sektor enge Kontakte zu den Volkswirtschaften des Nordens pflegen kann, ohne sich um den Rest des Landes besonders zu kümmern. Auf jeden Fall benötigen die meisten Entwicklungsländer den Zugang zu moderner Technologie, und sie sind auf verstärkte Zusammenarbeit im wissenschaftlichen und technischen Bereich angewiesen.

Viele der ärmeren Länder und die zurückgebliebenen Teile der »zweigleisigen« Volkswirtschaften haben nur äußerst begrenzte wirtschaftliche Möglichkeiten. Für ihre Grundprodukte wird es kaum eine steigende Nachfrage aus dem Norden geben, es fehlen ihnen die Voraussetzungen, eine Basis für industrielle Erzeugung aufzubauen, ja sogar die Vorzüge billiger Arbeitskräfte werden sie verlieren, je mehr die Automation im Norden den Bedarf an Arbeitskräften verringert, und schließlich wird das ganze Potential der »Revolution des Wissens«, der Informatik, Datentechnik, Telekommunikation und so weiter vermutlich

MISSMANAGEMENT DER WELTWIRTSCHAFT

eine Illusion bleiben, einfach deswegen, weil es kein ausgebildetes und geschultes Personal gibt und auch die erforderlichen Systeme und die Infrastruktur fehlen.

Kritisch muß auch gesehen werden, daß der Konkurrenzkampf um materielle Mittel aller Art, vor allem um Energie, Wasser und bewohnbares Land, sich mit wachsender Weltbevölkerung und zunehmenden Umweltproblemen verschärfen wird. Je verzweifelter die Nachfrage wird, desto stärker gerät die geordnete Verteilung solcher Mittel über den Marktmechanismus oder durch staatliche Zuteilung unter Druck. Dieses Problem erfordert dringend die internationale Aufmerksamkeit. Es stellt eine der wichtigsten Zukunftsaufgaben dar, aus praktischen wie aus ethischen Gründen.

Solange keine nennenswerte neue Strategie für globale Entwicklung existiert, wird sich die Weltwirtschaft vermutlich weiter polarisieren: die Welt wird sich in reiche und arme Länder spalten. Schon heute sind nach Angaben der Weltgesundheitsorganisation ungefähr 1,3 Milliarden Menschen - über 20 Prozent der Weltbevölkerung - ernstlich krank oder unterernährt.

Vor diesem Hintergrund muß die Feststellung alarmierend wirken, daß die Hilfeleistung der entwickelten Länder zurückgehen könnte. Seit 1970 haben diese Länder ihre Entwicklungshilfe im großen und ganzen proportional zu ihrem Wirtschaftswachstum erhöht, das heißt um etwa 3 Prozent im Jahr. Diese Erhöhung der Wirtschaftshilfe war jährlichen Schwankungen unterworfen; in den letzten vier Jahren lag der Durchschnittswert jedoch unter 2 Prozent. Für 1989 war es ein Betrag von 46,7 Milliarden Dollar, das entsprach ungefähr 0,33 Prozent des Sozialprodukts der entwickelten Länder im Vergleich zu 0,35 Prozent in den letzten zwanzig Jahren (die Vereinten Nationen haben einen Richtwert von 0,75 Prozent gesetzt). Im Rahmen dieses Durchschnitts haben einige Länder konstant ein Niveau von rund einem Prozent eingehalten, andere bleiben stets weit unter dem Durchschnittswert. Besonders für die ärmsten Länder ist eine Aufstockung der öffentlichen Entwicklungshilfe lebensnotwendig, denn sie haben kaum Entwicklungschancen.

Die Verbesserung der Beziehungen zwischen Ost und West schafft jetzt die Möglichkeit eines wahrhaft globalen Engagements. Zur Zeit werden jährlich über eine Billion Dollar für Rüstungszwecke ausgegeben; darin sind die 200 Milliarden Dollar mit enthalten, die von den Entwicklungsländern ausgegeben werden. Es gibt also beträchtliche menschliche und finanzielle Reserven, die durch Kürzung der Rüstungsausgaben nach und nach für Entwicklungsmaßnahmen freigegeben werden könnten.

Ein neuer Denkansatz ist dringend gefordert. Wird dieses Problem ignoriert, führt unser Weg in die Katastrophe. Ein bloßes Vorantreiben des »Wachstums« westlicher Prägung in den Entwicklungsländern stellt aus umweltpolitischen und anderen Gründen keine brauchbare Strategie dar. Dies darf aber keine Entschuldigung für Stagnation sein - es ist vielmehr ein Grund, neue Ansätze in der Entwicklungspolitik zu suchen.

Die GUS-Staaten und Osteuropa

Bis vor kurzem spielten die Sowjetunion und die osteuropäischen Länder in der Weltwirtschaft keine große Rolle. Dies ändert sich drastisch. Sie werden zu einem immer wichtigeren Faktor, und zwar vor allem aus folgenden Gründen:

Ein Erfolg der Perestroika und jener osteuropäischen Staaten, die Reformen in Angriff genommen haben, ist auch abhängig von wirtschaftlicher und technologischer Zusammenarbeit mit dem Westen. Je mehr der Reformprozeß voranschreitet, desto intensiver wird die Zusammenarbeit werden. Dies ist vor allem für Westeuropa und ganz besonders für die Bundesrepublik Deutschland von Bedeutung. Deshalb haben die Regierungschefs der sieben großen westlichen Industrienationen bei ihrem Pariser Treffen im Juli 1990 der EG-Kommission die Rolle eines Koordinators für Osteuropa übertragen.

Die Staaten der GUS und die osteuropäischen Länder, in erster Linie Polen, sehen sich enormen Haushalts- und Finanzproblemen gegenüber. Das Haushaltsdefizit der Sowjetunion betrug 1988 120 Milliarden Rubel oder etwa 190 Milliarden Dollar nach amtlichem Kurs. Für 1990 sollte dieses Defizit auf 60 Milliarden Rubel beziehungsweise rund 94 Milliarden Dollar gesenkt werden. Ein ganzer Berg von Problemen steht zur Lösung an; die von der Perestroika erhofften Verbesserungen sind noch nicht in Sicht. Für den Verbraucher stellt sich die Lage schlechter dar als vorher.

In dieser Lage besteht großer Bedarf an Geldmitteln und Investitionen aus dem Westen. Die Sowjetunion hatte bereits Darlehensabkommen insbesondere mit deutschen Banken abgeschlossen, doch jetzt zögern die Nachfolgestaaten offenbar, die Kredite in Anspruch zu nehmen. Demgegenüber sucht Polen dringend Mittel zur sofortigen Verwendung. Zwei wichtige Fragen stellen sich. Erstens: Werden zusätzliche Finanzhilfen aus dem Westen wirkungsvoll genutzt, solange das Wirtschaftsmanagement noch nicht verbessert ist? Zweitens: Soll der Westen jetzt

MISSMANAGEMENT DER WELTWIRTSCHAFT

Hilfe leisten, solange noch nicht feststeht, ob die Reform zum Erfolg führt?

In der zweiten Frage ist der Westen uneins. Westeuropäische Länder heben die Chance hervor, die in dem Wandel liegt, und betonen die Notwendigkeit, ihn zu unterstützen; dagegen unterstreichen einige Stimmen in den USA das Risiko und mahnen zur Vorsicht. Falls die Staaten der GUS beschließen, die Entwicklung voranzutreiben und hohe Schulden zu machen, um durch Kooperation mit dem Westen schneller wirtschaftliche Resultate zu erzielen, dann wird dieses Problem akut werden.

Die Beziehungen Rußlands zu Japan. Seit dem Zweiten Weltkrieg stand auf der Ebene internationaler Beziehungen fest, daß sich das russisch-japanische Verhältnis kaum je verbessern würde. Zum einen sprach das enge Verhältnis Japans zu den Vereinigten Staaten dagegen, zumindest in der Ära der Ost-West-Spannungen; zum anderen verhinderte der Streit zwischen Japan und Rußland über die Kurilen-Inseln eine Annäherung.

In Zukunft könnten beide Gründe hinfällig werden. In einer Zeit der Entspannung zwischen Ost und West, die zugleich eine Phase schwierigerer Beziehungen zu den Vereinigten Staaten ist, könnte Japan daran gelegen sein, seine Beziehungen zu Rußland und den anderen GUS-Staaten zu verbessern. Rußland seinerseits mag sich von einer Annäherung an Japan erhoffen, daß es vom finanziellen und technischen Wohlstand dieses Landes profitieren kann. Eine solche Entwicklung hätte beträchtliche Auswirkungen auf die Struktur der Weltwirtschaft und auf das internationale Beziehungsgeflecht.

Über diese konkreten Fälle hinaus gibt es noch einen wichtigen Aspekt, an dem sich zeigt, wie ausschlaggebend die Politik und die Aussichten der GUS-Staaten und ihrer ehemaligen Verbündeten für die Zukunft der Welt sind. Über vierzig Jahre lang haben Rivalität und Spannungen zwischen Ost und West die internationalen Beziehungen untergraben und überall in der Welt Wachstum und Fortschritt blockiert. Jetzt aber scheint es, als sollten die Ost-West-Beziehungen in neue, konstruktive Bahnen gelenkt werden, zumindest solange die Reformer an der Macht bleiben.

Ob dieser Kurs schon unumkehrbar ist oder ob ein Scheitern der Perestroika eine Rückkehr zur Konfrontation zur Folge hätte, läßt sich hier nicht beantworten. Es gibt jedoch eine unausweichliche Schlußfolgerung.

Es muß alles getan werden, um die bisherigen Fortschritte bei der Überwindung der Ost-West-Konfrontation und bei der Abrüstung abzusichern. Dies wird weltweit positive Auswirkungen haben, aus zwei Gründen: Zum einen wird es natürlich zum Abbau von Spannungen beitragen und damit auch zu einer Kürzung der Rüstungsausgaben. Die frei gewordenen Mittel können dann zu Investitionen und für dringend benötigte Sozialeinrichtungen verwendet werden.

Zum anderen wird von einem Spannungsabbau eine bedeutende, nicht zu unterschätzende moralisch-psychologische Wirkung ausgehen. Er könnte ein Klima schaffen, in dem Ost und West zum erstenmal in konstruktiven neuen Initiativen kooperieren und ihre Energien gemeinsam für die Bewältigung globaler Probleme einsetzen. Hier liegt momentan vielleicht die größte Chance, den bereits erzielten Fortschritt zu untermauern und neue Wege für eine weltweite Kooperation in der Zukunft zu ebnen.

4. KAPITEL

Erste Anzeichen von Solidarität

In einer Erklärung des Club of Rome aus dem Jahr 1985 steht zu lesen: »Der Menschheit kann eine leuchtende, erfüllte Zukunft blühen, wenn sie die Weisheit hat, sich zu erheben und die vor ihr liegenden Schwierigkeiten anzupacken. Tut sie das nicht, so kann ein langsamer, schmerzlicher Abstieg bevorstehen.« Dies ist immer noch unser Credo, aber die Zeit wird knapp.

In den vorstehenden Kapiteln haben wir eine Anzahl negativer, gefährlicher Tendenzen unserer Gesellschaft angesprochen. Daneben stehen aber auch viele positive Ansätze, und diese lassen uns hoffen, daß die Menschheit ihre Probleme erkennt und daß sie den Drang, die Kreativität und die Anpassungsfähigkeit besitzt, sich der Zukunft zu stellen.

■

»Die Menschheit hat drei Wege zur Wahl. Der erste ist, daß sie einen Atomkrieg entfesselt; danach braucht man sich keine Sorgen mehr zu machen. Die zweite Alternative: Die Menschen sind bereit, tausend kleine, weise Entscheidungen zu treffen und sich langsam aus dem Schlamassel herauszuarbeiten. Der dritte Weg, zugleich der wahrscheinlichste: Es geschieht gar nichts, die Lage wird immer schlimmer, so daß die Armen dieser Erde für alle Zeiten im Elend leben.«
frei nach Harrison Brown[1]

■

---

[1] Persönliche Äußerung aus dem Jahr 1978 (damals lehrte Prof. Harrison Brown am California Institute of Technology)

ANZEICHEN VON SOLIDARITÄT

In diesem Kapitel wollen wir einige der ermutigenden Zeichen der Hoffnung zusammentragen.

Seit nunmehr fünfundvierzig Jahren hat die ideologische Polarisierung zwischen den beiden Supermächten die Welt hypnotisiert in der Erwartung eines nuklearen Infernos. Allmählich wurde der Einfluß der Supermächte schwächer. Jetzt hat gar der plötzliche Zusammenbruch der planwirtschaftlichen Systeme die Spannungen neutralisiert, und vor unseren Augen präsentiert sich ein neues Szenario: Absprachen über Rüstungsbegrenzung, die eingehalten werden, und die Hoffnung auf noch viel weitergehende Schritte. Diese Entwicklung übertrifft bei weitem alles, was man vor einem Jahrzehnt hätte erträumen können. Dadurch wird der Weg frei, sich mit mehr Ernsthaftigkeit den anderen Problemen zuzuwenden, die in ihrer Gesamtheit das »Dilemma der Menschheit«[2] ausmachen.

Der neue Wunsch zur Zusammenarbeit zwischen den Vereinigten Staaten und der vormaligen Sowjetunion hat ein hohes Maß an Solidarität der Nationen gegenüber Aggressoren ermöglicht. Dies zeigt etwa das Vorgehen des Sicherheitsrates und der Vollversammlung der Vereinten Nationen, die sich nach dem irakischen Einfall in Kuwait 1990 über eine weltweite Blockade des Irak verständigten.

Die Seerechtskonferenz einigte sich nach langwierigen Verhandlungen über viele wichtige Schritte und neue institutionelle Maßnahmen. Sie bestätigte den Gedanken, daß die Ozeane »gemeinsames Erbgut der Menschheit« sind. Dieser Präzedenzfall wurde auch auf die Antarktik angewendet, ein äußerst anfälliges und letztes jungfräuliche Gebiet der Erde. Wäre dies nicht geschehen, hätten die gierigen Industrienationen die Antarktik auf der Jagd nach neuen Naturschätzen ausgeplündert und damit eine ökologische Katastrophe herbeigeführt.

Es ist ein ermutigendes Zeichen, daß man sich in den letzten Jahren der drohenden Gefahren viel stärker bewußt geworden ist; dieser Prozeß wurde anfangs durch Analysen des Club of Rome und anderer Gremien ausgelöst und durch die Medien gefördert. Weltweite öffentliche Diskussion, der Druck der grünen Lobbys, Katastrophen wie die von Tschernobyl und Bhopal zwangen die Politiker, eine ganze Palette neuer Fragen wichtigzunehmen, und brachten die Industrie dahin, daß sie sich zumindest den Anschein sozialen und ökologischen Verantwortungsbewußtseins gab.

---

2 »Das Dilemma der Menschheit« war der Titel des ersten Forschungsprojekts, mit dem der Club of Rome seinerzeit seine Arbeit aufnahm.

ANZEICHEN VON SOLIDARITÄT

Das neu erwachte öffentliche Bewußtsein hat schon neue Anzeichen von Verantwortungsgefühl und Solidarität hervorgebracht: Bürgergruppen, Genossenschaften und nichtstaatliche Organisationen verschiedenster Zielsetzungen und Methoden, die sich mit örtlichen, nationalen und globalen Problemen auseinandersetzen.

Besonders eindrucksvoll war die Reaktion vieler privater, freiwilliger Hilfsstellen auf Katastrophensituationen an entlegenen Orten, zum Beispiel in hervorragenden Einsätzen für Erdbebenopfer. Im Falle der akuten Hungersnot in Äthiopien und im Sahel ist es nichtstaatlichen Organisationen offenbar besser gelungen als Regierungen und internationalen Behörden, Nahrungsmittel schnell bereitzustellen. Ganz allgemein haben nichtstaatliche Maßnahmen eine neue Größenordnung und Bedeutung erreicht, so daß von ihnen ein wachsender konstruktiver Einfluß auf die nationale und internationale Politik zu erwarten ist.

Obwohl die Entwicklungshilfepolitik im großen und ganzen wenig erfolgreich war, haben einige Länder erstaunliche Erfolge erzielt. Indien, eines der bevölkerungsreichsten Länder der Welt, wurde zu einer bedeutenden Industrienation und hat im Rahmen der Grünen Revolution beachtliche Leistungen in der Landwirtschaft zu verzeichnen. Die vier »asiatischen Drachen«, also die neu industrialisierten Länder Südostasiens - Taiwan, Singapur, Hongkong und Südkorea - konnten vor allem durch die Nutzung neuer Technologien großen Wohlstand schaffen. Andere Nationen könnten aus diesen Fällen lernen. Dem Beispiel Japans folgend, betreiben die vier Drachen ihre Entwicklung auf der Grundlage eines verbesserten, breit angelegten Bildungswesens und einer soliden wissenschaftlichen Infrastruktur. Auch in einigen der ärmeren Länder zeigen sich die Früchte schöpferischer Initiative, so in den neuesten Fortschritten in Botswana und der konstanten Entwicklung in Simbabwe.

Ein herausragender Vorgang spielte sich in Osteuropa ab: Den Verfassungsgrundsatz, daß »alle Gewalt vom Volke ausgehe« wurde von diesem ernstgenommen und eingefordert, was die Unterstützung der Weltmeinung fand und zum Sturz der totalitären Regierungen Osteuropas führte. Zehn Jahre früher wären diese Aufstände vom Militär niedergewalzt worden. Diese Art von unblutiger Revolution ereignet sich in der Weltgeschichte nur selten; sie steht im scharfen Gegensatz zu der brutalen Unterdrückung des Volkswillens einige Monate früher in China oder auch zu den tragischen Vorgängen in Rumänien. Chile wandelte sich zum Positiven, und auch viele andere Länder zeigen einen Trend in Richtung Demokratie. Die jüngste Wende in Äthiopien weckte Erstaunen, und man kann jetzt auf eine Einigung in Mittelamerika und sogar -

ANZEICHEN VON SOLIDARITÄT

trotz drohenden Bürgerkrieges - auf das Ende der Apartheid in Südafrika hoffen. Viele afrikanische Länder werden seit ihrer Unabhängigkeit von Diktatoren oder von einer Einheitspartei regiert; diese müssen aber jetzt als Folge öffentlicher Unruhen Konzessionen machen. So sehen wir nun, da die letzten zehn Jahre dieses Jahrtausends angebrochen sind, daß die Demokratie als siegreiche Ideologie weltweit auf dem Vormarsch ist, während totalitäre Ideologien, ob linker oder rechter Herkunft, alles Ansehen verloren haben. Hoffen wir, daß diese Entwicklung unumkehrbar ist.

Bei den Regierenden ist ein neues Verhältnis zueinander zu erkennen, sowohl zwischen den Staatsoberhäuptern als auch auf Ministerebene. Auf zahlreichen multi- oder bilateralen Konferenzen, bei Tagungen und in Ferngesprächen werden persönliche Beziehungen geknüpft, die die offiziellen Funktionsträger einander menschlich näherbringen. Dadurch entsteht ein neues, schnelles Kommunikationsnetz auf höchster Ebene, auch wenn es nicht immer zu gemeinsamem Handeln führt.

Die Fortschritte in der Medizin und die Ausbreitung einer verbesserten Hygiene haben sich äußerst segensreich ausgewirkt. Im Norden ist die Geißel der Tuberkulose verschwunden, die Lebenserwartung ist gestiegen, und viele Krankheiten können geheilt oder gelindert werden. Die Pocken wurden durch planvolles internationales Zusammengehen ausgemerzt, und es besteht Hoffnung, daß weitere Krankheiten, die die tropischen Länder heimsuchen, besiegt werden können. Noch wichtiger ist vielleicht der bedeutende Rückgang der Kindersterblichkeit in den Entwicklungsländern. Ermöglicht wurde er zum Teil durch verbesserte Hygiene, zum großen Teil durch eine einfache Heilmethode für den kindlichen Durchfall und in jüngster Zeit durch die Immunisierung gegen die Masern, die Ursache massenhaften Kindersterbens in den Tropen und in der Äquatorzone. Alles in allem hat die »Todeskontrolle« in den Entwicklungsländern bessere Erfolge erzielt als die Geburtenkontrolle.

Die Bedeutung der Menschenrechte ist weltweit erkannt worden. Das ist ebenfalls ein positiver Aspekt der letzten Jahre, der sich weiter fortsetzen muß. Amnesty International und andere Gruppen haben den Rechtsmißbrauch überall mit Erfolg und ohne politische Parteinahme bloßgestellt. Allerdings hat der modische Appell an die Menschenrechte auch als Alibi für Manipulationen herhalten müssen, um unschöne Praktiken in vielen Ländern zu vertuschen. Der Club of Rome ist überzeugt, daß zur Einhaltung der Menschenrechte die Anerkennung der Menschenpflichten ebenbürtig hinzukommen muß. Dies gilt gleichermaßen auf der persönlichen, der staatlichen und der internationalen Ebene.

ANZEICHEN VON SOLIDARITÄT

Ein vielversprechender, rascher Ansatz zur Lösung eines globalen Problems auf internationaler Ebene war das (zur Zeit teilweise erzielte) Übereinkommen zur Abschaffung der schon erwähnten FCKW (Fluor-Chlorkohlenwasserstoffe).

Wir haben ebenfalls den Trend erwähnt, im Zuge der Einführung von Robotern die gefährlichen, schmutzigen und monotonen Fabrikarbeiten abzuschaffen. Es finden auch interessante Versuche statt, das Fließband durch neue Methoden des Teamwork zu ersetzen. Dabei erhalten die Mitglieder im Arbeitsteam mehrere Aufgaben, bei denen sie sich auch persönlich einbringen können, so daß sie auf ihre Arbeit und ihre handwerkliche Leistung stolz sein können.

Die Stellung der Frau hat in diesem Jahrhundert in den westlichen Ländern große Fortschritte gemacht. Zuerst wurde das Frauenwahlrecht eingeführt, dann erhielten die Frauen Beschäftigungsmöglichkeiten außerhalb der Familie, und jetzt nähern sie sich dem Zustand: gleiche Bezahlung für gleiche Arbeit. In vielen Kulturen ist die Frau vom Mann ausgenutzt worden; sie wurde auf die Familie verwiesen und erhielt einen untergeordneten Rang in der Gesellschaft. Natürlich haben intelligente Frauen zu allen Zeiten durch ihre Männer großen Einfluß ausgeübt, aber das genügt nicht mehr. Heute arbeiten Frauen an der Seite der Männer, sie werden Parlamentarier, Manager und Ministerpräsidenten, auch wenn derzeit erst eine kleine Gruppe in die höheren Positionen aufrückt. All das ist gut, aber es reicht noch nicht aus. Der aggressive Feminismus der siebziger und achtziger Jahre hat irgendwie sein Ziel verfehlt. Die Frauen verlangten eine künstliche Gleichheit mit den Männern anstelle jener Ebenbürtigkeit, die eine gleichwertige wechselseitige Ergänzung bedeutet. So blieb ihnen keine andere Wahl, als die sterile männliche Logik nachzuvollziehen, die die Welt in ihre gegenwärtige Misere hineinmanövriert hat. Viele der erfolgreichsten Frauen entwickelten sich sozusagen zu Mann-Frauen, statt die besonderen Qualitäten des weiblichen Denkens hervorzubringen, die die Gesellschaft so dringend benötigt.

Zum Glück scheint diese Phase jetzt zu Ende zu gehen. Die Bedeutung der weiblichen Eigenschaften und Werte wird von Männern wie Frauen immer mehr erkannt. Endlich akzeptieren es die Frauen, daß sie ihre Rolle als Frauen spielen können und müssen, anstatt zu versuchen, die Männer auf deren eigenem Feld zu schlagen. Ebenso reift bei den Männern - und in den Leitungs-, Politik- und Wirtschaftssystemen, die sie aufgebaut haben - langsam die Erkenntnis, wie wichtig die Fähigkeiten der Frauen als Betreuer von Menschen und Wirtschaftsgütern und als Kommunikatoren sind und welch lebenswichtige Bedeutung für eine gesunde, ausgeglichene Gesellschaft vor allem ihrer Flexibilität zukommt. Diese Einsichten, die sich bei beiden Geschlechtern zeigen, sind ein entscheidend wichtiger Schritt nach vorn, und diese Gelegenheit, die Frauen zu ihrem vollen Beitrag in einer funktionierenden Gesellschaft zu ermutigen, darf unter keinen Umständen vertan werden. Noch ist die Schlacht nicht ganz gewonnen. Es ist noch sehr viel männliches Überlegenheitsdenken vorhanden, aber mit den Generationen wird das aussterben.

Zwei überragende Gesichtspunkte sind zu beachten, wenn die Frauen zu einem aktiven und konstruktiven Beitrag zur sozialen Entwicklung befähigt werden sollen.

Erstens: Die Gesellschaft muß den Frauen zuhören und ihnen Vertrauen schenken. In unserer heutigen, männlich dominierten, scheinbar so rationalen Welt wird die weibliche Intuition, die Vielseitigkeit und der angeborene gesunde Verstand der Frau allzuoft übergangen - und dafür wird oft teuer bezahlt.

Zweitens: Die Frauen werden von der Gesellschaft finanzielle und moralische Unterstützung benötigen. Diese Unterstützung muß flexibel und einfühlsam sein, um der Frau eine positive Rolle in der Formung der Gesellschaft zu ermöglichen, ohne ihren Platz im Herzen der Familie zu gefährden. Im Westen bedeutet dies flexible Berufsbilder, gemeinsame Kinderbetreuung und Chancengleichheit. In den Entwicklungsländern bedeutet es umfassende Rechte vor dem Gesetz sowie politische und finanzielle Unterstützung. Als in einigen Ländern erstmals Kredite an Frauen vergeben wurden, löste dies eine wahre Lawine von Initiativen und kreativer Tätigkeit aus.

Vor allem aber müssen Frauen auf sich selbst hören und einander unterstützen. Sie müssen Vertrauen in ihre eigenen Fähigkeiten entwickeln und die unverständliche Tendenz aufgeben, sich selbst schlecht zu machen und sich mit männlichen Normen zu messen.

Der Same zu gegenseitiger Verantwortung ist also gelegt. Wir müssen zu erweitertem Handeln in gegenseitiger Verantwortung aufrufen.

5. KAPITEL

Das Vakuum

Die Ordnung in einer Gesellschaft wird durch den Zusammenhalt ihrer Mitglieder bestimmt. Dieser war bis zur Mitte unseres Jahrhunderts normalerweise durch einen natürlichen Patriotismus und durch ein Gefühl der Zugehörigkeit zur Gemeinschaft gewährleistet. Verstärkt wurde er durch eine moralische Disziplin, die von der Religion und dem Respekt für den Staat und die Staatsträger ausging, wie fern diese dem Volk auch stehen mochten. Allgemeine religiöse Überzeugungen gibt es inzwischen in vielen Ländern nicht mehr, und auch der Respekt vor den Politikern ist geschwunden, teilweise unter dem Einfluß der Medien; an seine Stelle sind Gleichgültigkeit oder sogar Feindschaft getreten, wozu auch die Unfähigkeit der politischen Parteien beigetragen hat, die wirklichen Probleme anzugehen. Minderheiten sind immer weniger bereit, die Entscheidungen der Mehrheit zu respektieren. So ist ein Vakuum entstanden, in dem die Ordnung und die Ziele der Gesellschaft gefährdet sind.

Man geht heute oberflächlich an Probleme heran, und auch das meist erst dann, wenn Entwicklungen und Gefahren akut werden. Man versucht, durch Krisenmanagement die Symptome auszuschalten, deren Ursachen man nicht erkannt hat. Auf diese Weise versuchen wir, die heutigen Probleme der Menschheit in den Griff zu bekommen.

Vergebens schauen wir uns nach Weisheit um. Der Gegensatz der beiden Ideologien, der unser Jahrhundert beherrscht hat, ist in sich zusammengefallen, wodurch ein weiteres Vakuum entstanden ist und nichts als krasser Materialismus übrigblieb. Innerhalb der Regierungssysteme und ihrer Mechanismen der Entscheidungsfindung ist offenbar nichts geeignet, diesen Tendenzen, die immerhin Fragen über unsere gemeinsame Zukunft und das Überleben der Menschheit aufwerfen, entgegenzuwirken oder sie zu verändern.

Angesichts der ungeheuren Aufgabe, der sich die Menschheit zu stellen hat, und angesichts des dringenden Handlungsbedarfs ist zu fragen, ob sich darin eine individuelle und kollektive Resignation zeigt.

DAS VAKUUM

Oder ist es ein Mangel an Phantasie - die Unfähigkeit, neue Mittel und Wege zu finden, die der weltweiten Ausdehnung der Probleme gewachsen wären? Die Aufgabe ist in der Tat furchterregend, aber wenn die Politiker kein Zeichen geben, daß sie die Herausforderung annehmen, dann können die Völker in Panik geraten, sie können das Vertrauen in ihre Führungspersönlichkeiten verlieren, Angst bekommen und den Extremisten in die Arme laufen, die sehr wohl wissen, wie sie mit zündenden Reden die Angst des Volkes für ihre Zwecke ausschlachten können.

Es ist ein Naturgesetz, daß jedes Vakuum gefüllt und somit beseitigt wird, sofern das nicht auf physikalischem Weg verhindert wird. »Die Natur verabscheut das Vakuum,« sagt ein Sprichwort. Und als Kinder der Natur müssen die Menschen zwangsläufig Unbehagen spüren, auch wenn sie vielleicht gar nicht erkennen, daß sie in einem Vakuum leben. Wie kann also dieses Vakuum beseitigt werden? Ebenso wie die schwarzen Löcher des Universums, die alles in sich aufsaugen, was in ihre Nähe kommt, saugt auch das Vakuum der Gesellschaft scheinbar unterschiedslos das Beste und das Schlechteste an sich heran. Wir können nur hoffen, daß aus dem chaotischen Zustand, der sich im Augenblick ausbreitet, im Lauf der Zeit ein sich selbst organisierendes System mit neuen Möglichkeiten hervorgeht. Unser System ist noch nicht hoffnungslos verloren, aber wenn wir überleben wollen, muß die menschliche Weisheit schnell auf den Plan treten.

»Wie einfach es doch mit Breschnew war,« meinte einmal ein europäischer Staatsmann halb im Ernst, halb ironisch. Der Zusammenbruch des Kommunismus in den osteuropäischen Ländern und in der Sowjetunion ist ein gewichtiger und beunruhigender Faktor in dieser Zeit der bevorstehenden Jahrhundertwende. Die neuen Karten, mit denen nun in der Politik gespielt wird, lassen sich in ihrem Wert und ihren Konsequenzen wahrscheinlich erst nach 20 oder 30 Jahren richtig einschätzen.

Der Auflösungsprozeß jener Ideologie, die den größten Teil des zwanzigsten Jahrhunderts beherrschte, war gewiß spektakulär, aber er stand keineswegs allein. Er fällt zusammen mit dem Ende des »amerikanischen Traums«. Dieser hat seine Glaubwürdigkeit schon durch den leidvollen Krieg in Vietnam verloren, der tiefe Narben im kollektiven Gewissen hinterließ, durch die Explosion der Raumfähre Challenger, die hispano-amerikanische Völkerwanderung, die Armut inmitten der Überflußgesellschaft, durch Drogen, Gewalt und Aids sowie durch die Tatsache, daß der »Schmelztiegel Amerika« nicht mehr funktioniert. Das amerikanische Volk hat seine einzigartige Führungsrolle in der Welt verloren - eine Führerschaft, in der sich Großzügig-

DAS VAKUUM

keit, durchsetzt mit puritanischen Werten, mit einem Zynismus paarte, wie er sich in der Eroberung des »Wilden Westens« manifestierte. So sind die Amerikaner von Zweifeln geplagt und versucht, sich auf sich selbst zurückzuziehen - eine Versuchung, der sie oft widerstanden haben und der zu erliegen in dem großen Dorf, das unsere Welt heute ist, nicht mehr angeht.

Die meisten armen Länder geben die marxistischen und sozialistischen Zauberformeln langsam auf und wenden sich lieber konkreteren, näherliegenden Aufgaben wie der Entwicklung und Stabilisierung der Wirtschaft zu. Kapitalistische Wirtschaftssysteme mit einem freien Markt haben sich anpassen müssen, um sozial zu überleben; bei den sozialistischen Systemen kamen solche Anpassungsversuche zu spät. Nur der Materialismus ist heute als starker, alles durchdringender negativer Wert übriggeblieben. Die großen politischen und wirtschaftlichen Theorien, die die einen zum Handeln motivierten, andere aber zum Widerstand herausforderten, haben offenbar ausgedient.

Es ist nicht leicht, eine große, weltweite Diskussion über Leitideen zu initiieren, aber wenn nicht einmal der Versuch dazu unternommen wird, vergrößert sich das Vakuum weiter. Eine solche Diskussion ist überfällig, und die zahlreichen internationalen Begegnungen mit ihren Gesprächen über die Kulturgrenzen hinweg müßten zu einem neuen, globalen Denken hinführen.

Die gegenwärtige Phase einer geistigen Leere, des Fehlens einer gemeinsamen Vision - nicht davon, wie die Welt von morgen aussehen wird, sondern wie wir sie uns wünschen, damit wir sie gestalten können - ist entmutigend und frustrierend. Wie einfach hatten es noch Frankreich, Großbritannien und ihre Verbündeten, gegen ihren gemeinsamen Feind, das nationalsozialistische Deutschland, zu mobilisieren. Und war es in der Zeit des Kalten Krieges nicht eine Selbstverständlichkeit, daß die westlichen Länder diplomatisch, wirtschaftlich und technologisch gegen die Sowjetunion und ihre Satellitenstaaten aufrüsteten? In den Kolonialländern fanden Freiheitskämpfer trotz ihrer Stammesgegensätze Einheit und einen neuen Patriotismus im Kampf um die Unabhängigkeit von der Kolonialmacht, dem gemeinsamen Gegner. Offenbar brauchen Männer und Frauen eine gemeinsame Motivation, einen gemeinsamen Gegner, als Ansporn zu gemeinsamem Planen und Handeln. Im bestehenden Vakuum scheint es eine solche Motivation nicht zu geben - oder sie muß erst noch gefunden werden.

Das Bedürfnis nach einem Feind ist in der Geschichte überall anzutreffen. Immer wieder haben Staaten versucht, innenpolitische Fehlschläge und innere Widersprüche durch einen äußeren Feind zu über-

DAS VAKUUM

spielen. Sündenböcke hat man gesucht, solange es die Menschheit gibt. Wenn das Regieren im eigenen Land zu schwierig wird, lenkt man die Aufmerksamkeit lieber auf außenpolitische Abenteuer. Man vereint die zerstrittene Nation im Kampf gegen den äußeren Gegner - ob es ihn nun tatsächlich gibt oder ob man ihn eigens erfindet. Gibt es den altvertrauten Feind nicht mehr, dann ist die Versuchung groß, religiöse oder ethnische Minderheiten wegen ihrer Fremdartigkeit zu Sündenböcken zu machen.

Können wir ohne Feinde leben? Alle Staaten waren bisher so daran gewöhnt, ihre Nachbarn in Freund oder Feind einzuteilen, daß durch das plötzliche Verschwinden alter Gegner für Regierungen und die öffentliche Meinung ein unangenehmes Loch entsteht. Daher müssen neue Feinde gefunden, neue Strategien ersonnen, neue Waffen entwickelt werden. Die neuen Feinde sind sicher von anderer Art, und man findet sie anderswo, doch sind sie deshalb nicht weniger real. Sie bedrohen die ganze Menschheit, und sie heißen Verschutzung, Wasserknappheit, Hunger, Unterernährung, Analphabetismus, Arbeitslosigkeit. Diese neuen Feinde sind aber offenbar noch nicht klar genug erkannt, um die Welt zu ihrer Bekämpfung vereinen zu können. Auch sind durch den Zusammenbruch der Ideologien ein paar notwendige Bezugspunkte weggefallen.

Die politische Entwicklung, die die Welt in den letzten Jahren erschüttert und zum Sturz vieler Diktaturen geführt hat, entfaltete sich an zwei Bezugsgrößen: den Menschenrechten und der Demokratie. Ihre Stärken und ihre Grenzen wollen wir analysieren.

Die Menschenrechte wurden in den letzten zehn Jahren durch die Medien und durch Mundpropaganda zum mobilisierenden Faktor in den Ländern, wo diese Rechte mißachtet und den Menschen vorenthalten wurden. Wenn es in so vielen Ländern Freiheit gab, wie konnte sie dann diesen Menschen auf Dauer verwehrt werden? Besonders nachdrücklich wurde diese Frage in Ländern wie Polen oder Brasilien gestellt, in denen die katholische Kirche als leidenschaftliche Vorkämpferin der Menschenrechte großes Gewicht hat.

In einigen stark totalitär geprägten Staaten konnten sich freiheitliche Bestrebungen schlagartig entwickeln: Es war, als habe die Schubkraft der Ideen einen solchen Überdruck erzeugt, daß der Deckel urplötzlich vom Topf flog. Auf vielfachen Wegen und um den schmerzlichen Preis von Massenunruhen, Tod und Gefangenschaft kämpften so unterschiedliche Männer wie Martin Luther King, Lech Walesa, Vaclav Havel, Dom Helder Camara und Nelson Mandela für die Freiheit, so wie schon früher Mahatma Gandhi ihr den Weg gebahnt hatte.

DAS VAKUUM

Aber Freiheit allein kann nicht einen Staat neu gestalten, eine Verfassung erarbeiten, einen Markt schaffen, das Wirtschaftswachstum ankurbeln, Industrie und Landwirtschaft wieder aufbauen oder das Sozialgefüge erneuern. Sie ist ein notwendiges, erhabenes Ziel, aber sicherlich keine Bedienungsanleitung für eine neue Regierung. Deshalb kann mit dem Konzept der Menschenrechte der Demokratisierungsprozeß lediglich eingeleitet werden; aufbauen kann man die Demokratie damit nicht.

An dieser Stelle ist zu fragen: Welche Art von Demokratie ist gemeint, und welchen Zwecken soll sie dienen?

Die alten Demokratien haben in den letzten zweihundert Jahren einigermaßen gut funktioniert, doch jetzt haben sie anscheinend eine Phase der Selbstzufriedenheit und der Stagnation erreicht, in der sie klare Führung und innovativen Geist vermissen lassen. Man kann nur hoffen, daß die neu erwachte Begeisterung für die Demokratie in den befreiten Ländern dazu führt, daß die bestehenden Modelle nicht sklavisch nachgeahmt werden, vorbei an den heutigen Erfordernissen.

Die Grenzen der Demokratie

Die Demokratie ist kein Patentrezept. Sie kann nicht alles organisieren, und sie kennt ihre eigenen Grenzen nicht. Diesen Tatsachen muß man sich stellen, auch wenn es blasphemisch klingen mag. In ihrer heute praktizierten Form ist die Demokratie für die vor uns liegenden Aufgaben nicht mehr besonders gut geeignet. Die Komplexität und die technische Natur vieler heutiger Probleme erlauben es den gewählten Volksvertretern nicht immer, zum richtigen Zeitpunkt kompetent zu entscheiden. Nur wenige amtierende Politiker sind sich der globalen Natur der anstehenden Probleme ausreichend bewußt, und sie haben nur eine schwache oder gar keine Ahnung von der Verflechtung der Probleme. Sachkundige Diskussionen über die wichtigsten politischen, wirtschaftlichen und sozialen Fragen finden in der Regel im Radio und im Fernsehen statt, nicht im Parlament. Die politischen Parteien sind so sehr an Wahlterminen und an ihren Rivalitäten orientiert, daß sie die Demokratie eher schwächen, statt ihr zu dienen. Diese Streitigkeiten erwecken den Eindruck, daß Parteiinteressen den jeweiligen nationalen Belangen übergeordnet werden. Strategien und Taktiken erscheinen wichtiger als die Ziele; häufig geschieht es, daß ein Wahlkreis, kaum wurde er gewonnen, schon vernachlässigt wird. Aufgrund dieser Praxis sehen die westlichen Demokratien ihre herkömmliche Rolle schwinden; die öffentliche Meinung steht immer weniger hinter den gewählten Volksvertretern. Aber die Krise des gegenwärtigen demokratischen Systems darf nicht als Entschuldigung dafür herhalten, die Demokratie als solche abzulehnen.

In den Ländern, die sich jetzt der Freiheit öffnen und die Demokratie einführen, herrscht eine Situation, die von der Bevölkerung stark veränderte Einstellungen und Verhaltensmuster fordert. Die stufenweise Einführung der Demokratie birgt schwierige, unvermeidliche Probleme. Dahinter aber steht eine weitere, noch schwierigere Frage. Mit der Demokratie erfolgt nicht automatisch der Übergang von einer kolonialen oder neokolonialen Wirtschaft beziehungsweise von einer zentral geleiteten, bürokratischen Planwirtschaft zu einer freien, auf Wachstum angelegten Marktwirtschaft auf Wettbewerbsbasis. In einer Übergangssituation wie der gegenwärtigen, die aufgrund des plötzlichen, unvorhergesehenen Wandels nicht geplant war und auf die niemand vorbereitet war, sind die notwendigen Strukturen, Einstellungen, Handelsbeziehungen und Methoden des Managements einfach nicht vorhanden. Läßt man einen solchen Zustand zu lange andauern, dann wird die Verantwortung für die darniederliegende Wirtschaft, die Mangelsituation und die allgemeine Unsicherheit allzu leicht der Demokratie angelastet. Dann könnte auch die Idee der Demokratie in Frage gestellt werden und der Fall eintreten, daß Extremisten der einen oder anderen Art die Macht an sich reißen.

Winston Churchill hatte recht mit seiner witzigen Bemerkung, die Demokratie sei die schlechteste aller Regierungsformen - mit Ausnahme aller anderen. Wir müssen uns jedoch bewußt sein, daß die Demokratie heute ausgehöhlt und gefährdet ist und daß sie Grenzen hat. Einige behaupten zwar, es sei klar, was zur Verbesserung der Lage getan werden müsse, sie fragen aber nur selten weiter, warum es dann nicht getan wird. Und wenn sie die Frage stellen, sehen sie den Grund in einem Mangel an (politischem) Willen oder in unseren Gewohnheiten oder unserer Kurzsichtigkeit oder in der Politik und so weiter. Gerade unsere Unfähigkeit, aufzuzeigen, wie man diese Ursachen der Trägheit und des Widerstandes gegen Reformen ausschalten könnte, macht deutlich, daß keineswegs klar ist, was zu tun wäre. Wir übersehen (oder, psychologisch gesprochen, verdrängen) unser Unwissen und behaupten statt dessen, uns fehle nur der politische Wille. Es ist von entscheidender Bedeutung, daß wir die Demokratie mit neuem Leben erfüllen, daß wir ihr eine weite Perspektive geben, die es ihr ermöglicht, die heraufziehende neue Weltsituation zu bestehen. Man kann die Frage auch anders stellen: Ist diese neue Welt, in der wir uns vorfinden, überhaupt regierbar?

DAS VAKUUM

Die Antwort lautet: Wahrscheinlich nicht mit den derzeit bestehenden Strukturen und Einstellungen.

Haben wir die nötigen Hilfsmittel und die Weisheit erworben, um in dieser Weltproblematik die angemessenen Entscheidungen zu treffen und die dringenden Erfordernisse der Zeit zu berücksichtigen? Immer deutlicher tritt der Widerspruch zutage, welcher zwischen der dringenden Notwendigkeit, schnell zu Entscheidungen zu kommen, und dem demokratischen Verfahren klafft, das auf langen Erörterungen wie der Parlamentsdebatte, der Diskussion in der Öffentlichkeit, Verhandlungen mit Gewerkschaften oder Berufsverbänden und dergleichen beruht. Der eindeutige Vorteil dieses Verfahrens ist, daß es einen Konsens herbeiführt; sein Nachteil liegt in dem großen Zeitaufwand, ganz besonders auf der internationalen Ebene. Die Schwierigkeit besteht nämlich nicht nur in der Entscheidungsfindung, sondern auch in der Ausführung und Bewertung der getroffenen Entscheidungen. Der Zeitfaktor erhält dabei eine ethische Komponente. Die Kosten eines Hinausschiebens sind ungeheuerlich; sie heißen: Menschenleben, menschliches Leiden, der Verlust von Hilfsmitteln. Die Trägheit des Entscheidungsprozesses im demokratischen System ist am schädlichsten auf der internationalen Ebene. Wenn ein Diktator zuschlägt und eine internationale Polizeitruppe benötigt wird, kann eine hinausgezögerte Entscheidung das Ende bedeuten.

Es geht also darum, Regierungsinstrumente zu entwickeln, die ohne Gewaltanwendung mit schnell wechselnden Situationen fertig werden und den Frieden auf einem hohen Niveau sichern können, so daß für den einzelnen wie für die Gesellschaft als ganzes ein Zustand der Sicherheit, Fairneß und des Wachstums eher gefördert als behindert wird. Aber wir müssen nicht nur auf nationaler und internationaler Ebene bessere Regierungsinstrumente finden, sondern auch die Merkmale von Regierungsfähigkeit definieren. Weltweite »Regierungsgewalt«, wie wir sie verstehen, bedeutet nicht eine Welt-»Regierung«, sondern eher die zwischen stabilen souveränen Staaten geschaffenen Einrichtungen für Zusammenarbeit, Koordination und gemeinsam abgestimmtes Handeln. In diesem Sinne gibt es einige ermutigende Entwicklungen:

- Einzelne und Nationen erzielen bereits Einverständnis über die gemeinsamen »nächsten Schritte« (jedoch vermeiden sie es geflissentlich, sich darüber zu verständigen, warum sie Einverständnis erzielt haben).

DAS VAKUUM

- Dies erfolgt offenbar eher über praktische Verfahren, einen Konsens herbeizuführen, als über die formale Abstimmung durch beauftragte Regierungsvertreter, die nach Anweisung handeln.
- Zahlreiche internationale Funktionen, insbesondere wenn sie vorausschauendes Denken und Flexibilität im Handeln erfordern, können auf der Ebene von Nicht-Regierungseinrichtungen erfüllt werden.
- Auf vielen Gebieten haben Regierungen bereits erkannt, daß sie ihr am eifrigsten gehütetes Vorrecht, ihre Souveränität, nur dann wirksam entfalten können, wenn sie mit anderen souveränen Staaten zusammengehen und gemeinsam die Dinge ausführen, die ein einzelnes Land nicht im Alleingang tun kann. In dieser Zusammenarbeit geben die Länder nicht ihre Souveränität auf; vielmehr üben sie sie in vereintem Handeln aus, anstatt sie zu verlieren oder einfach keinen Gebrauch von ihr zu machen.

Das Problem der Regierungsfähigkeit stellt sich ganz neu, auf internationaler wie auf nationaler Ebene und auf der Ebene der internationalen Konzerne.

Die zunehmende Komplexität der Welt und ihrer Probleme erfordert den vollen Zugriff auf gewaltige Informationsmengen, ehe eine Entscheidung getroffen werden kann. Dabei kommt es unmittelbar auf die Qualität der Informationen an: Informationen sind ständig in der Gefahr, schnell zu veralten, nicht korrekt zu sein oder ohnehin nur Propaganda darzustellen.

Ein zweites Hindernis für die Regierungsfähigkeit ergibt sich aus den immer größer und schwerfälliger werdenden Bürokratien, die ihre Fangarme um die Machtzentralen legen und dabei die Entscheidungsfindung wie auch die Ausführung abbremsen oder völlig lahmlegen. Weitere gefährliche Hemmnisse sind die mangelnde Erziehung zum kompetenten Staatsbürger und ein unzureichender Konsens zwischen den Generationen.

Eine weitere Schwierigkeit zeigt sich bei der Ökonomie in der Administration und ihren sektoralen Strukturen. Wenn die verschiedenen Machtzentren es nicht lernen, zusammenzuarbeiten, und statt dessen darauf beharren, in Ignoranz oder gegeneinander zu arbeiten, dann wird die Administration so schwerfällig, daß die entstehenden Verzögerungen zu Leistungsunfähigkeit, falschen Entschlüssen und zu Konfrontation führen können. In der Vergangenheit haben die Regierungsstellen die Probleme hübsch einzeln und in vertikaler Reihenfolge angepackt. Heute sind die Probleme dermaßen miteinander verflochten, daß keine

DAS VAKUUM

Einzelfrage mehr außerhalb des Gesamtrahmens der Weltproblematik angegangen, geschweige denn gelöst werden kann.

All dies verlangt nach Führungspersönlichkeiten eines neuen Zuschnitts, die die Fähigkeit haben, Probleme horizontal ebenso wie vertikal anzugehen. In der Welt von morgen können Entscheidungsprozesse nicht mehr das Monopol von Regierungen sein, die in einem - sagen wir es ruhig: Vakuum - arbeiten. Viele Partner müssen sich an dem Prozeß beteiligen: Wirtschaft und Industrie, Forschungsinstitute, Wissenschaftler, nichtstaatliche und private Organisationen. Nur so wird der ganze verfügbare Schatz an Erfahrung, Kenntnissen und Fähigkeiten einbezogen. Und all das verlangt natürlich die Unterstützung einer aufgeklärten Öffentlichkeit, die sich der neuen Erfordernisse und der möglichen Konsequenzen bewußt ist. Eine dynamische Welt braucht ein wirksames Nervensystem auf der untersten Ebene, um nicht nur das größtmögliche Spektrum an Inputs zu sichern, sondern auch eine Identifikation aller Bürger mit dem gemeinsamen Regierungsprozeß zu ermöglichen.

In der jetzigen Situation des Vakuums drückt sich die mangelnde Identifikation der Menschen mit den gesellschaftlichen Prozessen in der Form von Gleichgültigkeit, Skepsis oder direkter Ablehnung gegenüber Regierungen und politischen Parteien aus, die die Probleme der Zeit kaum im Griff zu haben scheinen. Diese Haltungen spiegeln sich auch in der zurückgehenden Wahlbeteiligung bei politischen Wahlen.

Der gemeinsame Feind der Menschheit ist der Mensch

Bei der Frage nach dem neuen Feind, der uns vereinen könnte, haben wir den Gedanken geäußert, daß die Umweltverschmutzung und die Bedrohung durch globale Erwärmung, Wasserknappheit, Hunger und dergleichen diesen Platz ausfüllen könnten. In der Tat stellen diese Erscheinungen in ihrem Zusammenwirken eine gemeinsame Bedrohung dar, die das solidarische Handeln aller Völker der Welt verlangt. Wenn wir sie jedoch als den großen Gegner sehen wollen, geraten wir genau in die Falle, vor der wir schon gewarnt haben: wir verwechseln die Symptome mit den Ursachen. Alle die genannten Gefahren wurden durch menschliche Eingriffe heraufbeschworen, und nur durch neue Einstellungen und Verhaltensweisen können sie überwunden werden. Der wahre Feind der Menschheit ist also der Mensch selbst.

6. KAPITEL

Die menschliche Misere

Die Erschütterungen, welche die drastischen Veränderungen unserer Zeit des großen Übergangs verursachen, lassen keine Region und keine Gesellschaft unberührt. In diesem Umbruch wurde ein System von menschlichen Beziehungen und Glaubensgemeinschaften aufgebrochen, das aus der Vergangenheit auf uns gekommen ist, ohne daß Richtlinien für die Zukunft bereitstünden.

Es gibt viele Gründe für Zweifel oder gar Verzweiflung: Das Schwinden von Werten und Leitbildern, die wachsende Komplexität und Unsicherheit der Welt und die Schwierigkeit, die neu entstehende Weltgesellschaft zu verstehen; ungelöste Probleme wie die fortschreitende Verschmutzung der Umwelt und die extreme Armut und Unterentwicklung in den südlichen Ländern; der ungeheure Einfluß der Massenmedien, die ein niederschmetterndes Ereignis oder herzzerreißendes Unglück als Großaufnahme in den Mittelpunkt der Aufmerksamkeit rücken.

Wir wollen, ohne uns auf eine tiefschürfende Analyse einzulassen, einige Symptome aufführen, die sich zwar nach Art und Auswirkung unterscheiden, denen jedoch eines gemeinsam ist: sie treten weltweit auf. Wir nennen hier die Wellen der Gewalt besonders in den Großstädten, den anhaltenden internationalen Terrorismus, die Aktivitäten nationaler Mafias, die sich schnell in internationalen Netzen zusammenschließen, ferner den Anstieg der Drogenabhängigkeit und der mit dem Drogenhandel verbundenen Verbrechen, den aggressiven Exhibitionismus in der Sexualität und all das von der Norm abweichende Verhalten, das von Presse, Massenmedien und Werbung ausgeschlachtet wird.

Alle diese Erscheinungen schaffen auf vielen Ebenen die Voraussetzungen für eine neue, beängstigende Umwelt, in der das Verhalten von gesellschaftlichen Randgruppen so oft und ausführlich zum Thema gemacht wird, daß man es als alltäglich erlebt.

Eltern und Lehrer, an denen sich die Menschen in den meisten Gesellschaften orientieren, wurden durch ihre eigene Erziehung nicht auf die neue Situation vorbereitet. Die amerikanische Völkerkundlerin Margaret Mead hat einmal gesagt: »Die jungen Menschen sind die Ureinwohner dieser neuen Welt, in die wir Erwachsene nur eingewandert sind.« Sie ging sogar noch weiter, und manche von uns würden ihr da zustimmen: »Nirgendwo in der Welt,« schreibt sie, »finden wir heute Erwachsene, die alles wissen, was ihre Kinder wissen, und das selbst in den abgelegensten, primitivsten Gesellschaften. In der Vergangenheit gab es immer einige ältere Menschen, die mehr wußten - mehr Erfahrung oder mehr Praxis im Umgang mit dem System hatten, in dem sie aufgewachsen waren - als die Kinder. Heute gibt es solche Menschen nicht mehr.«

Überall haben Lehrer Schwierigkeiten mit ihren Schülern und Studenten, denn auch sie sind nicht darauf vorbereitet, junge Menschen zu unterrichten, die viel unabhängiger sind, als sie im gleichen Alter waren, und die durch die Massenmedien wesentlich besser informiert und zugleich oft falsch unterrichtet sind. Alle möglichen Organisationen, von den politischen Parteien bis zu den Gewerkschaften, entdecken heute, wie schwierig es ist, sich in der altgewohnten Weise an ihre Anhängerschaft zu wenden. Diese Beziehungskrise ist eine Krise des Dialogs, und wo der Dialog aufhört, kommt es zur Konfrontation.

Das heißt nicht einfach, daß Eltern und Lehrer keine Leitfiguren mehr sind; es heißt, daß Leitfiguren in der alten Bedeutung des Wortes heute nicht mehr existieren, ob man sie nun im eigenen Land, in China, Indien, Afrika, Amerika oder in Europa sucht.

Dank der modernen Informationsquellen lernen die jungen Menschen heute in kurzer Zeit immer mehr Fakten kennen, die ihnen Grund zu der Ansicht liefern, daß es den Erwachsenen an Verantwortungsgefühl und ausreichendem Bewußtsein gegenüber den enormen Gefahren wie atomare Katastrophe, Verschmutzung und gewaltsame Zerstörung der Umwelt und so weiter mangelt. Außerdem wirken die tägliche Flut von unzusammenhängenden Katastrophen und die Nachrichten über Gewalttätigkeit im Alltag wie eine ständige Serie von Schocks, aus der das Gefühl einer allgemeinen Unordnung erwächst.

Wie wirkt sich dieses veränderte Lebensmuster auf den Einzelmenschen aus? Die Kinder lernen am Fernseher alle Aspekte des menschlichen Lebens kennen. Sie lernen, wie ein Mensch seine eigenen Vorlieben, Neigungen und Freiheiten auslebt. Die ererbten und die neu erworbenen Werte prallen dermaßen aufeinander, daß ein junger Mensch sehr viel Mut aufbringen muß, wenn er zu selbständigem Denken und Handeln kommen will; ohne diesen Mut wird er dabei zusammenbrechen.

DIE MENSCHLICHE MISERE

Da die junge Generation über keine Kriterien verfügt, um zu unterscheiden, welche Traditionen und Werte von grundlegender Bedeutung und welche nur formaler Natur sind, lehnt sie Traditionen und Werte überhaupt ab und kreiert neue Trends: Heute sind es die Jugendlichen, die sich in den großen grenzüberschreitenden Strömungen auskennen und gegenüber den Gefährdungen einen festen Stand suchen. Ihre Eltern müssen sich jetzt um ihre Zustimmung mühen und um ihre eigene Autorität feilschen, die doch früher unangefochten war.

Wie reagieren Eltern und Lehrer auf diese Wende, in der Autorität nicht mehr durchgesetzt werden kann und der »Meister« nicht mehr anerkannt wird? Diejenigen, die selbst noch Heranwachsende oder emotional unausgereift sind, übernehmen die Modetorheiten der Jungen und ahmen ihre Weise, zu sprechen und sich zu kleiden, nach. Einige verlieren bei ihren Kindern jede Autorität; sie leiden in der Regel an einer Unsicherheit über sich selbst und ihre Werte und übertragen ihr eigenes Dilemma auf die jungen Menschen.

Für diese gestörten Eltern gestörter Jugendlicher gibt es nur einen Ausweg: Statt ihre Kinder nachzuahmen, sollten sie ihnen geduldig zuhören und von ihnen lernen, auch dann, wenn ihnen die Theorien, die die Kinder vortragen, unannehmbar und in der Praxis undurchführbar erscheinen. Wir brauchen jetzt mehr denn je einen fruchtbaren Dialog zwischen den Generationen.

In fast allen Kulturen gilt die Familie als fundamentaler Wert. Wahrscheinlich wird sie das auch bleiben, aber unter veränderten Umständen: Die Familie wird heute durch das Leben in der Großstadt, durch Landflucht, Auswanderung und vielfache Konflikte auseinandergerissen und zerstört; sie wird auch dadurch modifiziert, daß wir die Fortpflanzung kontrollieren können und daß Ehepaare heute durch ein sehr unsicheres Band verbunden sind. Die Ehe funktioniert nach einem neuen Beziehungsmuster, das an die Stelle der bisher unangetasteten elterlichen Autorität getreten ist. Es ist eine Familie, in der die Verfechter der Tradition mehr und mehr in Konflikt mit jenen geraten, die eine Modernität amerikanischen Stils vertreten.

»In Indien,« sagt Mrs. Parthaswarathi, die Leiterin einer Mädchenschule in Neu-Delhi, »ist die Krise bereits da. Die jungen Leute leben ein gefährliches Leben, hin und her gerissen zwischen den traditionellen und den neuen Werten und von widersprechenden Autoritäten unter Druck gesetzt. Sie müssen ständig Entscheidungen treffen in Fällen, wo früher die Familie gemeinsam entschied und dem Familienältesten das letzte Wort gehörte.«

DIE MENSCHLICHE MISERE

■

»Wahrlich, der Mensch ist in einem Zustand des Verlustes! Außer denen, die glauben und gute Werke tun, und die einander zur Wahrheit mahnen und einander zum Ausharren mahnen.«

Koran, Sure 103

■

Die heutige Misere trifft ganze Gesellschaften ebenso wie den einzelnen. Alle sehen sich hilflos dem brutalen Bruch mit der Vergangenheit ausgeliefert, ohne eine neue, einigende Vision der Zukunft, die Halt und Stütze bietet. »Wer bin ich? Wohin gehe ich? Warum?« Dies sind zwar die uralten, ewigen Fragen, doch heute stellen sie sich mit größerer Dringlichkeit denn je zuvor und erhalten keine angemessene Antwort. Die Verwirrung, die besonders - aber nicht ausschließlich - junge Menschen betrifft, drückt sich in verschiedenen Symptomen des »mal de vivre« aus.

■

»Il est interdit d'interdire.« (Verbieten ist verboten.)

Einer der Slogans der Pariser Studentenrevolte von 1968

■

Die Zeichen der Auflösung sind Schritt für Schritt in der globalen Gesellschaft zum Vorschein gekommen. Sie haben Ängste geweckt und führen junge Menschen zusammen, unabhängig von Unterschieden der Klasse, des Landes oder der Kultur.

Rockmusik, technische Spielereien und Coca-Cola haben eine neue, kurzlebige - auf die Jugendjahre beschränkte - Gesellschaft von Gleichaltrigen entstehen lassen und einen Menschentyp hervorgebracht, den der afrikanische Historiker Joseph Ki-Zerbo den »homo coca-colens« nennt. Diese neuen Gruppen stellen ein weltweites Phänomen dar. Sie fühlen sich stark von der Konsumgesellschaft angezogen, zu der ihnen jedoch in der Regel der finanzielle Zugang fehlt.

Ihre persönliche Zukunftsperspektive ist ein recht ungewisser Kampf ums Überleben in einer unwirtlichen globalen Gesellschaft, die ihnen düstere Perspektiven wie brutalen Wettbewerb oder drohende Arbeitslosigkeit bietet.

DIE MENSCHLICHE MISERE

Von den Älteren neigen viele zur Rückkehr zu den traditionellen kulturellen und religiösen Wurzeln, in der Überzeugung, daß dies - zumindest vorläufig - der einzige Ausweg aus einer Realität des Elends und der Verzweiflung ist. Hier haben wir in der Tat einen weiteren Aspekt der gegenwärtigen Umbruchsituation: das offenkundige Bedürfnis, zu religiösen Prinzipien wie denen des Islam oder des Katholizismus zurückzukehren oder aber in Kulten und Pseudoreligionen Trost zu finden. Im Grunde zeigt sich hier die so vielen Menschen gemeinsame Suche nach dem Absoluten.

In vielen Fällen ist dieses Bedürfnis allerdings zu Fundamentalismus und Fanatismus pervertiert, worin sich eine tiefe Enttäuschung über das westliche Modell der Modernisierung, des Konsums, des Wirtschaftswachstums und des sozialen Fortschritts ausdrückt; denn dieses Modell hat in den meisten Entwicklungsländern sein Versprechen nicht gehalten, und in den industrialisierten Regionen hat es zur Dehumanisierung geführt.

Aber auch der Nationalismus, der in verschiedenen Formen und Graden schon immer in allen Teilen der Welt zu Hause war, hat heute neue Nahrung erhalten. In den osteuropäischen Ländern zum Beispiel war der nationalistische Aufbruch die treibende Kraft bei der Auflösung der kommunistischen Staaten - genauso wie er zuvor der Hauptantrieb im Kampf gegen die Kolonialherren war. Aber der Nationalismus ist eine zweischneidige Sache: Auf dem alten Konzept des Nationalstaates beruhend, kann er nur allzu leicht zur Quelle der Intoleranz, des Konflikts und eines übersteigerten Rassismus werden.

Zu einem Teil löst sich das traditionelle Konzept der Nation als Folge der Internationalisierung auf: Die Abhängigkeit bestimmter Länder von Rohstoffen und Energie und die Abhängigkeit anderer von Nahrungsmitteln, Investitionen, Technologietransfer und Ausbildung schaffen neue Solidaritäten, die noch nicht durchgehend akzeptiert oder verstanden werden.

Für das Wiederaufleben und die starke Zunahme von Fremdenangst und Rassismus gibt es natürlich eine Erklärung: Die vielen Millionen von Menschen, die in Asien, Afrika, Amerika und Europa auf Wanderschaft sind, werden als Bedrohung für das Gleichgewicht eines Landes und als ernste Gefahr für seine kulturelle Identität empfunden, zumal in einer Phase, in der diese Identität von ihren Trägern selbst in Frage gestellt wird. Dieses Phänomen wird noch offenkundiger, indem es sich aus dem Schwindelgefühl speist, das den einzelnen angesichts des unausweichlichen Durchbruchs der planetarischen Dimension und der Errichtung von regionalen und überregionalen Organisationen wie etwa der Europäischen Gemeinschaft befällt, in denen die Menschen - wie sie befürchten - ihre Seele verlieren werden.

Diese beiden entgegengesetzten Tendenzen - das Wiederaufleben gesonderter kultureller Identitäten und die Bildung großer überregionaler Einheiten - sind aber in Wirklichkeit miteinander vereinbar. Der scheinbare Konflikt erwächst aus der Schwierigkeit, die beiden Tendenzen im Rahmen der gegebenen politischen Systeme in Einklang zu bringen; denn diese Systeme orientieren sich starr am Modell des Nationalstaates, welches der gegenwärtigen Situation nicht mehr gerecht wird und selbst durch eine gefestigte kulturelle Gemeinschaft ersetzt werden muß. Dessen sind sich nur wenige Menschen bewußt.

Dieses Bild ist ziemlich düster, aber wir können auch auf positive Zeichen hinweisen. Junge Leute fangen gerne eine Revolution an, ganz gleich, wie sehr der Staat sie in die Pflicht nimmt - und es wäre falsch zu übersehen, welche Rolle sie auf den Straßen von Algerien, Afrika, Chile, China, Rumänien und der ehemaligen Sowjetunion spielen, um nur einige Länder zu nennen.

Die menschliche Misere scheint ein normales Stadium des großen Übergangs zu sein. Die Geburt des Neuen kann nicht auf der Stelle und ohne Schmerzen stattfinden. Sie kann nicht die Verschiedenheit von Gesellschaften und Kulturen außer acht lassen, die Last der Traditionen übersehen oder vergessen, daß Wörter und Begriffe in verschiedenen Sprachen nicht immer die gleiche Bedeutung haben. Bei dem Streben nach einer neuen, harmonischeren Gesellschaft darf man nicht der Versuchung erliegen, Einigkeit herbeiführen zu wollen, indem man bestehende Meinungsunterschiede einfach ignoriert. Ebensowenig darf man sich angesichts der Gefahren eines so hochgesinnten, schwierigen Unternehmens bereits vor dem Kampf geschlagen geben.

Aber in der menschlichen Misere spiegelt sich zugleich auch der gegenwärtige risikoreiche Marsch in Richtung einer schizophrenen Welt.

Auf dem Weg in eine schizophrene Welt

Wie können wir von einer Weltgesellschaft sprechen, wenn Gesellschaftssysteme und Einzelmenschen so vielen widersprüchlichen Kräften ausgesetzt sind und in ihren Strudel hineingezogen werden?

Wir stehen mit einem Fuß bereits in einem Zwei-Welten-System, welches an die Stelle der drei Welten getreten ist, von denen wir in unseren Reden, Artikeln und Berichten so selbstverständlich gesprochen haben. Jene drei Welten - die industrialisierte Erste Welt, die haupt-

DIE MENSCHLICHE MISERE

sächlich aus den kommunistischen Ländern Osteuropas bestehende Zweite Welt und die unterentwickelte Dritte Welt - gibt es nicht mehr. Die Zweite Welt löst sich derzeit auf. Die Dritte Welt ist auseinandergeborsten. Ist denn seit der Bandung-Konferenz und der Bewegung der blockfreien Länder noch viel Gemeinsames übriggeblieben, etwa zwischen den »Vier kleinen Tigern« und Bangladesch oder Haiti? Oder zwischen Marokko und Burkina Faso? Oder innerhalb Brasiliens zwischen der reichen, industrialisierten Region von Rio und Sao Paulo und dem von Hunger und Unterernährung geplagten Nordosten des Landes?

Interessenunterschiede sind innerhalb einzelner Länder und Regionen natürlich ebenso offensichtlich wie im internationalen Bereich, der uns hier beschäftigt. Tiefreichende Spaltungen, die es in beinahe allen Ländern gibt, verschiedenartige Verhaltensstandards und scheinheilige Maßnahmen sind innerhalb einer Nation genauso an der Tagesordnung wie zwischen Nationen. Deshalb muß eine Versöhnung auf nationaler Ebene als Teil des globalen Harmonisierungsprozesses angestrebt werden.

Vor diesem Hintergrund müssen wir einige kritische Bereiche der Spaltung und Auseinandersetzung nennen, die für die Weltszene von besonderer Bedeutung sind:

* das Auseinanderklaffen zwischen Reich und Arm, wobei eine steigende Anzahl von Menschen unterhalb der Armutsgrenze lebt: 1990 mußten eine Milliarde Menschen mit weniger als 370 Dollar im Jahr auskommen;

* die zunehmende Kluft zwischen denen, die an Wissen und Informationen herankommen, und den anderen, die keinen Zugang haben;

* die Diskriminierung religiöser und ethnischer Minderheiten, in sehr vielen Ländern aber auch die Diskriminierung alter Menschen;

* die ungleiche Verteilung sozialer Gerechtigkeit;

* die fehlende Ausgewogenheit von Rechten und Pflichten, Privilegien und Verantwortung;

* das richtige Maß zwischen Disziplin und Zügellosigkeit;

* das Mißverhältnis von Wirtschaftswachstum und Lebensqualität;

* die Alternative von fürsorglicher Gemeinschaft und unpersönlichem Wohlfahrtsstaat;

* das Ungleichgewicht zwischen materiellen und geistig-seelischen Bedürfnissen.

Ohne eine erschöpfende Aufzählung zu versuchen, sollten wir noch eine Reihe von Defiziten nennen, die ebenfalls zu der menschlichen Misere beitragen. Hierzu gehören die ganz unzureichende Verständigung

DIE MENSCHLICHE MISERE

zwischen Eliten und den Massen, die Kluft zwischen Wissenschaft und Kultur oder der Konflikt zwischen Rationalität und Intuition.

Die Unterschiede zwischen den Menschen betreffen die ausgedehntesten Bereiche, und bis heute hat man eine Überbrückung für unmöglich gehalten. Unterschiedliche Wert- und Moralvorstellungen gibt es im gesamten Gefüge der Gesellschaft, und wir müssen auch hier zu dem Schluß kommen, daß nur die Annahme einer übergeordneten, gemeinsamen Ethik das Überleben der Menschheit sichert, auseinanderstrebende Interessen auf unserem Planeten harmonisiert werden können oder wenigstens eine gegenseitige Toleranz erreicht werden kann.

Die meisten Aspekte der Misere sind nicht neu. Was sie aber dennoch zu ausschlaggebenden Faktoren in der ersten globalen Revolution macht, ist die ihnen eigene weltweite Dimension, auch wenn sie in den verschiedenen Ländern und Regionen der Erde in unterschiedlichem Maße wirksam sind. Ohne Zweifel wurden die Trends und Bedrohungen, denen wir heute gegenüberstehen, durch eine Geisteshaltung ausgelöst, die sich aus der weltweiten Verbreitung dieser Phänomene ebenso wie aus den Ängsten und der Aggressivität des Menschen von heute speist.

Die Herausforderung

Niemals im gesamten Verlauf der Geschichte hat sich die Menschheit so vielen Bedrohungen und Gefahren gegenübergesehen. Unvorbereitet sieht sie sich in eine Welt geworfen, in der Zeit und Entfernung geschwunden sind und der Mensch sich im Sog eines planetarischen Wirbelsturms befindet, in welchem scheinbar unzusammenhängende Faktoren umeinander schwirren, deren Ursachen und Wirkungen einen unauflöslichen Knoten bilden. Trotzdem haben wir in den vorangegangenen Kapiteln einige Tatsachen besonders herausgestellt. Die wichtigsten waren: das völlig ungerechte Wirtschaftswachstum, Regierungsformen und Regierungsfähigkeit, eine weltweit gesicherte Nahrungsgrundlage und gesicherter Zugang zum Wasser, Umwelt und Energie, Bevölkerungswachstum und Wanderungen, der Umbruch geostrategischer Fakten im Weltmaßstab.

Alle diese Faktoren sind voneinander abhängig, beeinflussen einander und formieren sich zu dem, was wir zusammenfassend - nach einer Formel des Club of Rome - die Weltproblematik genannt haben.

In der öffentlichen Meinung hat sich, mehr oder weniger, ein relatives Verständnis für die genannten Punkte entwickelt; aber allzu oft fällt das Bewußtsein von einigen dieser Faktoren zusammen mit einem Ausklammern oder Nichtwissen anderer, die von ebenso großer Bedeutung sind. Auch wird ihre wahre Reichweite und ihre gegenseitige Verflechtung nicht gesehen.

Wir merken ebenfalls an, daß die verschiedenen Elemente der neuen Weltproblematik nicht alle Menschen in gleicher Weise berühren. Die Umweltgefahren betreffen die ganze Menschheit. Die Bevölkerungsexplosion trifft die südlichen Länder und scheint daher ein begrenzteres Problem zu sein; in Wahrheit jedoch hat sie - in unterschiedlichem Maße - Auswirkungen auf alle Länder der Welt ohne Ausnahme.

Insgesamt wird die Menschheit heute, kurz vor der Jahrhundertwende, von der Größenordnung der Probleme, die von allen Seiten auf sie einstürzen, buchstäblich überwältigt - das Wort ist keine Übertreibung. Die traditionellen Strukturen, Regierungen und Institutionen werden mit den Problemen in ihrer gegenwärtigen Größenordnung nicht

SCHLUSSFOLGERUNGEN

mehr fertig. Hinzu kommt noch, daß sich diese archaischen, ungeeigneten Strukturen in einer tiefen moralischen Krise befinden. Die Auflösung von Wertesystemen, das Infragestellen von Traditionen, der Zusammenbruch von Ideologien, das Fehlen einer globalen Zukunftsvision und die Grenzen des demokratischen Systems in seiner gegenwärtigen Gestalt verstärken die Leere, mit der sich ganze Gesellschaften und der einzelne heute konfrontiert sehen. Die Menschen fühlen sich hilflos, auf der einen Seite bedroht durch bisher unbekannte Gefahren, andererseits gelähmt durch die Unfähigkeit, rechtzeitig auf komplexe Probleme zu reagieren und das Übel an der Wurzel zu packen, statt sich nur mit den Folgen zu befassen.

Staaten, die in ihren eigenen Verfassungen Gesetze und Rechte genau festgelegt haben, sind jederzeit bereit, das Völkerrecht zu verletzen, wenn es um die »nationale Frage« geht. Das ist im Grunde nicht neu, nur sind die ungeheuren Folgen in einer interdependent gewordenen Welt eine völlig neue, weltweit sichtbare Tatsache. Religionen dienen oft als Ausrede für den Bruderkrieg: Christen bringen andere Christen um, etwa in Nordirland oder im Libanon, ohne daß dies irgend etwas mit dem Glauben an den Gott der Bergpredigt zu tun hätte. Und wie sollten wir uns nicht - zusammen mit vielen Arabern und Muslimen - Sorgen machen über die Heiligen Kriege, die im Namen Allahs geführt werden und bei denen die Religion nur ein dürftiges Deckmäntelchen für die Ambitionen der Kriegsparteien ist, die sich wenig um die Lehren des Korans scheren? Und müssen wir uns nicht ebenso wie viele Israelis darüber wundern, daß die in der Bibel umschriebene religiöse Aufgabe des Volkes Israel mit der offensiven Annexionspolitik von Regierungen verwechselt wird, welche schamlos die Grundsätze der Vereinten Nationen verletzen, denen sie sich doch zumindest durch ihre Unterschrift verpflichtet haben?

Vielleicht ist das Gesetz des Dschungels wirklich im Rückgang begriffen - aber daß es sich in allerjüngster Zeit erneut so deutlich manifestiert hat, zeigt, wie anfällig das Gleichgewicht der Welt noch immer ist. Ähnlich anfällig sind die Herzen der Menschen, der oft ohnmächtigen Bürger ohnmächtiger Nationen. Wir beobachten mannigfaltige Anzeichen einer allgemeinen Misere, welche mit Erstarrung, Lähmung und namenlosen Ängsten die Menschen befällt.

Werden wir uns von einer Problematik erdrücken lassen, die menschliche Kraft zu übersteigen scheint, an deren Wurzel aber doch der Mensch steht? Werden wir uns von unseren eigentlichen Aufgaben ablenken lassen und in ein Leben am Rand der Gesellschaft flüchten oder

SCHLUSSFOLGERUNGEN

im Streben nach persönlichem Erfolg - unter Mißachtung der persönlichen Verantwortung - Zuflucht suchen?

Müssen wir uns in eine Art Fatalismus verlieren, in das Bewußtsein, daß der langsame Niedergang der Menschheit unvermeidlich und unaufhaltsam ist?

Genau hier liegt die gewaltige Herausforderung, vor der wir heute stehen. Wir wollen nun die möglichen Antworten auf diese Herausforderung untersuchen. Eine globale Herausforderung verlangt nach einem globalen Lösungsansatz.

■

»Die Zeit verstreicht, unser Leben verrinnt,
und doch können wir unser unstillbares Streben
nach immer neuem weltlichem Besitz nicht bändigen.«

Adi Shankarachoya[1]

■

---

1 Hindu-Philosoph und Heiliger, 8. Jh.

II

Die Weltlösungsstrategie

Einleitung

■

»Wir dürfen nicht länger auf das Morgen warten,
wir müssen es erfinden.«

Gaston Berger[1]

■

Welche Möglichkeiten zu wirksamem Handeln stehen uns zur Verfügung? Der gängige Wortschatz reicht nicht immer aus, um neue Situationen und Techniken zu benennen. Manchmal bleibt uns keine Wahl, als Wörter zu erfinden, mit denen wir neue Konzepte oder Methoden ausdrücken können.

So war es auch mit dem Wort »Weltproblematik«, das der Club of Rome nach seiner Gründung 1968 prägte: Durch den Druck der Umstände wurde es weltweit zum Begriff.

Seitdem hat das fortschreitende Bewußtsein von Elementen der Weltproblematik zu einem ganz neuen internationalen Phänomen geführt: Immer häufiger fanden private und öffentliche Konferenzen, Seminare und Symposien statt, die sich in erster Linie mit der Entwicklung der ärmeren Länder befaßten. Es wäre unwahr zu behaupten, diese Tagungen seien ohne Ergebnis, ohne positive Wirkung geblieben.

Einem offiziellen Bericht des Schweizer Kantons Genf entnehmen wir folgende Zahlen: »Im Jahr 1977 nahmen 52.000 Experten in 14.000 Arbeitssitzungen an 1.020 Tagungen über das Thema Dritte Welt teil. Diese außerordentlichen Zusammenkünfte können der regelmäßigen Alltagsarbeit der 20.000 internationalen Beamten von 110 internationalen Organisationen mit Sitz in Genf hinzugerechnet werden.« Weiter sind einzukalkulieren die Tausende von Arbeitstagungen am Sitz der Vereinten Nationen in New York, in der Weltbank in Washington, bei

---

1 zeitgenössischer französischer Philosoph

EINLEITUNG

der Europäischen Gemeinschaft in Brüssel, bei der FAO[2] in Rom sowie in zahllosen regionalen und lokalen Zweigstellen in den Entwicklungsländern selbst. In den folgenden dreizehn Jahren haben sich Tagungen dieser Art schlagartig vermehrt. Wieviele Haushaltsgelder auf diese Weise für Flugtickets, Luxushotels und die Veröffentlichung und Verteilung der verschiedensten Berichte und Empfehlungen ausgegeben wurden, hat man nie kalkuliert. Nun ist nicht nur festzustellen, daß es vor Ort kaum Fortschritte gegeben hat, sondern wir müssen auch zugeben, daß in vielen Ländern des Südens Armut, Hungersnot und Fehlernährung weiterhin zunehmen. Eine ganz ähnliche Erscheinung hat sich erst kürzlich bei den Umweltproblemen gezeigt, die sich geradezu schwindelerregend vervielfacht haben.

Auch der Club of Rome muß in diesem Punkt einige Kritik hinnehmen; aber zwischen zwei Tagungen - mit oft zweifelhaften oder wirklich mittelmäßigen Resultaten - hatte er eine Erkenntnis. Er erkannte, daß es - zumindest für ihn selbst - nicht länger anging, die Weltproblematik zu erörtern, ohne auch über Aktionen nachzudenken, die auf eine Lösung der analysierten Probleme abzielten. Die globale Sicht der Probleme, wie sie in dem Begriff »Weltproblematik« zum Ausdruck kommt, erfordert zugleich auf allen Gesellschaftsebenen auch eine globale Sicht der interaktiven Lösungen dieser Probleme. Eine neue Methodik - oder besser: eine neue, ermutigende, zielgerichtete Analyse als Antwort auf die Weltproblematik, - das ist es, was der Club of Rome vorlegen will und was er unter einer *Weltlösungsstrategie* versteht.

Für die schwierigen Probleme dieser Übergangsepoche konkrete Lösungen anzubieten, mag über unsere Fähigkeiten oder über unsere Berufung hinausgehen; aber es ist unsere Pflicht - zumindest uns selbst gegenüber -, nach Lösungswegen und Strategien im Sinne von Effizienz und Gerechtigkeit zu suchen. Wir müssen Initiativen ergreifen, um Situationen zu überwinden, in denen durch internationale und nationale Bürokratien oder gängige negative Einstellungen jeder Wandel tabu ist. Unsere Aufgabe ist es auch, zur sozialen und menschlichen Erneuerung zu ermutigen, die ja neben ihrem großen Bruder, dem technischen Fortschritt, sehr schlecht dasteht. Wir möchten noch einmal betonen, daß es uns mit der »Weltlösungsstrategie« nicht um eine Methode geht, um alle die mannigfaltigen Elemente der Weltproblematik einzeln und zur gleichen Zeit in den Griff zu bekommen. Das wäre ganz unmöglich. Wir schlagen vielmehr vor, ihre Hauptelemente in einem gleichzeitigen An-

---

2 Ernährungs- und Landwirtschaftsorganisation der Vereinten Nationen (United Nations Food and Agriculture Organisation)

EINLEITUNG

lauf anzugehen und dabei in jedem Einzelfall die Wechselwirkungen, die zwischen ihnen stattfinden, sorgfältig zu beachten.
Welche Werte und Zielsetzungen bestimmen unser Handeln?
 Ein wesentlicher Bestandteil der Weltlösungsstrategie ist die Notwendigkeit eines ethischen Ansatzes, der sich auf die kollektiven Werte gründet, welche skizzenhaft als moralischer Kodex für das Handeln und Verhalten sichtbar werden. Derartige Normen und Werte müssen die Grundlage der internationalen Beziehungen und die Inspiration für die Entscheidungen sein, die von den Hauptakteuren auf diesem Planeten getroffen werden, natürlich unter gebührender Berücksichtigung der kulturellen Vielfalt und des Pluralismus. Aber die Weltlösungsstrategie unterstreicht auch die absolute Notwendigkeit, in den vorrangigen Bereichen der Weltproblematik nach konkreten Lösungen zu suchen, in dem Bewußtsein, daß der Zeitfaktor eine immer wichtigere Rolle spielt. Jedes ungelöste Problem führt im Lauf der Zeit zu unumkehrbaren Verhältnissen, und diese können zum Teil nicht einmal mehr im globalen Rahmen gelöst werden.
 Der Club of Rome und seine Mitglieder waren von Anfang an der Überzeugung, daß sie über die Aufgabe der Faktenfindung hinaus operationelle Initiativen ergreifen beziehungsweise mit anderen Organisationen in Verbindung treten müssen. Genannt seien das Internationale Institut für angewandte Systemanalyse (IIASA), die Stiftung für internationales Fachtraining (FIT) oder - jüngeren Datums - die Internationale Partnerschaftsinitiative (IPI). Erwähnt sei ferner der Arbeitskreis Sahel, der sich dem Kampf gegen die Ausbreitung der Wüste und für die Landesentwicklung, vor allem im Hinblick auf die örtliche Bevölkerung, verschrieben hat. Er wurde 1986 auf Verlangen mehrerer afrikanischer Führer bei der Tagung des Club of Rome in Yaoundé, Kamerun konzipiert und aus der Taufe gehoben.
 Die Weltlösungsstrategie soll in Fällen mit dringendem Handlungsbedarf bei vorrangigen und akuten Problemen eingesetzt werden. Dies schließt Aktionen anderer Art nicht aus, für die zwar keine sofortige Notwendigkeit besteht, die aber längerfristig zu Ergebnissen führen können. Bei den schnell wechselnden Gegebenheiten unserer Zeit kommt es zu allererst darauf an, Methoden der Entscheidungsfindung unter Bedingungen der Ungewißheit zu entwickeln.

7. KAPITEL

Die drei Dringlichkeiten

Die unzähligen Veränderungen, die in ihrer Gesamtheit den revolutionären Wandel unserer Welt ausmachen, müssen getrennt und einzeln begriffen, einander gegenübergestellt, gefördert, abgewendet oder assimiliert werden. Für das Knäuel von Problemen kann es keine einfache Lösung, kein einfaches Lösungspaket geben. Deshalb ist das Konzept Weltlösungsstrategie ein Ansatz zu einer gleichzeitigen, umfassenden Inangriffnahme aller Probleme auf allen Ebenen. Es ist ein kohärentes Konzept, denn es versucht die Auswirkungen zu berücksichtigen, die mögliche Lösungen bestimmter Elemente der Problematik auf alle - oder möglichst alle - anderen Elemente haben. Es gibt keine umfassende Methode für einen derartigen Ansatz, denn er widerspricht traditionellen Planungsmethoden, und vorhandene Institutionen sind nicht auf ihn zugeschnitten. Doch uns bleibt keine Alternative. Wollte man jedes Teilproblem der Weltproblematik einzeln, und Land für Land, zu lösen suchen, würde die Lage nur verschlimmert. Wir müssen also tausend Stiere zugleich bei den Hörnern packen.

In den letzten Jahren ist schon viel über das Management komplexer Sachverhalte nachgedacht worden, wobei sich Lösungsansätze zeigten. Vor allem Jay Forresters[1] Studien über große Systeme bieten viel, außerdem die Arbeiten von Jacques Lesourne[2].

■

»In einem komplexen System führt der Angriff auf ein einzelnes Element oder Symptom - mag er noch so intelligent scheinen - in der Regel zur Beeinträchtigung des Gesamtsystems.«
        Forresters Erstes Prinzip (zit. nach New York Times)

■

---

1 Forrester: *Urban Dynamics* (1969); *Industrial Dynamics* (1961)
2 Lesourne: *Les Systèmes du Destin* (1975)

DIE DREI DRINGLICHKEITEN

Wir beginnen die Darstellung der Elemente, die in verschiedener Anordnung eine mögliche Lösungsstrategie bieten, mit der Betrachtung von drei Bereichen der Problematik, die fraglos sofortiges Handeln erfordern.

Der erste Bereich ist die Umstellung von einer Rüstungs- auf eine zivile Wirtschaft. Dieses Vorhaben erschien im Licht der Ost-West-Entspannung und des Fortschritts der Abrüstungsverhandlungen zwischen der ehemaligen Sowjetunion und den Vereinigten Staaten durchaus realistisch, wurde dann aber durch den Golfkrieg scheinbar ad absurdum geführt. Jedoch ist gerade der Golfkrieg der Anlaß, das Problem der Abrüstung und der Kontrolle von Waffengeschäften mit Vorrang zu behandeln. Diese Angelegenheit drängt, und das wird auch von den meisten Regierungen und Völkern so gesehen. Im wesentlichen handelt es sich um ein Problem des Übergangs.

Das zweite Thema ist viel grundlegender. Es geht um die globale Erwärmung und die Energieproblematik. Jedes Zögern könnte hier zur Katastrophe führen.

Der dritte Komplex ist die Entwicklungspolitik. Er umfaßt alle Probleme, die mit der Armut in der Welt und mit der Ungleichheit zu tun haben, zum Beispiel auch damit, daß man für die Auslandsverschuldung der Entwicklungsländer keine wirksame Lösung findet. Die Frage drängt wegen der Versäumnisse der Vergangenheit, wegen der Blockierung oder gar Konfrontation im Nord-Süd-Dialog und wegen der Notwendigkeit neuer Strategien und Denkansätze für eine harmonische Welt.

Die erste Dringlichkeit: Schwerter zu Pflugscharen

Das plötzliche Ende des Kalten Krieges, die bisherigen Abrüstungserfolge und die Aussicht auf weitere Reduzierung von nuklearen und konventionellen Waffen hat den euphorischen Gedanken ausgelöst, daß die ungeheure, verschwenderische Kriegsmaschinerie in aller Welt abgebaut werden könnte, um das freiwerdende Potential dringend benötigten konstruktiven Aufgaben zuzuführen. Die Gefahr eines dritten Weltkriegs ist nicht mehr so akut, aber durchaus noch nicht gebannt. Eine vollständige Abrüstung kommt also in unserer Zeit nicht in Frage. Gerade der Golfkrieg im Nahen Osten zeigt, wie leicht die Großmächte in einen Konflikt hineinzuziehen sind, insbesondere wenn er ihre Verwundbarkeit durch das Ausbleiben lebenswichtiger Lieferungen für ihre Volkswirt-

DIE DREI DRINGLICHKEITEN

schaften bloßlegt. Auch die Aussicht auf ein wiedervereinigtes, starkes Deutschland weckt in Ost und West historisch bedingt gemischte Gefühle.

Es gibt bereits Anzeichen, daß sich ein realer Wandel vollzieht und die Abrüstung begonnen hat: die Vereinbarungen über den Abzug der sowjetischen Truppen aus Ungarn und der Tschechoslowakei, über die Halbierung der britischen Truppen in Deutschland und die Zerstörung von Panzern und anderem Kriegsgerät in mehreren Ländern. Von den Verhandlungen über die Reduzierung der strategischen Waffen (START) erhofft man sich die Verringerung der strategischen Kernwaffen der USA und der ehemaligen Sowjetunion um etwa ein Drittel, und wahrscheinlich kommen noch große Einsparungen bei den konventionellen Streitkräften in Europa hinzu. Es ist eine Herabsetzung der amerikanischen Truppenstärke von 305.000 auf 225.000 Mann und der russischen von 565.000 auf 195.000 Mann im Gespräch.

Diese Entwicklungen mit ihren Einsparungen sind hochwillkommen; es darf jedoch nicht übersehen werden, daß der riesige militärisch-industrielle Komplex, der an einer Fortdauer der militärischen Konfrontation interessiert ist, immer noch fortbesteht. Nationale Verteidigungsministerien und -organisationen sind natürlich über eine bevorstehende drastische Kürzung ihres stattlichen Budgets bestürzt, doch davon erfährt die Öffentlichkeit kaum etwas. Rüstungsunternehmen, die unter Staatsvertrag stehen und großenteils vor Konkurrenz geschützt sind, bangen um ihre Zukunft. Die Wirtschaft von Ländern wie Frankreich und der Tschechoslowakei ist stark vom Waffenexport abhängig. Eine Depression bei »Ausbruch des Friedens« war lange ein Schreckgespenst. Das weltweite Waffengeschäft nimmt im internationalen Handel eine bedeutende Stelle ein. 1984 erreichte es mit 57 Milliarden Dollar einen Höhepunkt, nahm dann aber aufgrund der wirtschaftlichen Schwierigkeiten in den Entwicklungsländern bis 1987 auf 47 Milliarden Dollar ab. Zu ergänzen ist, daß einige Entwicklungsländer, voran Brasilien, seit einiger Zeit selbst Kapazitäten für die Herstellung und den Export von Waffen aufbauen. In einigen europäischen Ländern, zum Beispiel Belgien und Österreich, hängt die Rüstungsindustrie im wesentlichen von der Ausfuhr ab und bekommt bereits die Rezession zu spüren.

Die Arbeitnehmer in der Rüstungsindustrie haben verständlicherweise Angst vor der Arbeitslosigkeit im Falle umfangreicher Abrüstung. Nicht nur für den einzelnen, sondern auch für Städte und ganze Bezirke in den Schwerpunktgebieten der Rüstungsindustrie kann eine verheerende Situation eintreten. In Ländern wie Großbritannien, wo diese Furcht schon seit Jahren besteht, haben Arbeitergruppen und andere Aktivisten aus

DIE DREI DRINGLICHKEITEN

Angst vor Massenentlassungen die Umstellung auf zivile Produktion gefordert, bisher mit geringem Erfolg. Schon bevor an eine allgemeine Abrüstung gedacht werden konnte, waren diese Ängste sehr real. Zum einen war nach den Jahren des Aufschwungs Mitte der achtziger Jahre eine bedeutende Überkapazität entstanden, zum anderen wurden die stark perfektionierten modernen Waffen immer kapitalintensiver und benötigten nicht mehr so viele Arbeitskräfte.

Der teilweise Abbau der Rüstungsindustrie bringt also viele Probleme mit sich, und es muß mit großer Dringlichkeit überlegt werden, wie eine Umstellung von Werksanlagen und ganzen Industriezweigen auf die Erzeugung von zivilen Verbrauchsgütern möglich ist. In der Sowjetunion und in China wurden Demobilisierung und Umstellung als zentral gelenkte Regierungsmaßnahmen betrieben. In beiden Ländern fehlt es an Konsumgütern, landwirtschaftlichen Maschinen, medizinischen Geräten, Werkzeugmaschinen und dergleichen, und die Umstellung auf die Produktion solcher Güter erschien dringend wünschenswert. Entsprechende Bemühungen fanden in einem Zustand des wirtschaftlichen Chaos und fast unter Ausschluß der Öffentlichkeit statt, so daß marktwirtschaftlich orientierte Länder die dabei gewonnenen Erfahrungen kaum verwerten können. Die Umschulung von Soldaten und Rüstungsarbeitern ist mit Sicherheit schwierig und unvollständig.

Von den westlichen Ländern hat nur Schweden bis jetzt eine aktive Umstellungspolitik eingeleitet; die meisten anderen Regierungen warten ab. Die Umstellung wird jedoch in den meisten europäischen Ländern mit Ausnahme Frankreichs diskutiert.

Die Umstellung von der Rüstungsproduktion auf zivile Fertigung gilt somit als probates Heilmittel; sie ist jedoch in den Industrieländern mit vielen Schwierigkeiten verbunden. Marktwirtschaftliches Denken geht davon aus, daß sich der Übergang nach den Kräften des Marktes regulieren wird. Das mag stimmen; die Folgen einer solchen Umstellung sind aber wahrscheinlich aufgegebene, leerstehende Fabrikanlagen und eine hohe Arbeitslosigkeit. Staatliche Produktionsanlagen und Unternehmen, die lange Jahre nur das Militär beliefert haben, sind oft unfähig, sich in einem marktorientierten Umfeld zu behaupten. In einigen Ländern gibt es hoffnungsvolle Initiativen der Belegschaften, Gewerkschaften, Ortsgemeinden und so weiter, doch werden diese ohne eine klare Regierungspolitik kaum genügend institutionelle Unterstützung erhalten. Eine direkte staatliche Intervention ist unwahrscheinlich und wäre wegen ihrer bürokratischen Begleiterscheinungen auch nicht angebracht. Trotzdem sind aktive Maßnahmen gefordert, denn es geht um einen sehr wichtigen Wechsel der Prioritäten. Jedes großangelegte Um-

DIE DREI DRINGLICHKEITEN

stellungsprojekt steht und fällt mit entsprechend großen Umschulungskapazitäten, und diese kann nur eine Regierung bereitstellen. Vielleicht werden Basisgruppen und der Druck der öffentlichen Meinung die Regierungen zum Handeln zwingen. Dies wäre ein weiteres Beispiel für die Notwendigkeit der Macht von unten.

Die nächste Frage ist, welche Produkte die umgerüsteten Fabriken erzeugen sollen. Im Gegensatz zu Osteuropa und China, wo Konsumgüter Mangelware sind, haben die westlichen Länder Überkapazitäten und einen gesättigten Markt; eine wahllose Umstellungspolitik würde also bestehende wirtschaftliche Schwierigkeiten nur verschärfen und zu struktureller Arbeitslosigkeit führen. Deshalb muß man sich zuerst über die Zielsetzung der neuen Wirtschaft klar werden. Wichtige Faktoren für die Entscheidung sind die Möglichkeiten industrieller Erneuerung mit Hilfe fortschrittlicher Technologien, die ökologisch bedingten Beschränkungen, zunehmende soziale Forderungen nach Verbesserung der Wohnverhältnisse und der medizinischen Versorgung sowie die Notwendigkeit, Arbeitsplätze zu schaffen. Industrielle Umstellung kann nur erfolgreich sein, wenn sie ganzheitlich angegangen wird. Ein vereinfachter Ansatz, bei dem statt Militärflugzeugen Zivilflugzeuge, statt Panzern Automobile und statt Kriegsschiffen und Unterseebooten gar nicht benötigte Handelsschiffe gebaut würden, müßte sich wirtschaftlich katastrophal auswirken und würde sowohl das Problem der globalen Erwärmung als auch die menschliche Misere verschärfen. Weise Staatskunst ist gefordert, die die Situation aus einer umfassenden Perspektive sieht. Umwandlung allein genügt hier nicht; sie ist nur *ein* Element einer an den wahren Bedürfnissen der Menschheit orientierten Umstrukturierung der Industrie.

Kurz gesagt, eine Abrüstung ist mit recht hohen kurz- oder mittelfristigen Kosten verbunden, denn es wird immer deutlicher, daß Industriekapazitäten, die für Rüstungszwecke bestimmt waren, sich nicht reibungslos auf die Befriedigung lange zurückgestellter Konsumbedürfnisse umstellen lassen.

Wir haben noch kaum darüber gesprochen, wie die durch Abrüstung eingesparten Gelder und Materialien genutzt werden sollten. Der Bedarf ist riesengroß und offensichtlich: nationale Bedürfnisse nach sozialen Verbesserungen, Umweltschutz, Bekämpfung der Armut, Entwicklungshilfe - um nur einige der Anwärter zu nennen. Wahrscheinlich wird aber ein Großteil der Mittel für Steuersenkungen und die Abzahlung staatlicher Schulden verwendet. Die Hoffnungen der Öffentlichkeit auf eine »Abrüstungsdividende« werden sich kaum voll erfüllen.

DIE DREI DRINGLICHKEITEN

Ein spezielles Problem muß hier noch angesprochen werden: Wie können die vielen Wissenschaftler und Ingenieure, die insgeheim den Kern der Rüstungsforschung bildeten, ihre Macht und ihren Einfluß auf andere Gebiete übertragen? Schätzungen zufolge haben auf dem Höhepunkt des Rüstungswettlaufs fast die Hälfte aller in der Forschung tätigen Physiker und Ingenieure der Welt für militärische Zwecke gearbeitet. Sie waren die Schlüsselpersonen, deren Arbeit zu immer raffinierteren Waffensystemen führte. Im Kalten Krieg standen die Wissenschaftler der beiden Seiten in geistiger Konkurrenz, und doch bildeten sie eine Art unheiliger Allianz im Ersinnen neuer Zerstörungsmethoden und immer zielgenauerer Abschußanlagen. Militärstrategen und Armeen mußten ihnen auf dem Weg in einen verwirrenden technologischen Alptraum folgen, der selbst für die politischen Entscheidungsträger undurchschaubar war. Die Wissenschaftler lebten und arbeiteten isoliert hinter Mauern der Geheimhaltung, außerhalb der internationalen wissenschaftlichen Gemeinschaft. Unter ihnen sind viele der besten Köpfe der Wissenschaft zu finden, aber ihre Namen sind weitgehend unbekannt. Prestige und Ansehen erfuhren sie nicht wie andere Wissenschaftler aus dem Bewußtsein ihrer Leistung und durch die Anerkennung ihrer Fachkollegen in der internationalen wissenschaftlichen Gemeinschaft, sondern durch Erfolge im Konkurrenzkampf innerhalb ihres abgegrenzten Arbeitsbereiches.

Was wird aus diesen Fachleuten, wenn es zur Abrüstung kommt? Werden sie umdenken und zu den Wissenschaftlern in Forschung und Industrie stoßen, oder werden sie ihre Arbeit fortsetzen und noch tödlichere Waffen ersinnen, die hoffentlich nie zum Einsatz kommen? Für eine Antwort ist es noch zu früh, doch derzeit erscheint die zweite Alternative realistischer, wobei allerdings die Arbeitsmöglichkeiten und der Aufwand an Mitteln begrenzter wären. Das SIPRI[3]-Jahrbuch 1990 stellt fest, daß es im militärischen Sektor keine Anzeichen für eine langsamere technologische Entwicklung gibt. Dieser Schlüsselbereich jedes Rüstungssystems ist der öffentlichen Aufmerksamkeit weitgehend entzogen. Weil er so viele der besten Köpfe in Wissenschaft und Technik von wirklich schöpferischer Tätigkeit abhält, muß er ins Blickfeld gerückt und zum Diskussionsthema gemacht werden.

---

3 SIPRI = Stockholm International Peace Research Institute, das maßgebliche Internationale Institut für Friedensforschung mit Sitz in Stockholm

DIE DREI DRINGLICHKEITEN

Abschließend geben wir eine Zusammenfassung unserer Handlungsvorschläge:
Die Angst vor einem Nuklearkrieg zwischen den Supermächten ist zurückgegangen, aber die schreckliche Möglichkeit, daß B- und C-Waffen begrenzt in lokalen Kriegen eingesetzt werden, besteht weiter. Es wird weithin angenommen, daß mehrere Länder bereits heimlich Atomwaffen besitzen. Deshalb fordern wir erneut mit Nachdruck, den *Atomwaffensperrvertrag einzuhalten*. Er muß unterzeichnet werden, und die Unterzeichner müssen bereit sein, internationale Kontrollen zuzulassen. Auch rufen wir dazu auf, die Verhandlungen über ein Verbot der Entwicklung und des Einsatzes chemischer und biologischer Waffen zu beschleunigen.

Angesichts der jüngsten Abrüstungsvereinbarungen und der Hoffnung auf weitere Fortschritte appellieren wir an alle Regierungen, deren Länder über eine ansehnliche, aber krisengeschüttelte Rüstungsindustrie verfügen, *aktive Maßnahmen zur Umstellung dieser Industrien* einzuleiten. Es steht zu hoffen, daß es eine Umstellung auf Produkte wird, die der Gesundheit und dem Wohlergehen der Menschen dienen. An der Entwicklung und Durchführung einer solchen Politik sollten Gremien von fortschrittlich denkenden Industriellen (nicht nur aus dem Rüstungssektor), Arbeitnehmervertreter und Regierungsbeamte beratend beteiligt sein. Die Umstellungspolitik muß in dem vollen Bewußtsein gestaltet werden, daß die Industrie im Wandel begriffen ist, und sie muß die Beschränkungen berücksichtigen, die durch die Erderwärmung und andere ökologische Risiken gegeben sind. Alle Projekte müssen als unverzichtbares Element ein Umschulungsprogramm enthalten, das den Beschäftigten die erforderlichen neuen Fertigkeiten vermittelt.

Die finanziellen und sonstigen *Mittel*, die durch verminderte Militärausgaben frei werden, sollten die Regierungen vorwiegend *zur Verbesserung der Sozialstruktur einsetzen*. Insbesondere müssen große Anstrengungen zur Verbesserung des Bildungswesens unternommen werden, um den Bürgern die Kenntnisse und die notwendigen Fähigkeiten zu vermitteln, die sie in einer veränderten Welt für wirkliche Erfüllung in Arbeit und Freizeit brauchen. Im Streben nach einer harmonischen Welt sollte auch ein Teil der Mittel dazu dienen, bestehende Entwicklungshilfeprogramme und Maßnahmen gegen die Armut in der Welt aufzustocken.

Die gegenwärtige historische Entspannungssituation muß auch dazu dienen, *das Übel des Waffenhandels einzudämmen* und bloßzustellen. Im Jahr 1986 übermittelte der Präsident des Club of Rome aufgrund eines Memorandums von Eduard Pestel eine Empfehlung an Präsident Reagan und Generalsekretär Gorbatschow. Er schlug eine gemeinsame Aktion der beiden Supermächte vor, um den Waffenexport in die ärmeren Länder einzudämmen. Während das Weiße Haus nur formal den Empfang bestätigte, reagierte Gorbatschow mit einer persönlichen, konstruktiven Antwort und einem Memorandum mit weiteren Überlegungen. Der Briefwechsel wurde in der Sowjetunion und in Osteuropa in Presse und Fernsehen ausführlich dargestellt, während die westliche Presse kaum von ihm Notiz nahm. Es scheint uns an der Zeit, diesen Vorschlag zu erneuern und ihn nicht nur an die USA und die Sowjetunion zu richten, sondern an alle wichtigen Länder, die Waffen exportieren. Die jüngsten Ereignisse belegen die Nutzlosigkeit dieses üblen Handels und zeigen, daß er bei unvorhergesehenen Konflikten einen tödlichen Bumerang-Effekt auslösen kann. Es muß nur daran erinnert werden, mit welchem Erfolg Exocet-Raketen französischer Herkunft im Falklandkrieg britische Kriegsschiffe versenkten, oder daran, daß westliche und arabische Truppen in Saudi-Arabien von hochmodernen Waffen des Irak bedroht waren, die unter anderem aus russischen, französischen und britischen Lieferungen stammten. Es erscheint als Gipfel des Wahnsinns, um eines augenblicklichen finanziellen Gewinns willen Waffen an jemanden zu verkaufen, der vielleicht daran denkt, den Verkäufer selbst zu töten.

Die *militärische Forschung und Entwicklung* sollte Publizität und Aufmerksamkeit erfahren, wie oben dargelegt.

Auf lange Sicht muß die Waffenproduktion aus individuellem oder staatlichem Gewinnstreben kontrolliert werden, wenn die Sicherheit unseres Planeten gewährleistet sein soll. Ein Restbedarf an Waffen, den eine Weltpolizei benötigt, muß unter Aufsicht der Vereinten Nationen produziert werden. Dies kann vielleicht noch nicht morgen geschehen, trotzdem muß dieser Problemkreis sehr bald behandelt werden, insbesondere weil von der Konfrontation im Persischen Golf auch eine Langzeitwirkung ausgeht.

Die zweite Dringlichkeit:
Eine lebensfreundliche Umwelt

Die erfolgreichen Bemühungen der letzten Jahre für den Umweltschutz waren größtenteils darauf ausgerichtet, die Verschmutzung und andere Umweltschäden zu verringern oder ganz zu beseitigen: Sie waren eher konservativ als präventiv. Dies muß fortgesetzt werden, aber das Hauptaugenmerk muß sich in Zukunft darauf richten, einer globalen Verschlimmerung der oben beschriebenen Schäden vorzubeugen, bevor sie

DIE DREI DRINGLICHKEITEN

ein Ausmaß erreichen, wo ihre Wirkungen unumkehrbar sind. Am gefährlichsten von allen ist die Erderwärmung, da sie das gesamte Wirtschafts- und Sozialsystem der Erde bedroht. Dies zu verhindern ist eine der größten Herausforderungen, die die Menschheit je erlebt hat. Sie ruft nach voller internationaler Anstrengung. Vier Ebenen des Handelns sind erforderlich:

* Verringerung des weltweiten Ausstoßes von Kohlendioxid, daher Einschränkung des Gebrauchs der fossilen Brennstoffe;
* Wiederaufforstung, vor allem in den Tropengebieten;
* Entwicklung alternativer Energien;
* Konservierung und effizientere Nutzung von Energie.

Im Falle des Kohlendioxid stützen wir unsere Erörterung auf das in Toronto formulierte Ziel der »Atmosphäre im Wandel«: die Notwendigkeit, den Ausstoß dieses Gases bis zum Jahr 2005 um 20 Prozent zu reduzieren. In Anbetracht des dringenden Energiebedarfs der Entwicklungsländer für ihre Bürger, ihre Landwirtschaft und Industrie werden die Industrieländer ihren Verbrauch an fossilen Brennstoffen in noch stärkerem Maße einschränken müssen - schätzungsweise um 30 Prozent. Nach neuesten Schätzungen ist auch diese Zahl eher konservativ.

Zunächst müssen Energiesparmaßnahmen und eine effizientere Energieübertragung und -verwertung in jedem Wirtschaftssektor oberste Priorität erhalten. Hier sind riesige potentielle Einsparungen möglich, die bei der Anfälligkeit der Industrienationen für Unterbrechungen der Ölversorgung ohnehin von wirtschaftlichem Nutzen und strategisch notwendig wären. Dabei könnten die Kräfte des Marktes hilfreich sein, aber die Anreize reichen gegenwärtig nicht aus und müssen erweitert werden. Auch außerhalb des Marktes gibt es Hindernisse für die Energiekonservierung. Zum Beispiel ist der Pro-Kopf-Verbrauch an Haushaltsenergie in den USA und Kanada etwa doppelt so hoch wie in Westeuropa, und das bei annähernd gleichem Lebensstandard. Um hier die notwendigen Einsparungen zu erreichen, müssen die Lebensgewohnheiten von Millionen Menschen eine grundlegende Änderung erfahren. Wir werden hierauf noch zurückkommen.

Es muß deshalb sofort eine massive, weltweite Kampagne zur Energieeinsparung und effizienten Energieverwertung gestartet werden. Nur dadurch erhalten wir eine kleine Atempause, um die viel schwierigeren Probleme mit der industriellen Umstellung angehen zu können. Die Kampagne kann nur erfolgreich sein, wenn sie von dem klar ausgesprochenen Willen der Regierungen und einer breiten öffentlichen Unterstützung getragen wird.

Ebenso wird der Umstieg von Öl und Kohle auf andere Energieformen empfohlen, aber außer Erdgas bieten sich keine schnell realisierbaren Alternativen an. Der Vorzug des Erdgases liegt darin, daß das Methanmolekül bei Verbrennung weniger CO_2 pro Energieeinheit erzeugt als die Kohlenwasserstoffe von Öl und Kohle mit ihren längeren Molekülketten. Die Umstellung auf Erdgas ist relativ einfach, so daß dieser Weg nützlich sein kann. Allerdings müssen Undichtigkeiten im Netz sorgfältig vermieden werden, denn Methan ist selbst ein Treibhausgas, dessen Moleküle viel aktiver sind als diejenigen des Kohlendioxids.

Die genannten Maßnahmen haben jedoch nur lindernde oder aufschiebende Wirkung. Die Grundfrage bleibt, wie die industrielle Verbrennung fossiler Brennstoffe massiv abgebaut werden kann. Man hört oft, daß der Übergang zur postindustriellen Gesellschaft eine erhebliche Energieeinsparung bringen wird. Die Technologien der Mikroelektronik sind nicht energieintensiv, aber sie werden überwiegend in dem wichtigen, stets wachsenden Informationssektor eingesetzt, weniger in der Schwerindustrie, wo sie mittels Steuerungstechniken noch viel größere Energieeinsparungen bringen können. Vergessen wir nicht, daß wir auch in einer Informationsgesellschaft immer noch Produkte der Schwerindustrie, Chemikalien und andere herkömmliche Erzeugnisse brauchen, ähnlich wie nach der industriellen Revolution weiterhin Nachfrage nach landwirtschaftlichen Erzeugnissen bestand.

Um den industriellen Verbrauch fossiler Brennstoffe zu senken, sind - zumindest kurz- und mittelfristig - entweder erhebliche technische Neuerungen in den Herstellungsmethoden und in der Energieleistung der bestehenden Methoden erforderlich, oder die industrielle Tätigkeit insgesamt muß drastisch reduziert werden. Dazu müßte sich die ganze Wirtschaft radikal neu orientieren; die komplizierte Verflechtung von Wirtschaftstätigkeit, Ökologie und Technologie müßte berücksichtigt werden. Dies ist keine Aufgabe, der sich eine Regierung effektiv unterziehen könnte: Neue Formen der Zusammenarbeit zwischen Staat und Industrie sind gefragt. Hier könnte der Westen wahrscheinlich vom japanischen Modell lernen.

Einige europäische Länder, insbesondere Norwegen, Schweden und die Niederlande, sind schon in eine ernsthafte Diskussion dieser Probleme eingetreten und setzen sich nationale Ziele für ihren Beitrag zum weltweiten Abbau von Kohlendioxid. In Schweden beispielsweise gibt es die Auflage, den CO_2-Ausstoß des Jahres 1988 nicht mehr zu überschreiten, und gleichzeitig läuft das Programm weiter, die Kernenergie

DIE DREI DRINGLICHKEITEN

auslaufen zu lassen. Wie diese Ziele erreicht werden können, steht auf einem anderen Blatt. Dies sind nützliche Anfangsinitiativen, ähnliche Bemühungen müssen auch von anderen Ländern kommen. Auch auf der internationalen Ebene gibt es koordinierte Anstrengungen, die von der EG studiert werden. Die sozialen und wirtschaftlichen Folgerungen eines drastischen Abbaus von Industriebetrieben sind schwindelerregend. Wir werden sie noch aufgreifen.

Zur Stabilisierung des Weltklimas: Die Entwicklungsländer müssen im eigenen Interesse einen Teil dieser Bürde tragen. Ihr Einfluß wird sich mit ihrem demographischen und industriellen Wachstum vergrößern. Mit zunehmender Entwicklung wird auch ihr Energiebedarf zunehmen, und dieser kann großenteils nur durch fossile Brennstoffe gedeckt werden. Auf eine verstärkte Verwendung von Biomasse durch neue Biotechnologien ist zu hoffen. Aber auch hierdurch wird wiederum Kohlendioxid erzeugt. Ein Bevölkerungszuwachs bedeutet vermehrten Brennholzverbrauch im Haushalt, und die Holzverbrennung erzeugt einen stärkeren Treibhauseffekt als die Verbrennung von Kohle. Eine effiziente Energienutzung ist also auch für die Entwicklungsländer vordringlich. Bisher hat sich die Industrialisierung in diesen Ländern am industrialisierten Norden orientiert. Wird dieser Weg beibehalten, dann werden die Auswirkungen für die betroffenen Länder und für die ganze Welt katastrophal sein. Deshalb müssen die verbesserten sauberen Technologien, die der industrialisierte Norden jetzt einführen will, unbedingt auch für die Entwicklungsländer zugänglich sein; Anreize für ihre Übernahme müssen geschaffen werden, und bei ihrer Einführung ist Hilfestellung nötig.

Bis jetzt haben wir uns auf das klassische Treibhausgas Kohlendioxid konzentriert; aber daneben gibt es noch eine Palette von geringeren atmosphärischen Bestandteilen, die zusammengenommen ungefähr genausoviel zum Treibhauseffekt beitragen. Da ist vor allem das Methan zu nennen. Wie es in die Luft kommt, muß noch genauer erforscht werden. Auch Stickoxide sind ein kritischer Faktor. Sie stammen vor allem aus der Landwirtschaft, insbesondere aus der übermäßigen Verwendung von Düngemitteln. Damit stellt sich auch die Frage nach dem Energieverbrauch in der Landwirtschaft, der in den letzten Jahrzehnten stark angestiegen ist. Es ist dringend notwendig, daß die Landwirtschaftsbehörden sich damit beschäftigen, wie sie die Landwirtschaft viel weniger energieintensiv machen können und eine Rückkehr zu organischeren Methoden möglich ist. Dabei ist auch zu bedenken, daß das Erdöl und somit die Stickstoffdünger in Zukunft viel teurer sein werden.

DIE DREI DRINGLICHKEITEN

■

*»Alles, was ich aus dir ausgrabe, Mutter Erde,
möge schnell wieder nachwachsen.
O du Reinigende, mögen wir doch niemals
deinen Lebensnerv oder dein Herz beschädigen.«*
(Hymne an die Erde; Atharva Veda, 3000 v.Chr.)

■

Wir haben schon die Notwendigkeit betont, die Abholzung der Wälder zu stoppen. Dies ist der zweite Weg zur Reduzierung des CO_2. Schätzungen zufolge stammt, im Weltmaßstab gesehen, ein Viertel des CO_2-Ausstoßes aus der Vernichtung der Wälder; auf die Entwicklungsländer bezogen, ist es bereits die Hälfte, und wenn man nur Lateinamerika und einige Regionen Südostasiens betrachtet, sind es sogar drei Viertel. Die Verantwortung liegt natürlich zuerst bei den Ländern, in denen die Wälder vernichtet werden. Da jedoch der Holzbedarf überwiegend aus den reichen Ländern kommt, muß eine Lösung kooperativ gesucht und aus internationalen Fonds unterstützt werden.

Flagrante Verstöße gegen die Erhaltung der Lebensgrundlagen müssen international geahndet werden. Hierunter fallen zum Beispiel die Abholzung und der Walfang in Japan. Kolumbien hat in jüngster Zeit einen einfallsreichen Plan zur Stabilisierung des ökologischen Gleichgewichts im Amazonasbecken vorgelegt, wonach alle Länder dieser Region - Brasilien, Kolumbien, Peru und Venezuela - gemeinsame Maßnahmen ergreifen sollen. Ein solches Projekt müßte international mitfinanziert werden und verdient vorrangige Beachtung.

Wir kehren kurz zu der generellen Frage nach alternativen Energiequellen zurück. Nach unserer Überzeugung wird es ohne die Bereitstellung von sauberer Energie in ausreichender Menge innerhalb der nächsten Jahrzehnte sehr schwierig, wenn nicht unmöglich sein, den derzeitigen gesellschaftlichen Standard der Industrieländer aufrechtzuerhalten und gleichzeitig einen akzeptablen Lebensstandard in den Entwicklungsländern zu erreichen. Wie schon ausgeführt, stehen die Chancen nicht gut. Zweifellos würden sich aber neue Möglichkeiten eröffnen, wenn in Forschung und Entwicklung eine gemeinsame Anstrengung auf Weltebene gemacht wird, vergleichbar etwa mit der Anstrengung, die für eine Mondlandung gemacht wurde, oder mit dem Manhattan-Pro-

DIE DREI DRINGLICHKEITEN

jekt[4] im Zweiten Weltkrieg. Die Motivation zu solch einem Schritt müßte eigentlich noch viel größer sein als bei den genannten Projekten, und die Hilfe müßte von überall fließen. Zu solch einem Unterfangen würden auch Bemühungen um die wirtschaftliche, ausreichende Erzeugung sanfter Energien wie die Sonnenenergie gehören, und dabei würde den Entwicklungsländern, die ja größtenteils eine reiche Sonneneinstrahlung haben, eine wichtige Rolle zufallen. Nur schweren Herzens empfehlen wir, auch die Option der Kernspaltung offenzuhalten, da sie wahrscheinlich weniger Risiken birgt als die Verbrennung von Öl oder Kohle. In einer ökologischen Krisensituation, in der der Ausstoß von Kohlendioxid drastisch gesenkt werden muß und das Angebot an sauberen Energien völlig unzureichend ist, könnte die Kernenergie die Lücke schließen helfen. Doch selbst wenn dies akzeptiert würde, würde die Zeit, die benötigt wird, um Atomkraftwerke in Betrieb zu setzen, dafür sorgen, daß der nukleare Anteil an der Ersatzenergie für die fossilen Brennstoffe relativ niedrig bleibt - auch wenn er lebenswichtig ist.

An dieser Stelle ist noch etwas über die stets unterschätzte Bedeutung der Energie im zwischenmenschlichen Leben zu sagen. Schließlich ist die Energie, wie auch die Physik lehrt, das einzige Absolute. Die Einsteinformel zeigt die Äquivalenz von Materie und Energie. In der Einschätzung des Energieverbrauchs sehen wir ein wichtiges Werkzeug, um neue Technologien und damit den Charakter von Gesellschaften zu bewerten. Die Energieberechnung wird immer wichtiger, wenn es zum Beispiel um die Messung der Aufnahmefähigkeit eines Landes für Menschen- und Tierpopulationen oder um die Lebensfähigkeit menschlicher und anderer Systeme geht. Der Glaube, durch finanzielles Management oder gar durch Manipulation ließen sich Wachstum und Entwicklung berechnen und bewerten, muß aufgegeben werden.

Andererseits ist die Energie die treibende Kraft in der Wirtschaft; das Geld ist nur Energie-Ersatz. Im jetzigen Entwicklungsstadium der Menschheit spricht sicher vieles dafür, eine neue Wirtschaft auf der Grundlage des Energieflusses zu entwerfen. Man hört angesichts der gegenwärtigen Schwierigkeiten immer wieder Vorschläge, die Energie zu besteuern. Darüber sollte nachgedacht werden. Es gibt auch interessante Vorschläge, die Energie zur allgemeinen Steuergrundlage zu machen, im nationalen wie im örtlichen Rahmen. Auf diesem Gebiet eröffnen sich viele Möglichkeiten. Der Club of Rome hat angeregt, die verschiedenen Vorschläge zur Energiebesteuerung zu studieren, besonders im

---

4 Bau der Atombombe

DIE DREI DRINGLICHKEITEN

Hinblick auf eine Energiekontrolle im Norden und die Sicherheit, daß die Entwicklung im Süden auf der Grundlage sauberer Energie verläuft.

Zum Abschluß dieses Themas geben wir eine Zusammenfassung einiger unserer Handlungsvorschläge:
Eine weltweite Kampagne zur Energieeinsparung und effizienten Energienutzung ist dringend erforderlich. Damit sie Erfolg hat, müssen die Führer der Welt mit aller Deutlichkeit sagen, daß sie von ihrer Notwendigkeit überzeugt sind, und den politischen Willen zeigen, sie durchzuführen. Es wäre angemessen, wenn das Projekt von den Vereinten Nationen in Verbindung mit dem Umweltprogramm der Vereinten Nationen, der Weltorganisation für Meteorologie und der Unesco gestartet würde. Daraufhin müßte in jedem Land ein *Rat für effiziente Energienutzung* gebildet werden, um die Operation im nationalen Rahmen zu überwachen.

Da die Umweltgefahren und insbesondere die Erderwärmung globaler und sehr ernsthafter Natur sind, muß für geschlossenes, umfassendes Vorgehen auf internationaler Ebene gesorgt werden, vermutlich auf der Ebene der Vereinten Nationen. Wir wissen noch viel zu wenig über die komplexen Mechanismen natürlicher Systeme, besonders der Feinmechanismen des Treibhauseffekts und des Abbaus der Ozondecke. Desgleichen werden Erkenntnisse über den wahrscheinlichen Einfluß dieser und anderer Phänomene auf künftige regionale Klimaveränderungen dringend gebraucht. Wir sind jedoch nicht überzeugt, daß für diese Forschungs-, Entwicklungs- und Überwachungsaufgaben noch eine weitere UN-Organisation geschaffen werden muß. Mit einer Stärkung der bestehenden Organisationen, insbesondere der oben genannten, könnten die Anforderungen erfüllt werden; sie sollten den Auftrag erhalten, in einem gemeinsam geplanten, umfassenden Forschungsprogramm zusammenzuarbeiten.

Noch dringender ist das Erfordernis, ein hochrangiges, kompetentes Gremium einzurichten, welches eingehend und über einen langen Zeitraum hinweg die Auswirkungen der globalen Verschmutzungseffekte auf die Wirtschaft, die Gesellschaft und den einzelnen untersucht. Da dieses Problem äußerst vielschichtig ist und viele Disziplinen berührt, die wiederum in komplexer Weise ineinandergreifen, ist es undenkbar, daß diese Aufgabe im konventionellen Rahmen - also durch eine Gruppe von Politikern, die in New York tagen - wirkungsvoll bewältigt werden kann. Wir machen deshalb den Vorschlag, diese Gelegenheit zum Bruch mit einer institutionellen Tradition zu nutzen und eine Gruppe hervorra-

DIE DREI DRINGLICHKEITEN

gender Politiker, verstärkt durch Persönlichkeiten aus Industrie, Wirtschaft und Wissenschaft, zusammenzuführen. Es reicht nicht aus, diese Aufgabe, die so entscheidend wichtig für die Zukunft der Menschheit ist, einer rein aus Politikern zusammengesetzten Gruppe zu übertragen, auch wenn sie aus ihren Heimatländern noch so gute Unterlagen und Instruktionen von Wissenschaftlern und anderen Spezialisten mitbringen. Unabhängige Experten müssen unbedingt mit ihnen am Tisch sitzen. Churchill hatte nicht ganz recht, als er meinte: »Wissenschaftler müssen verfügbar sein, aber sie sollen nicht verfügen.«

Bei der Sicherheitsfrage geht es nicht mehr ausschließlich um die Kriegsverhütung. Die irreversible Zerstörung der Umwelt wird zu einer Bedrohung der Weltsicherheit in vergleichbarer Größenordnung. Um den oben erwähnten Erfordernissen zu genügen, wiederholen wir daher die Empfehlung, die der Club of Rome in seiner Erklärung von 1989 gegeben hat. Die Empfehlung lautet, eine Weltkonferenz über die globalen Umwelterfordernisse einzuberufen, auf der als Gegenstück zum bestehenden militärischen Sicherheitsrat ein *Umwelt-Sicherheitsrat* der Vereinten Nationen gebildet wird. Dieses Gremium wäre nicht auf die Mitglieder des bestehenden Sicherheitsrates beschränkt, sondern in ihm wären auch die Entwicklungsländer stark vertreten sowie Nicht-Politiker, wie oben vorgeschlagen. Falls dieser Rat nicht schon vorher gebildet wird, könnte er eines der wichtigsten Ergebnisse der UN-Konferenz über Umwelt und Entwicklung in Brasilien 1992 sein.

Darüber hinaus schlagen wir regelmäßige Zusammenkünfte von Industrieführern, Bankiers und Regierungsvertretern aller fünf Kontinente vor, eventuell unter der Schirmherrschaft des Umwelt-Sicherheitsrates. Diese *Weltentwicklungskonferenzen*, die etwa den Tarifrunden des GATT vergleichbar wären, würden die Notwendigkeit einer Harmonisierung des Wettbewerbs und der Zusammenarbeit im Licht der Umweltauflagen betrachten.

Die Probleme industrieller Anpassung an die eingeschränkte Verwendung fossiler Brennstoffe erfordern die Ausarbeitung nationaler Strategien, um das CO_2-Kontigent der einzelnen Länder einzuhalten. Dabei wird auch über den Entwurf geänderter Verfahren und Installationen sowie über Forschungs- und Entwicklungsprogramme für saubere Energiesysteme nachzudenken sein. Daher schlagen wir vor, besonders in den hochentwickelten Ländern *nationale Zentren für saubere Technologien* einzurichten. Diese ließen sich gut in enger Anbindung an die oben vorgeschlagenen nationalen Räte für effiziente Energienutzung organisieren.

DIE DREI DRINGLICHKEITEN

Die dringende Notwendigkeit intensiver Bemühungen, alternative Energiequellen als teilweisen Ersatz für die fossilen Brennstoffe zu entwickeln, ruft nach einer sofortigen massiven Anstrengung im Weltmaßstab, von der gleichen Größenordnung wie das amerikanische Mondlandungsprojekt. Wir empfehlen, daß die Vereinten Nationen direkt oder durch einige ihrer Unter- und Sonderorganisationen eine internationale Wissenschaftskonferenz einberufen, die ein umfassendes *Weltprojekt alternative Energien* konzipiert. Es würde erhebliche Finanzmittel erfordern, und die einzelnen Elemente eines internationalen Programms würden jeweils von den geeignetsten »Leistungszentren«, die es in der Welt gibt, verwirklicht, in welchem Land sich diese auch immer befinden. Die Angelegenheit ist von solcher Bedeutung für die Welt, und es ist so lebenswichtig, die besten Köpfe und das beste Gerät einzusetzen, daß jedes nationale Gerangel um Beiträge und Leistungen unterbleiben müßte. Ein Netz, das auf bestehenden Leistungszentren aufbaut, wäre einem internationalen Zentrum mit seiner unvermeidlichen Bürokratie vorzuziehen. Die Option auf Kernenergie sollte als Notmaßnahme offengehalten werden, um in der Übergangsphase den Energiebedarf zu decken.

Die Organisation für Ernährung und Landwirtschaft (FAO) sollte beauftragt werden, gemeinsam mit der Beratungsgruppe für internationale Agrarforschung (CGIAR[5]) eine Studie zum *Energieproblem in der Landwirtschaft* zu erstellen und Empfehlungen zu geben, wie der Energiebedarf der Landwirtschaft verringert und zugleich die landwirtschaftliche Emission von Treibhausgasen reduziert werden können.

Alle die genannten oder alle gleichwertigen Maßnahmen sind undurchführbar, solange nicht die Öffentlichkeit informiert ist und die Konsequenzen der Untätigkeit erkannt hat. Deshalb ist es notwendig, Konzepte der globalen Entwicklung und die Fragen, die mit der Industrialisierung zusammenhängen, zum Gegenstand von *Bildungsprogrammen* zu machen. Der Unterricht müßte auch den Umweltschutz, die Einsparung von Energie und Wirtschaftsgütern, die Bewahrung kultureller Werte und viele andere Aspekte einbeziehen. Wir rufen die Unesco, die Bildungsminister, Elternverbände, Fernsehgesellschaften und andere dazu auf, diese wesentliche Aufgabe in Angriff zu nehmen.

---

5 Consultative Group for International Agricultural Research

Die dritte Dringlichkeit:
Von der Unterentwicklung zur Entwicklung

Die dritte Dringlichkeit ist ein entscheidendes Element der ersten globalen Revolution. Derzeit befindet sich eine Reihe von Ländern der südlichen Hemisphäre im stetigen Niedergang. Die Gründe dafür werden weiter unten analysiert.

Nach Schätzungen der Weltbank (1991) leben in diesen Ländern gegenwärtig über eine Milliarde Menschen unterhalb der absoluten Armutsschwelle - mit einem Einkommen von weniger als 370 US-Dollar im Jahr; in den frühen achtziger Jahren waren es etwa 500 Millionen Menschen. Es gibt Grund zu der Annahme, daß Unterentwicklung, Armut, Hunger und Fehlernährung in den kommenden Jahren immer weiter fortschreiten werden, trotz der Bildung von Sonderentwicklungszonen.

Hier muß das unterschiedliche wirtschaftliche Ausgangsniveau der einzelnen Länder berücksichtigt werden, denn wie in diesem Buch bereits betont wurde, ist es nicht mehr richtig, die sogenannte Dritte Welt als eine Einheit zu behandeln.

Unsere Sorge gilt hier besonders den am wenigsten entwickelten Ländern. Viele von ihnen liegen in Afrika, und viele wurden erst nach dem Zweiten Weltkrieg von den Kolonialmächten in die Unabhängigkeit entlassen. Sie mußten entweder ganz von vorne anfangen oder den Versuch unternehmen, eine stark abhängige koloniale Wirtschaftsstruktur in eine andere Struktur umzuwandeln, die sich mehr auf den eigenen Bedarf und auf nationale Interessen auszurichten hatte. Dazu mußten die Ausfuhren ebenso wie die Quellen finanzieller Unterstützung diversifiziert werden.

Die neu industrialisierten Länder Asiens machten aufgrund einer anderen Strategie eine andere Erfahrung; es gelang ihnen bemerkenswert gut, sich an die Weltwirtschaft anzupassen und ihren Lebensstandard anzuheben. Daneben gibt es Länder wie Indien und China, die völlig andere Merkmale aufweisen als die am wenigsten entwickelten Länder, sich andererseits aber auch von den dynamischen Marktwirtschaften in der Randzone des Pazifik unterscheiden. Die lateinamerikanischen Länder, die bereits eine lange Geschichte der Unabhängigkeit hinter sich haben, sind dennoch vollkommen abhängig vom Import wichtiger Güter; gleichzeitig befinden sie sich in einer Reihe von Fällen in einer Phase rascher Entwicklung. Zu den lateinamerikanischen Ländern gehören einige notorisch schwache Volkswirtschaften, die den ärmsten Ländern der Welt sehr nahe liegen. Das trifft auch auf die kleinen Inselstaaten der Karibik zu.

Unzulänglichkeiten der Entwicklungspolitik der letzten zwanzig Jahre

Ein Großteil der am wenigsten entwickelten Volkswirtschaften wurde ermutigt, große Projekte zur Industrialisierung und zur Schaffung einer Infrastruktur zu übernehmen, was hohe Konstruktionskosten in Anlehnung an den kapitalintensiven Westen erforderte. Man vernachlässigte die grundlegende Entwicklung der Landwirtschaft und des Kleingewerbes, die großen Teilen der Bevölkerung - und nicht nur kleinen Minderheiten - sofortigen Nutzen gebracht hätten. Viele dieser Investitionen in Großprojekten haben ihr Ziel nicht erreicht. Verfahren, die von den westlichen Industrienationen übernommen wurden, waren oft unvereinbar mit örtlichen Gebräuchen und Strukturen und wurden von dem Volk abgelehnt, dem sie nützen sollten. Eine am Menschen orientierte Entwicklung wurde vernachlässigt zugunsten von Projekten, die sich nur reiche Länder leisten konnten. Dies entsprang nicht nur dem Wunsch gewisser politischer oder wirtschaftlicher Führer, eine extrem rasche Umwandlung ihrer Wirtschaftssysteme und Gesellschaften zu erreichen, sondern es wurde auch von internationalen Büros und bilateralen Nord-Süd-Programmen unterstützt, ja oft sogar angeregt.

Das Ergebnis dieser Politik war eine lange Reihe von Projekten, die vielen Ländern Schulden und zerrüttete Finanzen bescherten, ohne großen Nutzen zu bringen. Paradebeispiele sind die großen Dammbauten, von denen hier nur der Assuandamm in Ägypten erwähnt sei, obwohl es noch viele andere in Afrika, Asien und Lateinamerika gibt. Es kam zu einem ganzen Katalog von Katastrophen, aus der Vergangenheit wurden keine Lehren gezogen. Hunderttausende von Menschen wurden »umgesiedelt«, ohne daß zuvor Siedlungen angelegt worden wären, um sie am neuen Ort unterzubringen. Epidemien, die mit dem Wasser übertragen wurden, breiteten sich aus; vielerorts wurde die lokale Umwelt zerstört. Die mit den Großprojekten verbundenen ökologischen und menschlichen Katastrophen haben oft zu einer beispiellosen Verschwendung von Finanzen geführt. Makroprojekte wie Itaipu in Brasilien oder das Narmada-Projekt in Indien sprechen ebenfalls Bände. Eisen- und Stahlwerke, Raffinerien und Schiffswerften erwiesen sich oft als unwirtschaftlich und erfuhren harsche Kritik. Bei den meisten dieser Projekte

DIE DREI DRINGLICHKEITEN

wurde auch nicht auf die Folgen für die Umwelt, auf Umsiedlungen, Arbeitskräfte, Instandhaltung und so weiter geachtet.

In vielen Fällen hat auch in den teilindustrialisierten Ländern eine industrielle Entwicklung, die Importe überflüssig machen sollte und extrem hohe Schutzzölle erforderte, zu schwerwiegenden Ungleichgewichten zwischen den modernen Sektoren und den traditionell armen ländlichen Sektoren des Landes geführt. Die Menschen wanderten als billige Arbeitskräfte in die Städte. In den meisten Fällen vergrößerten sie nur das Heer der Stadtrandsiedler, die unter unmenschlichen Bedingungen vegetieren.

■

»*Der Hunger schämt sich vor niemandem und kennt keine Gottesfurcht. Nur organisierte, bewußte Arbeit kann ihn zum Rückzug bewegen.*«

Ein Bauer in Burkina Faso

■

Die Menschen in den Slums, Elendsquartieren und Wellblechsiedlungen

Die städtische Bevölkerung in den Entwicklungsländern ist von 90 Millionen im Jahr 1900 auf fast eine Milliarde im Jahr 1985 angewachsen. Sie erhöht sich weiter um über 40 Millionen im Jahr.

In Lateinamerika sind zwei Drittel der Bevölkerung Stadtbewohner; in Afrika erhöhte sich der Anteil von 5 Prozent im Jahr 1900 auf 25 Prozent im Jahr 1985. 61 Prozent aller Stadtbewohner der Welt leben in Asien, wo sich die Verstädterung ähnlich wie in den Industrieländern entwickelt. Nach jüngsten Schätzungen der Vereinten Nationen wird die Stadtbevölkerung bis zum Jahr 2000 auf etwa 2 Milliarden zugenommen haben; die Zuwachsrate wird in Afrika 109 Prozent, in Lateinamerika 50 Prozent und in Asien 65 Prozent betragen. Für diese Entwicklung gibt es mehrere Gründe:

Die Entvölkerung des Landes treibt ständig ganze Menschenströme in die Randzonen der Großstädte. Sie verlassen das Land wegen der Armut und der fehlenden Existenzgrundlage, aber auch im Gefolge lokaler Kriege (allein in Afrika etwa zwanzig Kriege in den letzten Jahren) oder infolge von Projekten zur Schaffung einer Infrastruktur, die zur Umsiedlung der Bevölkerung führten, und so weiter.

DIE DREI DRINGLICHKEITEN

Es muß hier betont werden, daß sich die Entvölkerung des Landes zugunsten der Großstädte zwar abbremsen, mit Sicherheit aber nicht stoppen läßt. Erster Grund: Städte üben eine gewaltige Anziehungskraft auf die jüngere Landbevölkerung aus, die der unerträglichen Armut entfliehen möchte. Für diese jungen Menschen repräsentieren die Städte mit ihrem relativ modernen Anstrich so etwas wie Hoffnung. Zweiter Grund: Jeder neue Fortschritt im Bereich der Agrarproduktion beraubt einen zunehmenden Prozentsatz der jungen Leute ihrer Arbeit. Sie gehen in die Städte, genauso wie es in den Ländern des Westens der Fall war, um irgendeine neue Arbeit, vielleicht nur ein kleines Gewerbe zu finden.

Die wirkliche Faszination, die von den Städten auf die Menschen - jüngere und ältere - ausgeht, wird von rationalen und irrationalen Motiven getragen.

Bei Mattei Dogan und John D. Kasarda[6] lesen wir: »Die Städte wirken wie ein gigantisches Las Vegas. Der Großteil ihrer Bewohner sind Spieler, wenn auch die Spiele von anderer Art sind. Sie heißen nicht Roulette oder Black-Jack, sondern Jobsicherheit, soziale Mobilität, bessere Bildungschancen für die Kinder und Krankenhäuser für die Kranken. Man erzählt sich märchenhafte Geschichten über die paar wenigen, die das große Glück gemacht haben.«

Doch wächst in den Entwicklungsländern die Konfrontation zwischen Arm und Reich - ob sie sich nun sanft oder gewaltsam artikuliert. Das westliche System wird verurteilt, zugleich jedoch beneidet und gehaßt, weil es unerreichbar ist. Der Haß der Armen auf die Reichen richtet sich hauptsächlich gegen den Westen, vor allem gegen seine krasseste Form, das Bild von Reichtum und Verschwendung in der amerikanischen Gesellschaft, das im Fernsehen präsentiert wird. Doch der Haß gilt auch der Anmaßung, der Arroganz und dem Lebensstil der lokalen Eliten.

Bisher waren die Stadtverwaltungen ohnmächtig gegenüber dem Menschenstrom, sie konnten keine angemessenen Eingliederungsstrukturen, keinen Gesundheitsdienst, kein Bildungsangebot für die neuen Parias schaffen, die für jede Krankheit anfällig sind und als Randgruppe nur allzu leicht in Prostitution oder Drogenhandel abgleiten.

---

6 Dogan und Kasarda: *A World of Giant Cities* (1988)

DIE DREI DRINGLICHKEITEN

Der Ruf nach einer Bevölkerungspolitik

Wir kommen auf das zentrale Thema Bevölkerungsexplosion zurück, das seinen Platz in der Weltlösungsstrategie finden muß. Wie schon ausgeführt, kennen viele Länder den unerbittlichen Wettlauf zwischen Bevölkerungswachstum und Entwicklung. Eine gewisse Verbesserung in der Wirtschaft, erzielt durch ein gewisses Maß an Bemühung, wird durch die wachsende Bevölkerung wieder aufgezehrt. Rückblickend kann man sich nur fragen, wo reiche Länder wie Indien, das von der Natur so gut ausgestattet wurde, heute stehen würden, wenn ihre Bevölkerungszahl seit Anfang des 20. Jahrhunderts nicht gewachsen wäre.

Für diese Länder ist es dringend notwendig, eine vernünftige, menschenwürdige Politik der Bevölkerungskontrolle einzuführen. Maßnahmen zur Familienplanung müssen den medizinischen und hygienischen Errungenschaften bei der Lebensverlängerung zur Seite gestellt werden. Eines der sichersten Mittel, um niedrigere Fruchtbarkeitsziffern zu erreichen, sind die spontanen Prozesse, die durch wirtschaftliche Verbesserungen ausgelöst werden. Dies ist jedoch vielerorts nichts weiter als eine schemenhafte Hoffnung, die durch hohe Zuwachsraten der Bevölkerung nur noch weiter in die Ferne rückt, woduch ein wahrer Teufelskreis entsteht.

Ein wissenschaftlicher Durchbruch bei der Empfängnisverhütung ist längst überfällig, vor allem bei preiswerten, leicht erhältlichen Verhütungsmitteln (oraler oder anderer Art); dies würde die Bevölkerungskontrolle sehr erleichtern. Auch besteht zwischen Fruchtbarkeit und Analphabetismus der Frauen ein direkter Zusammenhang, der ins Blickfeld gerückt werden muß.

So notwendig die Bevölkerungskontrolle ist, muß sie doch unter dem Gesichtspunkt menschlichen Wohlergehens geplant werden. Für jedes Land, das nach Entwicklung strebt, ist es absolut vorrangig, daß es seine eigene Bevölkerungspolitik findet. Diese muß sich auf eingehende, genaue Analysen des zu erwartenden Bevölkerungswachstums in Relation zu den vorhandenen Lebensgrundlagen und den Entwicklungszielen gründen, zu welchen auch der jeweils erstrebte Lebensstandard gehört. Nur durch eine informierte Bewertung dieser Zukunftsaussichten kann Entwicklungsplanung realistisch werden. Wenn die Öffentlichkeit die Notwendigkeit einer Bevölkerungskontrolle erkennen und mittragen soll, dann braucht sie genügend Informationen, um die Gefahren der Übervölkerung für den einzelnen und die Segnungen, die ein eingeschränktes

Wachstum bringen würde, zu verstehen. Dies sind notwendige Bedingungen, wenn Bevölkerungsplanung mit Menschlichkeit einhergehen soll.

Die Notwendigkeit neuer Entwicklungsstrategien

Es besteht eine klare Notwendigkeit, die Entwicklungspolitik und ihre Praxis neu zu überdenken. Die Bedürfnisse der am Rande vegetierenden, vergessenen Millionen armer Bauern in allen Teilen der unterentwickelten Welt müssen viel höhere Priorität erhalten. Man muß auch zur Grundlage zurückkehren und die Philosophie, die den meisten Entwicklungsmaßnahmen zugrunde liegt, kritisch hinterfragen. Nach dieser Philosophie ist der wirtschaftliche Erfolg der jetzt industrialisierten Länder, der durch systematisches Wirtschaftswachstum auf der Basis der Technik erzielt wurde, der unumgängliche, unvermeidliche Weg, den alle Länder und alle Kulturen beschreiten müssen. In vielen Ländern pochen die nachgewachsenen Generationen auf die Notwendigkeit, ihre eigenen Traditionen und Fertigkeiten einzusetzen und ihr eigenes Entwicklungsmodell zu schaffen, obwohl sie die Notwendigkeit einer Modernisierung und materieller Verbesserungen nicht ablehnen. Reine Nachahmung der Industrieländer genügt nicht. Für solche Länder ist es wichtiger, ihre eigenen Kapazitäten für wissenschaftliche Forschung und für den Technologietransfer aufzubauen. In einer Zeit des rapiden wissenschaftlichen und technologischen Wandels in den Industrieländern kann die Übernahme gängiger Herstellungsverfahren dazu führen, daß die neue Industrie von vornherein veraltet ist. Es ist bemerkenswert, daß viele Länder, die sich ihrer modernen Industrie und ihrer Dienstleistungen rühmen, von Unterernährung und Analphabetentum gezeichnet sind und ein Großteil ihrer Bevölkerung in äußerster Armut lebt.

In einigen dieser Fälle kam man der Katastrophe nahe: die Ungleichheit und Armut nahmen immer weiter zu. Es ist klar, daß eine globale Entwicklung in diesem Stil nicht möglich ist und daß über die Entwicklungsstrategien unbedingt neu nachgedacht werden muß. Zu einer Umkehr der bestehenden Trends gehören auch eine radikale Änderung der politischen Systeme, Stabilität, Abschaffung der Korruption, neue Prioritäten, die sich an den Bedürfnissen kommender Generationen orientieren, und ein Eindämmen der wuchernden Bürokratien.

Die teilindustrialisierten Länder, insbesondere jene, die sich in den siebziger und achtziger Jahren stark verschuldet haben, mußten sich umstellen, um ihren Schuldendienst weiterhin aufrechterhalten zu können,

DIE DREI DRINGLICHKEITEN

die Inflation zu senken und die Verschwendung zu bekämpfen. Durch diese Umstellungen waren sie gezwungen, Großprojekte zu streichen, ihre Entwicklungsstrategien neu zu planen und vor allem den öffentlichen Sektor stark einzuschränken und Anreize für inländische Privatunternehmer zu schaffen. Direkte Investitionen des Auslands können hierbei eine wichtige Rolle spielen. Vielen dieser Länder blieb nur übrig, alles zu tun, um ihre Industrie im internationalen Rahmen konkurrenzfähig zu machen, wobei sie sich an den asiatischen Pazifik-Randstaaten ausrichteten. Diese Bemühungen gingen manchmal zu Lasten des Binnenmarktes und forderten bei der Beschäftigungslage und bei den Löhnen hohe Opfer.

Wir können nicht darüber hinweggehen, daß der Landwirtschaft in vielen Ländern, vor allem in den südlich der Sahara gelegenen Ländern Afrikas, eine zu geringe Priorität eingeräumt wurde. Schuld waren übersteigerte Hoffnungen auf eine Industrialisierung, aber auch die Tatsache, daß Industrien sich meist in den Städten oder in deren Umfeld entwickeln. In unruhigen Situationen erwächst der Regierung Gefahr meist aus den Städten, denn dort lassen sich unter den Massen der Slumbewohner leicht Unzufriedenheit und Aufstände schüren. Auf dem Lande hingegen verteilt sich die Opposition über weite Gebiete und ist schwer zu organisieren. So ist für die Regierung die Versuchung groß, in Entwicklungsprojekte zu investieren, die für die Stadtregionen Arbeitsplätze und Stabilität versprechen. Unzureichende Investitionen auf dem flachen Land sind die Konsequenz, und genau hier lag das Haupthindernis im Wettlauf zwischen dem Bevölkerungswachstum und der Nahrungsmittelproduktion.

Die Entwicklung auf dem flachen Land hat unbestreitbare Priorität; denn die gesamte Bevölkerung - in der Stadt und auf dem Land - muß ernährt werden, und es ist das Ziel dieser Länder, gerade auf dem Nahrungssektor sich selbst zu versorgen.

Mit Nachdruck muß betont werden, daß die Organisation des internationalen Rohstoffmarktes ein noch ungelöstes Problem darstellt. Es muß unbedingt ein Weg gefunden werden, um sicherzustellen, daß die Rohstoffpreise auf den internationalen Märkten nicht zum Vorteil der Industrienationen und zum Nachteil der Entwicklungsländer ausgehandelt werden.

Initiativen vor Ort

Es ist als bemerkenswertes Zeichen zu werten, daß es im Norden wie auch im Süden der Willenskraft kleiner Gruppen von Männern und Frauen trotz vieler Handicaps gelungen ist, etwas für eine echte Verbesserung der Lage der Geringverdiener zu tun. Dies geschah in eigener Bemühung mit Unterstützung durch Regierungen und Kommunen, internationale Behörden, nichtstaatliche Organisationen im In- und Ausland sowie durch neue bilaterale Programme.

Der Club of Rome hat eine großangelegte Untersuchung über die Rolle örtlicher Initiativen auf dem Lande vorgelegt.[7] Wir wählten diesen Schwerpunkt, obwohl wir wissen, daß parallele Initiativen im Handwerk und in Kleinbetrieben in den Randgebieten der Städte auch sehr effektiv sind und Ermutigung brauchen. In den ärmsten Regionen Lateinamerikas, Afrikas und Asiens sind zahlreiche kleine Entwicklungsprojekte in der Landwirtschaft und im Gesundheits- und Bildungswesen entstanden, eingeleitet durch nichtstaatliche und unabhängige Organisationen, landwirtschaftliche Gruppen und Dorfgemeinschaften. Nach Schätzungen aus dem Jahr 1985 waren über hundert Millionen Bauern in Entwicklungsprojekten engagiert, die von einer oder mehreren nichtstaatlichen Organisationen geleitet wurden. Die Bewegung wächst weiter.

Heute gibt es in Indien, auf den Philippinen und in Südamerika jeweils Tausende, in Afrika, Indonesien und Thailand jeweils Hunderte von nichtstaatlichen Organisationen. Sie haben eine ganz unterschiedliche Geschichte, aber sie alle arbeiten - mit geringen Mitteln, manchmal unterstützt durch nichtstaatliche Organisationen im Norden - an einem gemeinsamen Anliegen: Bedürfnisse zu befriedigen, die überall auf der Welt die gleichen sind, in erster Linie die Grundbedürfnisse nach Nahrungsmitteln, sauberem Wasser und Hygiene. Sie helfen den Dorfbewohnern, ihre Probleme zu erkennen und sich in Situationen zu engagieren, wo sie Verantwortung für ihre eigene Entwicklung übernehmen können. Das heißt, sich zu organisieren, sich auszubilden, mitzumachen - auch die Frauen, die Ausgestoßenen, die Behinderten. Es heißt kleine Fortschritte erzielen beim Anlegen eines Brunnens, beim Bau eines Wassertanks, bei der Qualitätsverbesserung von Saatgut und Vieh, beim Bäumepflanzen, Bau von Latrinen, bei der Kindererziehung und beim Sparen. Örtliche Ersparnisse - meist durch Frauen - sind eine wichtige

---

7 Schneider (1988)

DIE DREI DRINGLICHKEITEN

Zukunftsinvestition und sollten besonders entwickelt werden. In all diesen Bemühungen läßt sich der ganz wesentliche, unersetzliche Beitrag der Frauen in aller Welt überhaupt nicht hoch genug ansetzen. Nichtstaatliche Organisationen und freiwillige Aktionsgruppen haben Entscheidendes beigetragen, vor allem in den ärmeren Weltregionen. Diese Aktionen werden sich auf jeden Fall weiter ausbreiten, denn die Kunde von Dörfern, die wieder zum Leben erwacht sind, verbreitet sich schnell und erreicht auch die entlegensten Siedlungen in der Wüste, im Dschungel oder im Gebirge. Dorfbewohner, von denen man glaubte, daß sie träge, fatalistisch und abgestumpft seien - in Wahrheit hatten sie einfach alle Hoffnung aufgegeben und waren zu hungrig, um noch etwas zu tun -, fassen wieder Mut und glauben, daß es auch bei ihnen klappen kann. Sie finden den Willen, ihr eigenes Schicksal zu verbessern und für ihre Kinder eine bessere Zukunft aufzubauen.

Deshalb müssen vielerorts die kleinen Projekte Vorrang haben - aber im Rahmen einer globalen Strategie.

Anstelle der zuvor erwähnten Großprojekte mit ihrer Verschwendung von Finanzen und all den unerwünschten Folgen scheint es notwendig, den Prozeß umzukehren, der bisher verfolgt wurde, und nunmehr Kleinprojekte zu unterstützen, die viel geringere Investitionen erfordern und zu Fortschritten führen, die der Mehrheit der Leute Nutzen bringen. So könnten wir aus den Lektionen der Vergangenheit lernen.

In einer Phase, da die Finanzmittel immer knapper werden, erfordert es die Lage, daß nichtstaatliche Organisationen des Nordens und erst recht die internationalen Behörden und Finanzinstitute ihre bisherige Politik revidieren. Konkret: Ein Teil der Investitionen, die für Großprojekte geplant sind, sollte zur Finanzierung von Kleinprojekten abgezweigt werden. Diese letzteren haben den Vorzug, daß in ihnen die Männer und Frauen vor Ort geschult werden und daß jene Strukturen - Dorfgemeinschaften, Bauernverbände - entstehen, mit denen eine Entwicklung auf der Grundlage der eigenen Bedürfnisse und Wünsche der Menschen vorangetrieben werden kann. Eine solche Entwicklung werden sie durch ihr eigenes Engagement und in eigener Verantwortung weiterführen. Die gleichen Projekte können von Dorf zu Dorf wiederholt werden, und daraus erwächst ein Multiplikator-Effekt, so daß zuerst größere Gruppen von Dörfern und dann ganze Regionen Entwicklungsfortschritte machen.

Hat diese Entwicklung erst einmal ein bestimmtes Stadium erreicht, dann werden Projekte mittlerer Größe notwendig, zum Beispiel Verbindungsstraßen, Märkte, kleine Krankenhäuser, Schulen. Dies läßt den Dörfern und den nichtstaatlichen Organisationen gar keine andere Wahl

– auch wenn es zuerst schwerfällt –, als ihre Aktionen mit der staatlichen Entwicklungspolitik abzustimmen. Auch ermöglicht die Einrichtung von Heimbetrieben, Kleinfirmen oder Handwerksbetrieben neue Produktionsformen und führt so zu einem bescheidenen Einkommen.

Die Rolle der Regierungen

Diese globale Sichtweise ländlicher Entwicklung auf der Grundlage neuer Perspektiven und Prioritäten macht es notwendig, daß die Regierungen die Rolle der örtlichen Initiativgruppen und der sogenanten nichtstaatlichen Organisationen voll anerkennen und würdigen. Wenn sich eine Regierung für eine Politik der ländlichen Entwicklung entscheidet, dann setzt das tatsächlich schon voraus, daß sie wesentliche Vorentscheidungen getroffen hat, zum Beispiel über Bodenreform, Bevölkerungspolitik und die Schaffung von Gesundheitszentren im kleinen Rahmen. Allerdings bleibt es oft bei einer sehr theoretischen Anerkennung der Effektivität der nichtstaatlichen Organisationen durch die Regierung.

Immer wieder läßt sich beobachten, wie die Ergebnisse von Kleinprojekten kompromittiert werden können durch die Anwendung von Praktiken und durch eine Politik, die zu der propagierten Art von Entwicklung im Widerspruch stehen. Die für Agrarprodukte gezahlten Preise entlohnen die Arbeit der Bauern nur ungenügend und stellen somit eher eine Entmutigung als eine Ermutigung dar. Auch werden die direkten und indirekten Steuern der Zentralregierung in den Landwirtschaftsgebieten, wo die Einkünfte in der Regel sehr niedrig sind, als drückend empfunden. Eine zu harte Steuerpolitik der Regierung kann sehr leicht alle Bemühungen in Kleinprojekten behindern oder ganz zum Erliegen bringen, ungeachtet aller Finanzhilfe von außen.

Wenn eine Regierung sich entschieden hat, diese Form von ländlicher Entwicklung zu fördern, dann muß sie ihre politischen und finanziellen Zielsetzungen anpassen und eine Politik höherer Preise für Erzeugnisse der Landwirte betreiben. Sie muß auch den Steuerdruck mildern.

Ländliche Entwicklung in Form von Kleinprojekten erfordert auch eine nationale Planungspolitik, die dem Bau von Fernstraßen den Vorzug gibt und die Entwicklung mittelgroßer Siedlungen – zwischen Dörfern und Großstädten – fördert.

Wenn Straßen fehlen, bleibt eine große Anzahl von Dorfgemeinschaften vom normalen Handel ausgeschlossen; sie leben dann in einem »geschlossenen Stromkreis«. Einige bauen selbst Straßen und Brücken,

DIE DREI DRINGLICHKEITEN

aber sie sind hierfür nicht ordentlich ausgerüstet. Solche Vorhaben müssen national geplant und Teil einer systematischen Politik sein. Ähnliche Fragen stellen sich bei Grund- und weiterführenden Schulen, Krankenhäusern, Aus- und Fortbildungsmöglichkeiten und Freizeitangeboten für die Jugend. Wie soeben erwähnt, fehlt noch eine mittlere Ebene von Siedlungen neben dem Dorf und der Großstadt.

Die Korruption muß auf allen staatlichen Ebenen bekämpft werden. Dies bedeutet unter anderem eine gute Ausbildung von Beamten der unteren Dienstgrade. Sie müssen zu einer Entwicklungspolitik motiviert werden, die sie als vorrangige nationale Aufgabe verstehen, und sich in ihr engagieren.

Wir werden noch darauf zurückkommen, daß es für die Entwicklung des Südens sehr wichtig ist, in jedem Land einen Stamm von bodenständigen Forschern und Entwicklern heranzubilden. Leider genießt eine wissenschaftliche Laufbahn in vielen südlichen Ländern nur geringes Ansehen. Begabte Menschen widmen sich dort anderen Berufen. Wer in der Wissenschaft tätig ist, den zieht es ins Ausland, in der Regel in den Westen. Wesentliches Ziel einer nationalen Wissenschaftspolitik muß die Schaffung von Grundbedingungen und Einrichtungen sein, die geeignet sind, dieses Potential von Talenten in die Heimat zurückzuholen und die noch daheim Gebliebenen durch stärkere Beachtung und bessere Bezahlung im Lande zu halten.

Zum Schluß noch ein Wort zur Kapitalflucht. Sie ist in einigen Entwicklungsländern auf einen enormen Betrag angewachsen, der fast die Höhe der gesamten Auslandsverschuldung erreicht. Eine derart paradoxe Situation sollte sicherlich durch Entscheidungen und Bestimmungen auf Regierungsebene korrigiert werden.

Je besser die Bevölkerung über alle diese Fakten unterrichtet ist, desto stärker wird gewiß der Druck auf die Regierungen, ihnen mehr Beachtung zu schenken. In einigen afrikanischen, asiatischen und lateinamerikanischen Ländern ist das schon geschehen.

Die Rolle der internationalen Institutionen

In den letzten Jahren haben die Probleme der ländlichen Unterentwicklung die Aufmerksamkeit internationaler Finanzierungsinstitutionen gefunden, zum Beispiel der Weltbank, der Europäischen Gemeinschaft und der japanischen Entwicklungshilfeorganisation. Auch die regionalen Entwicklungsbanken in Lateinamerika, Afrika und Asien sowie im Nahen und Mittleren Osten sollten sich mehr in dieser Richtung engagieren. Eine neue, wenn auch noch schwache Tendenz ist auszumachen, Kleinprojekten direkte finanzielle Unterstützung zu gewähren, ohne den Umweg über die Regierungen zu nehmen. Dadurch wird die Wahrscheinlichkeit größer, daß das Geld sein Ziel erreicht, ohne umgelenkt zu werden, wie es in der Vergangenheit oft geschah. Es gibt jedoch eine gewisse strukturelle Unverträglichkeit zwischen großen, bürokratischen Verwaltungen und kleinen nichtstaatlichen Organisationen. Die letzteren bringen einen Enthusiasmus zur Erneuerung mit und stehen unter einem solchen Druck der täglichen Projektarbeit, daß ihnen kaum Zeit bleibt, sich um die bürokratischen Erfordernisse und die administrative Kleinarbeit zu kümmern, die von ihnen auch erwartet wird.

Um diese Art ländlicher Entwicklung zu fördern und zu beschleunigen, sollten die oben genannten Finanzierungsinstitutionen einen größeren Teil ihrer Mittel an lokale Initiativen und Kleinprojekte fließen lassen. Es würde die Effizienz dieser Initiativen erhöhen und ihrer weiteren Ausbreitung dienen. Diese Institute sollten auch einen Beratungsausschuß einsetzen, der aus Vertretern nichtstaatlicher Organisationen des Südens und Organisationen wie dem Club of Rome besteht. Ein solcher Ausschuß könnte helfen, fachliche Kenntnisse zu erweitern, er könnte bei der Auswahl förderungswürdiger Projekte beraten und zur Auswertung der Ergebnisse einen Beitrag leisten.

Die unmittelbarste Verantwortung der internationalen Institutionen betrifft jedoch den Schuldenberg der Entwicklungsländer. Hier muß auch gesagt werden, daß die letzten Jahre eine positive Entwicklung gebracht haben. Sie begann mit dem 1986 unterzeichneten Abkommen zwischen dem Internationalen Währungsfonds und Mexiko, in dem zum erstenmal eine Relation zwischen dem Wachstumsstand eines Landes und der Höhe seiner Schuldenzahlungen hergestellt wurde. Heute kann bezüglich des Schuldenproblems ein Umdenken sowohl in den Schuldnerländern als auch bei den kreditgebenden Institutionen beobachtet werden.

In den Schuldnerländern hat unter dem Eindruck der Schuldenkrise eine Überprüfung der Entwicklungsstragegien eingesetzt. Politische Maßnahmen wurden eingeleitet, um die Haushaltsungleichgewichte abzumildern, die Inflation zu bekämpfen, wirtschaftliche und finanzielle Aufbauprogramme durchzuführen und die Kontrolle über die Wirtschaftspolitik zurückzugewinnen. Bei den kreditgebenden Institutionen, insbesondere dem Internationalen Währungsfonds, werden die Forderungen nach notwendigen Anpassungen jetzt auch in dem Bewußtsein gesehen, daß ein allzu brutales Vorgehen schwerwiegende soziale Folgen haben kann. Es hat sich klarer gezeigt, daß das Schuldenproblem

DIE DREI DRINGLICHKEITEN

nur langfristig zu lösen ist und auch nur dann, wenn in Nord und Süd ein Wachstumsprozeß im Gange ist. Dies ist in dem vom amerikanischen Finanzminister James Baker vorgelegten Plan bereits berücksichtigt.

Seit kurzem hat an der Spitze der internationalen Finanzorganisationen offenbar ein Prozeß des Umdenkens begonnen.

So erklärt zum Beispiel Enrique V Iglesias[8] zum Transfer von Sachgütern in die Entwicklungsländer: »Unter den Geschäftszielen der Bank sind einige, denen wir ganz besondere Priorität gegeben haben. Hierzu gehören die Förderung von wirtschaftlichen Investitionen in Schlüsselbereichen der Wirtschaft wie Energie, Verkehr, Kommunikation, Entwicklung von Landwirtschaft und Industrie; ferner die Milderung des sozialen Defizits in der Region, zum Beispiel Hilfe für einkommensschwache Bevölkerungsschichten, Kooperation bei der städtischen und ländlichen Entwicklung, Förderung kleiner Produzenten, stärkere Beteiligung der Frauen in dieser Entwicklung; außerdem die Hilfe zur Modernisierung im privaten Sektor, zum Beispiel Darlehen und Kapitalinvestitionen der Inter-American Investment Corporation, sowie Darlehen und technische Kooperation der Entwicklungsbank bei der Modernisierung der Handelssysteme, der Erweiterung der Exportkapazität, Modernisierung des Finanzsektors, Mitfinanzierung, Unterstützung für Kleinstunternehmer; des weiteren die Förderung und Entwicklung des menschlichen Potentials, insbesondere auf dem wissenschaftlichen und technologischen Sektor; schließlich die Förderung des Umweltschutzes und die Erhaltung der natürlichen Wirtschaftsgüter.«

Eine wichtige Aufgabe des Club of Rome ist es, die politischen Führer davon zu überzeugen, daß der Norden und der Süden zusammenarbeiten können mit dem Ziel, die Entwicklung ohne die gewaltige Zerstörung der regionalen und globalen Umwelt zu fördern. Die Entwicklungsplanung kann sich auf fortgeschrittene, bereits vorhandene, energie- und materialsparende Technologien stützen. Sie kann dazu ermutigen, ein einheimisches System wissenschaftlicher und technologischer Forschungskapazität in den Entwicklungsländern aufzubauen. Sie muß auf der Nutzung örtlich gegebener Hilfsmittel und erneuerbarer Energien bestehen, um zu einer dezentralisierten, ausgeglichenen Entwicklung zu kommen. Auf den ersten Blick erscheint die finanzielle Bürde

---

8 Präsident der Interamerikanischen Entwicklungsbank. Die Erklärung zum Transfer realer Ressourcen in die Entwicklungsländer wurde am 24.09.1990 im gemeinsamen Ausschuß der Gouverneure der Bank und des Internationalen Währungsfonds abgegeben.

DIE DREI DRINGLICHKEITEN

vielleicht zu hoch für die Entwicklungsländer. Dies muß aber nicht so sein, wenn Entwicklungshilfeprogramme ausgearbeitet werden können, die dafür sorgen, daß die Fortschritte der technischen Revolution angemessen genutzt werden. Historisch gesehen haben die Länder, die heute die Industrialisierung einleiten, einen großen Vorteil: Sie bauen einen Kapitalstock auf zu einer Zeit, da neue technische Optionen angeboten werden. Wir müssen gewährleisten, daß diese Optionen nicht das Privileg des Nordens bleiben, sondern daß der Süden zu erfüllbaren Bedingungen teilhaben kann. Dies ist möglich, wenn beispielsweise an private Unternehmen aus einem Teil der Entwicklungshilfefonds eine Entschädigung dafür gezahlt wird, daß sie technisches Knowhow zur Verfügung stellen.

Wir müssen auch die Frage stellen, ob gemessen an den gegenwärtigen Bedingungen eine künftige internationale Zusammenarbeit im erforderlichen Umfang möglich ist. Zwei potentielle Hindernisse könnten im Wege stehen. Das erste ist politischer Natur. Die Entspannung zwischen Ost und West hat ein neues internationales Klima wahrscheinlich gemacht. Dieses neue Klima berechtigt zu Erwartungen im Ost-West-Verhältnis, aber noch nicht notwendigerweise im Nord-Süd-Verhältnis. Tatsächlich hat die Konfrontation zwischen Ost und West oft zu einem Wettbewerb gegenüber den Entwicklungsländern geführt, denen Unterstützung angeboten wurde, um politische oder handelspolitische Vorteile zu erreichen.

Zweitens macht sich unter Wirtschaftlern und Planern des industrialisierten Nordens eine Haltung breit, die an Ungeduld grenzt. Sie meinen offenbar, daß die Umstrukturierung der ehemaligen Ostblockländer durchführbar scheint, die Entwicklung des Südens aber genauso schwierig bleibt wie eh und je. Auch hat der Golfkrieg zu vermehrter Spannung zwischen Nord und Süd geführt. Der Fundamentalismus in der islamischen Welt erschwert nicht nur die objektive Analyse wirtschaftlicher Interessen, sondern bedroht in weiten Teilen der arabischen Welt auch die lange Tradition der Toleranz gegenüber Andersgläubigen.

Der Club of Rome kann einen Beitrag zur Problemlösung leisten. Maßnahmen von oben nach unten sind erforderlich, um einen überwachbaren Mechanismus zu finden, der Entwicklung erlaubt, ohne den weltweiten Rohstoffverbrauch allzu stark auszuweiten, und um die Kräfte des Marktes neu zu konditionieren, so daß sie auch auf längerfristige, bisher nicht quantifizierbare Parameter wie ökologische Qualität und Gerechtigkeit reagieren. Doch alles dies genügt nicht. Weltweit muß eine ethische Mobilmachung hinzukommen, nur dann kann die Herausforderung überwunden werden. Alle Menschen müssen Opfer bringen, und erst kommende Generationen werden in den Genuß der Erträge kommen. Appelle an den Altruismus sind schön und gut: Wir brauchen aber den ständigen Druck, der nach mehr Bildung verlangt, nach größerer Wahrnehmungsfähigkeit für das Spannungsverhältnis zwischen Umwelt und Wachstum, zwischen Entwicklung und einer gerechteren - also sichereren - Weltordnung.

Die Wirkung der jetzigen und künftigen Veränderungen auf den einzelnen und die Gesellschaft

Der Druck der Tatsachen ist so groß, daß wir uns verändern oder von dieser Erde verschwinden müssen. Wenn wir uns den drei Dringlichkeiten mit dem größten Handlungsbedarf stellen wollen, wenn wir ohne Zeitverlust beginnen wollen, die Veränderungen bewußt zu steuern, dann wird eine echte Wandlung unseres Denkens und Verhaltens unabweisbar.

Die unverzichtbaren Maßnahmen werden unpopulär, kostspielig und schmerzhaft sein, und der Wohlstand der Reichen wird mit den Armen geteilt werden müssen. Dies bedeutet: Ein ganzer Lebensstil, das Konsumverhalten in den Industrieländern muß geändert werden, während in den Entwicklungsländern eine Mutation des Denkens in Richtung auf mehr Initiative, mehr Disziplin und einen in jeder Hinsicht höheren Standard stattfinden muß.

Aber auf eine so vielschichtige Revolution sind wir noch gar nicht geistig vorbereitet. Wenn die öffentliche Meinung nicht wahrhaft erzogen und intensiv zu einer Akzeptanz neuer Lebensbedingungen hingeführt wird, müssen wir mit Auflehnung und Trägheit rechnen gerade zu dem Zeitpunkt, da die Regierungen und Entscheidungsträger mehr denn je auf die Unterstützung der Öffentlichkeit angewiesen sind.

8. KAPITEL

Das Geschäft des Regierens und die Regierungsfähigkeit

Der beschriebene Komplex von Problemen führt zu der Frage: Wie lassen sich alle diese Probleme durch politische Entscheidungen lösen, und zwar unter voller Berücksichtigung der starken Verflochtenheit dieser Probleme? Sind die traditionellen politischen, institutionellen und administrativen Systeme geeignet, mit einer solchen Situation fertig zu werden?

Es ist nicht leicht, in voller Kenntnis der Tatsachen richtige Entscheidungen zu treffen, zu wissen, daß sie richtig sind, und sie dann rechtzeitig auszuführen; diese Aufgabe rührt an die Wurzel der Weltproblematik. Viele Aspekte der Problematik haben mit den Schwächen der Regierungen zu tun; deshalb gehört eine Verbesserung der Regierungsfähigkeit zu den Schwerpunkten der Weltlösungsstrategie.

Hier wollen wir untersuchen, wo die Ursachen vieler Probleme liegen, mit denen unsere Regierungen zu kämpfen haben; ebenso wollen wir neue Dimensionen des Regierens betrachten und die gegenwärtigen Reaktionsweisen von Regierungen analysieren. Auch werden wir einige Veränderungen vorschlagen, die ein Beitrag zur Weltlösungsstrategie sein könnten.

Mit dem Begriff »Regieren« bezeichnen wir den Herrschaftsmechanismus eines sozialen Systems und seine Handlungen, die aus dem Bestreben erwachsen, dem System Sicherheit, Wohlergehen, Zusammenhalt, Ordnung und Bestand zu geben. Der Begriff schließt natürlich auch die Ideologie des Systems mit ein; diese kann Methoden zur effektiven Ermittlung des Vokswillens und zur Verantwortlichkeit der Regierenden gegenüber den Regierten definieren (Demokratie), oder sie kann dies unterlassen (diktatorisches Regime). Der Begriff umfaßt ferner die Struktur der Regierung, ihre Politik und ihre Arbeitsformen. Ein Zyniker könnte sagen, der Regierungsapparat ist das Mittel, zwischen den verschiedenen Machtzentren ein stabiles Gleichgewicht herzustellen. Im

REGIEREN UND REGIERUNGSFÄHIGKEIT

weiteren Sinn wäre der Begriff des Regierens nicht nur auf nationale und internationale Systeme, sondern auch auf Bezirks-, Provinz- und Gemeindeverwaltungen anzuwenden, ebenso auf andere soziale Systeme wie das Bildungswesen und das Militär, Privatunternehmen und sogar auf den Mikrokosmos der Familie. Er ist ein Versuch, dem irrationalen, subjektiven, oft widersprüchlichen Verhalten von Politikern, Wirtschaftsführern und uns allen wenigstens einen Anschein von Rationalität zu geben.

Es wäre aber nicht weise, den Begriff des Regierens übergebührlich zu verallgemeinern. Jedes Land hat sein eigenes Verfahren, seine eigenen Probleme. Trotzdem haben vor allem Ideen westlicher Prägung das Wirtschaftswachstum und den materiellen Fortschritt in einem großen Teil der Welt angeregt und dabei auch westliche Strukturen und Konzepte mitgebracht, die heute allgemein anerkannt werden, wenn auch mit vielen Variationen und in unterschiedlicher Auslegung. Die Idee des Regierens ist nicht neu; seine Hauptaspekte sind mindestens 5000 Jahre alt, wahrscheinlich noch viel älter.

Wir haben bereits das Mißmanagement der globalen Angelegenheiten unterstrichen. Seine Anzeichen nehmen wir überall wahr: Meere von Leid und Armut, der Waffenhandel, die erdrückende Verschuldung der Entwicklungsländer, das riesige jährliche Defizit der Vereinigten Staaten, deren Schulden sich auf ca. 3 Billionen Dollar belaufen, die wuchernde Spekulation, die Korruption und die Gewalt. Müssen wir folgern, daß die Welt unregierbar ist? Sind die Amtsinhaber inkompetent oder wurden sie schlecht ausgewählt? Von solchen Zweifeln werden die öffentliche Meinung und der einzelne Bürger gequält - wahrscheinlich viel stärker als die Politiker selbst. Es stellen sich drei grundsätzliche Fragen:

- Haben wir am Ende dieses Jahrhunderts noch ein ausreichendes Verständnis dieser unserer Welt? Oder reichen unser Begriffssystem und unsere Ansätze längst nicht mehr aus, eine so komplexe, gefährliche Situation zu bewältigen?
- Warum haben die schon jahrzehntelang wachsende Besorgnis, die zahllosen internationalen Erörterungen, die vielen konstruktiven Vorschläge so wenig konkrete Maßnahmen, so wenig praktische Ergebnisse gebracht?
- Welche Vorschläge lassen sich machen, um die Effektivität der Abläufe zu verbessern, um die verbreitete Besorgnis in praktisches Handeln umzusetzen?

REGIEREN UND REGIERUNGSFÄHIGKEIT

Die Gefahren ineffektiven Regierens zeigen sich auf drei verschiedenen Ebenen: auf der Ebene des einzelnen und der Familie (diese haben wir im Abschnitt »Die menschliche Misere« erörtert), auf der Ebene der Nation und auf der Ebene des internationalen politischen Systems.

Neue Dimensionen des Regierungsproblems

Seit dem Ende des Zweiten Weltkriegs sind die Aktivitäten der Regierenden enorm angewachsen. Gleichzeitig erfordern viele Bereiche, die ihnen unterstehen, ein hochspezialisiertes technisches Verständnis. Deshalb muß betont werden, wie viel komplexer die nationalen und internationalen Systeme geworden sind. André Danzin[1] schreibt: »Diese urplötzliche Komplizierung der Dinge hat uns aus einem sozialen System, das logisch geordnet war, heraus- und in eine soziale Organisation hineingeworfen, die von kybernetischen Reaktionen diktiert wird.« In einer äußerst komplexen Umwelt mit so vielen Unwägbarkeiten und instabilen Faktoren, wie sie die Menschheit heute vorfindet, sind die Systeme des Feedback äußerst zahlreich und ineinander verflochten, so daß es schwerfällt, sie in einem umfassenden Modell zu ordnen. Noch weniger ist es möglich, diese Systeme mit dem »gesunden Menschenverstand« und der Intuition zu begreifen oder sich gar ein geistiges Bild davon zu machen. Problemlösungen in einem solch komplexen Umfeld sind also äußerst schwierig, und dies umso mehr, da es vermutlich in den allerwenigsten Fällen eine öffentliche Akzeptanz der Lösungen geben wird.

Wo leitet sich nun diese zunehmende Komplexität her? Wir wollen einige Faktoren nennen, die auf nationaler und internationaler Ebene wirksam werden:

- Die Veränderungen - technischer, wirtschaftlicher, demographischer Art - beschleunigen sich immer mehr.
- In den Systemen, die regiert werden müssen, nimmt die Zahl der Akteure ständig zu - ob in der Großstadt, in einem ganzen Land, in den weiten Gebieten des Südens oder auf der ganzen Welt.
- Auch die Anzahl der souveränen Staaten, die im internationalen System einen aktiven Part spielen, wird immer größer.
- Die gegenseitige Abhängigkeit nationaler Gesellschaften in einem ganzen Spektrum von Fragen - zum Beispiel Wissenstransfer, periodi-

---

1 Ehemaliger Hauptgeschäftsführer von Thomson CSF, ein Mitglied des Club of Rome

sche oder permanente Wanderbewegungen, kulturelle Einflüsse, wirtschaftlicher Austausch - verstärkt sich immer mehr.
- Heterogene Gesellschaften, die sich in ihrer Kultur, ihren Grundwerten, politischen Traditionen und auch im Lebensstandard fundamental unterscheiden, kommen miteinander in Kontakt.
- Die Souveränität der Nationen wird immer mehr ausgehöhlt. Soedjakmoto[2] sagte dazu: »Im Prozeß der Interdependenz sind wir alle verwundbar geworden. Unsere Gesellschaften sind Entscheidungen unterworfen, die an ganz anderen Orten der Welt getroffen werden. Die Dynamik dieser Interdependenz wird vielleicht besser verständlich, wenn wir uns den Globus nicht als eine Landkarte mit Nationalstaaten, sondern als Wetterkarte denken, auf der sich die Wettersysteme unabhängig von den Ländergrenzen bewegen und die Tiefdruck- und Hochdruckgebiete weit vorauseilend neue Klimabedingungen erzeugen.«
- Die enorme Masse von Informationen. Die Schnelligkeit der Kommunikation, die Rolle der Medien als Verstärker, Selektoren, Filter und Verzerrer der Informationen. (Trotzdem ist im Süden der Zugang zu Informationen noch immer sehr beeinträchtigt.)
- Weltweit ist ein neues technisches System auf der Grundlage der Mikroelektronik entstanden.
- In allen Bereichen des gemeinsamen Erbes der Menschheit - zum Beispiel Klima, Umwelt, Nutzung der Ozeane, architektonisches Erbe - erscheinen neue Probleme, die eine Lösung im globalen Maßstab unausweichlich machen.
- Die technische Entwicklung und die gleichzeitige Zersplitterung politischer Macht haben Auswirkungen auf die Sicherheit der nationalen Gesellschaften.
- Das Dilemma der aufgeblähten Bürokratien. Die Art und Vielfalt der zu lösenden Probleme und der zu verwaltenden Systeme (Gesundheitswesen, Soziales usw.) lassen umfangreiche Bürokratien entstehen, die die Resistenz gegen Veränderungen verstärken.
- In manchen Nationen haben geänderte persönliche Einstellungen zu gestiegenen Ansprüchen an öffentliche Dienstleistungen geführt. Die Bürger können kaum glauben, daß es den Regierungen schwerfällt, Lösungen zu finden, die ihnen selbst keine Unannehmlichkeiten bereiten. Zugleich manifestieren sich abnehmender Respekt vor der Autorität,

---

2 Ehemaliger Präsident der Universität der Vereinten Nationen und ehemaliges Mitglied des Club of Rome (inzwischen verstorben). Die Erklärung Soedjakmotos ist einem Beitrag entnommen, den er 1985 bei der Jahreskonferenz des Club of Rome in Santander, Spanien, zum Thema »Regierbarkeit einer Welt im Übergang« vorlegte.

REGIEREN UND REGIERUNGSFÄHIGKEIT

allgemeiner Vertrauensschwund und mangelnde Unterstützung der Institutionen.

Diese Auflistung ist keineswegs erschöpfend. Sie läßt jedoch vermuten, daß sich die meisten der genannten Faktoren in den nächsten zwanzig bis dreißig Jahren noch sehr verstärken werden. Alle diese Dimensionen des Regierens stellen die Menschheit vor eine ganz neue, historische Situation. Es braucht daher nicht zu überraschen, wenn ein großer Teil der Antworten, die gegenwärtig auf unsere Probleme gegeben werden, völlig unzureichend ist.

Unzureichende Antworten auf die heutigen Probleme

Wir müssen noch einmal betonen: Die gegenwärtigen tragischen Situationen wie militärische Konflikte, Bedrohungen des Friedens, Verletzungen der Menschenrechte, Umweltschäden und die fortdauernde, unerträgliche Realität verbreiteter Armut und Hungersnot in der Welt sind ein Beweis dafür, daß das globale System nicht richtig funktioniert. Demographische, ökonomische, politische und umweltbedingte Tendenzen globalen Ausmaßes haben in den letzten Jahren dazu beigetragen, daß eine qualitativ neuartige Kategorie praktischer Probleme entstanden ist, die in der herkömmlichen Diplomatie so gut wie unbekannt waren. Sie übersteigen die Kompetenz nationaler Regierungen, passen nicht in anerkannte Konzepte zwischenstaatlichen Verhaltens und beherrschen zunehmend die Angelegenheiten der Welt. Niemand kann sie fortwünschen, und mit militärischen Interventionen kommt man ihnen nicht bei.

Das unzulänglich funktionierende System behindert vor allem die nationalen Regierungen und die zwischenstaatlichen internationalen Behörden. Daneben betrifft es aber noch einen großen Kreis anderer Akteure, zum Beispiel Persönlichkeiten, politische Parteien, Firmen, Gewerkschaften und nichtstaatliche Organisationen, sowie die Rolle, die sie im Weltsystem bereits spielen oder noch nicht spielen dürfen.

Einige Unzulänglichkeiten der nationalen Regierungen und zwischenstaatlichen Gremien seien hier aufgelistet:

- Der Grundsatz der Souveränität, für manche Länder »die einzige Basis für Zusammenhalt und nationale Identität«, ist mit den Realitäten der gegenseitigen Abhängigkeit immer weniger vereinbar.

REGIEREN UND REGIERUNGSFÄHIGKEIT

- Regierungen bevorzugen politisch nützliche kurzfristige Lösungen und vernachlässigen systematisch die langfristigen Perspektiven. Als Folge solch systematischer Vernachlässigung verschlimmern sich die Probleme, und die Regierungen schlittern in einen Teufelskreis der Krisenbewältigungen.
- Regierungen sind in der Regel in Ressortministerien organisiert, sehen die Probleme unter dem Aspekt von Ressort-Entscheidungen, behandeln Symptome isoliert und bieten statische, lokale Lösungen an. Damit sind sie in ihrer jetzigen Organisationsstruktur unfähig, die Weltproblematik zu erkennen und die Weltlösungsstrategie anzuwenden.
- In vielen Ländern haben es Minister, die eine starke Hausmacht oder einen starken Charakter besitzen, bei der Aufteilung der Haushaltsmittel unter die Einzelressorts leichter, Gelder zu erhalten, als ihre schwächeren Kollegen. Dadurch kommt es zu Ungleichgewichten.
- Zentralregierungen antworten auf Herausforderungen mit dem Versuch, die Kontrolle über andere Akteure im gesellschaftlichen Feld zu erweitern. Damit beschwören sie unbeabsichtigt negative Effekte herauf und wecken den Ruf nach einer Dezentralisierung.
- Wenn Verantwortliche in einer Situation der Ungewißheit Entscheidungen treffen, werden sie nicht nur durch menschliche Unzulänglichkeiten beeinträchtigt, sondern auch durch verschiedene Behinderungen, die ihre Rolle mit sich bringt, zum Beispiel Überarbeitung, unzureichende Zeit für die Reflexion, manipulierte Informationen, die voreingenommene Darstellung vorbereiteter Entscheidungen aus den unteren Ebenen der Hierarchie und oftmals eine zu große Abhängigkeit von den niederen Rängen.
- Für die zwischenstaatlichen Behörden wurde sofort nach dem Zweiten Weltkrieg in Eile ein System ausgearbeitet, das den Bedürfnissen der Welt, wie sie sich damals zeigten, Rechnung tragen sollte. Seitdem wurde es eher unorganisch ausgeweitet, unordentlich und ohne Planung, durch Erweiterungen für neue Bedürfnisse, sobald diese erkannt wurden. Man dachte wenig an Wechselbeziehungen und Überschneidungen unter der verwirrenden Vielfalt von Sonderorganisationen. Es konnte nicht ausbleiben, daß viele dieser Behörden allmählich Eigeninteressen entwickelten. Mitarbeiter wurde weniger nach Qualifikation als nach Länderquoten und einem entsprechenden Proporz eingestellt. Zugleich schränkte eine übermäßige Bürokratisierung und Politisierung die Effektivität einiger der wichtigsten Behörden ein.

Greift man die heutigen komplexen Weltprobleme an, so geht man ein zweifaches Risiko ein: Zum einen könnte der öffentlichen Meinung und gewählten Vertretern das nötige Wissen vorenthalten werden, um eine bestimmte Situation zu verstehen; zum anderen könnten die Spezialisten und Experten, deren gralshaftes Fachwissen die Entscheidungsträger kaum durchschauen und beurteilen können, einen übermächtigen Einfluß erhalten.

Die Komplexität der Probleme wurde noch vergrößert durch die schiere Zahl und Komplexität der Akteure: politische Parteien, Gewerkschaften, Konzerne, nichtstaatliche Organisationen, Pressure-groups aller Richtungen, dazu informelle Gruppierungen von wahrscheinlich kurzer Lebensdauer, die aber dennoch an ihrem speziellen Problem sehr intensiv und wirkungsvoll arbeiten. Alle diese Gruppen leisten durch ihre Vorschläge oder Proteste einen Beitrag zum Geschäft des Regierens. Das Regieren ist nicht mehr Monopol von Regierungen und zwischenstaatlichen Gremien; es wird umso wirksamer sein, je mehr die politischen Führer die Fähigkeit haben, diese neuen Akteure selektiv in ihre Entscheidungsprozesse mit einzubeziehen, denn diese Akteure sind in Wahrheit ihre Partner.

Strukturen, politische Konzepte und Vorgehensweisen von Regierungen

Ein Hauptkennzeichen des Regierens in unserer Zeit ist also - pointiert gesagt -, daß es heute mehr und mehr veraltet. Die Strukturen unserer Regierungen wurden im wesentlichen vor über einem Jahrhundert entwickelt und waren für viel unkompliziertere Gesellschaften gedacht. Es ist zwar richtig, daß in der Zwischenzeit wichtige Reformen stattgefunden haben, zum Beispiel das allgemeine Wahlrecht, die Entstehung des Wohlfahrtsstaates, die Anerkennung der Menschenrechte, aber alles in allem waren die Veränderungen doch nur ein Aufstocken oder Ausbauen der bestehenden Grundstrukturen. Begleiterscheinungen waren steigende Kosten, eine stark angeschwollene Bürokratie und eine Ineffizienz, die proportional zum Umfang der Regierungsgeschäfte zunahm. Im folgenden führen wir nur eine kleine Auswahl der Bereiche auf, in denen größere Strukturveränderungen und neue Einstellungen dringend notwendig sind.

Zunächst brauchen wir bessere Mechanismen zur Integration der Ressortbereiche. Dies ergibt sich zwingend aus den Wechselbeziehungen innerhalb der Weltproblematik. Im wesentlichen ist eine Regierung heute nach Ressortministerien strukturiert, die sich nach Bereichen wie Landwirtschaft, Industrie, Bildung, Gesundheit, Verteidigung und äußere Angelegenheiten gliedern; hinzu kommt die zentrale Finanz- und Wirtschaftsverwaltung. Dieses System hat bisher leidlich funktioniert, aber heute sind viele Problemfelder »horizontal« strukturiert und überwuchern ungeordnet das ganze vertikale Regierungsgebäude. Einzelelemente solcher Probleme werden daher gerne getrennt in verschiedenen Ressorts bearbeitet.

In der Praxis ist nationale Politik oft die Summe einer ganzen Reihe von Ressortentscheidungen, die unharmonisch nebeneinanderstehen, wobei es an einer übergeordneten integrierenden Politik und einer klaren Darlegung der nationalen Ziele oft fehlt. In manchen Ländern sind beispielsweise die Probleme der Stadtentwicklung auf ein Dutzend Ministerien und Planungsbüros verteilt. Hat eines der Ministerien sein Ziel erreicht, können sich daraus leicht Schwierigkeiten für die anderen Bereiche der Regierungsarbeit ergeben. Da die Probleme heute so komplex, so verschachtelt sind, wird es sicher noch häufiger zu Konflikten zwischen den Ressorts kommen, die die Entscheidungsfindung und die Durchführung verzögern.

Die Integration der Politik ist natürlich Sache des Präsidenten oder Ministerpräsidenten oder auch des Kabinetts. Auf dem Gebiet der Wirtschafts- und Außenpolitik wird dies in den meisten Ländern ziemlich ernst genommen, nicht aber in anderen Bereichen. Die politischen Führer sind Tag für Tag so von Problemen bedrängt und müssen so viele Feuerchen löschen, daß ihnen einfach nicht die Zeit bleibt und auch die Detailkenntnisse fehlen, um sich eingehend mit den sehr weitgespannten, ineinander verwobenen politischen Entscheidungen zu befassen, die heute das Regieren ausmachen. Der Mitarbeiterstab, der beim Militär und in den großen Firmen eine so wichtige Rolle spielt, ist in den meisten nationalen Regierungen schwach entwickelt. Werden Versuche unternommen, ihn durch neue Berater zu verstärken, dann wittert die Öffentlichkeit oft eine Inflation der Bürokratie, und die Ressortminister bangen um ihren Einfluß.

Auf den unteren Entscheidungsebenen liegt der traditionelle Weg zur Harmonisierung der Ressortpolitik bei interministeriellen Ausschüssen, die sicher ihren Nutzen haben, aber für die höheren Staatssekretäre eine schreckliche Zeitverschwendung bedeuten können. Es muß auch gesagt werden, daß derartige Ausschüsse Tummelplätze für die Vertreter der verschiedenen Ressortinteressen sind, zwischen denen ein stillschweigendes Einverständnis darüber besteht, daß am System nicht durch gegenseitiges Infragestellen der Vorrechte und politischen Linien gerüttelt wird. Diätenerhöhungen können offen diskutiert werden, aber die jeweils verfolgte Politik und die politischen Programme sind sakrosankt.

REGIEREN UND REGIERUNGSFÄHIGKEIT

So erfolgt die Koordination letzten Endes durch das Finanzministerium, oft ohne Rücksicht auf Fakten und Zielsetzungen. Die Probleme des horizontalen Regierens wurden bei der Ölkrise in den siebziger Jahren akut, als man die Auswirkungen der Ölverknappung und des Preisanstiegs auf sehr viele Ressorts - von der Außenpolitik zur Umwelt - einfach nicht ignorieren konnte. Eine Lösung bestand darin, daß man einen Energie-»Zaren« einsetzte, dem man zwar die Funktion eines Koordinators, nicht aber die dazu nötigen Machtbefugnisse gab. Eine andere Lösung war die Bildung von Superministerien durch Verschmelzung vorher getrennter Behörden; doch die Erfahrung zeigte, daß die Barrieren zwischen den Abteilungen eines und desselben Ministeriums genauso undurchdringlich sein konnten wie zuvor diejenigen zwischen getrennten Ministerien.

Andere Schwierigkeiten erwachsen aus dem Konflikt zwischen langfristigen und kurzfristigen Angelegenheiten. Dies ist ein Grundproblem, das immer wieder auftritt. Der normale, vier- oder fünfjährige parlamentarische Zyklus zwischen zwei Wahlen ist ein Merkmal demokratischer Regierungen. Das Machtspiel zwischen den Parteien will es, daß Regierung wie Opposition, wenn sie bei der nächsten Wahl die Macht behalten beziehungsweise erobern wollen, sich in aller Eile mit solchen Fragen beschäftigen, deren schnelle Regelung ein wichtiges Anliegen der Wählerschaft ist.

Regierungen haben ebenso wie der einzelne die Neigung, Probleme zu ignorieren, die auf morgen - in diesem Fall: bis nach den nächsten Wahlen - aufgeschoben werden können. In der Vergangenheit ist daraus vermutlich kaum Schaden entstanden, aber in einer schnellebigen Zeit wie der heutigen wird das, was zunächst als langfristig eingestuft wurde, oft schon nach fünf bis zehn Jahren akut, also bereits in der nächsten Legislaturperiode. Die Folge ist, daß die neue Regierung den »Nachlaß der Nachlässigkeit« erbt: ungelöste Probleme halten sich hartnäckig und verschlimmern sich, man gerät in einen Rhythmus der Krisenbewältigungen, taumelt von einer Notlage zur nächsten - Finanzen, Soziales, Zahlungsbilanz, Arbeitslosigkeit, Inflation und so weiter. Die einzelnen Krisen werden durch notdürftiges Verkleben der Risse gelöst, die verordneten Kuren erreichen nur selten die Wurzel des Übels. Die wahren Gründe der Schwierigkeiten werden allzuleicht ignoriert oder nicht einmal identifiziert, da sie langfristiger Natur sind; statt dessen betreibt man reine Kosmetik, die nur Tagesbedeutung hat.

Ein anderer kritischer Bereich ist die Wahl der richtigen Entscheidungsebene. Die bestehende Situation ist ziemlich paradox. Die Probleme sind sehr komplex und hochgradig technischer Natur; daher besteht die Neigung, sie zentral zu analysieren und zu lösen. Eine solche Lösung kann von regionalen oder Provinzbehörden kaum nachvollzogen werden. Auch der globale Aspekt so vieler Probleme deutet eher auf zentral gefaßte nationale Entschlüsse hin. Zugleich hört man jedoch zunehmend den Ruf nach Dezentralisierung, nach regionaler Autonomie und stärkerer Beteiligung des Bürgers in Angelegenheiten, die ihn unmittelbar betreffen. Dieser Trend erfährt derzeit eine ungeheure Verstärkung durch zahllose ethnische Gruppen, die nach Unabhängigkeit oder Autonomie streben. Beispiele bieten Jugoslawien und die ehemalige Sowjetunion.

Tatsächlich handelt es sich hier um die zwei Seiten der gleichen Medaille, vielleicht um Wachstumsschmerzen beim Übergang vom Nationalstaat zu einem wie immer gearteten globalen System. Mittelfristig ist die Hauptfrage, wie man ein System mit mehreren Entscheidungsebenen so strukturieren kann, daß eine harmonische Regierungsarbeit erreicht wird. Grundprinzip muß dabei sein, sicherzustellen, daß die Debatten und Entscheidungen so nahe wie möglich an die Menschen herangerückt werden, die von den Ergebnissen ja direkt betroffen sind. Für globale Fragen brauchen wir ein Weltforum; lokale Angelegenheiten hingegen - am anderen Ende des Spektrums - verlangen nach dem Gemeinderat, nicht nach der bloßen Interpretation von Erlassen, die von einer fernen, kaum engagierten Zentralregierung ausgehen.

Noch einige Worte zur Bürokratie. In vielen Ländern wird der bürokratische, aufgeblähte Apparat mit seinen Machtbefugnissen in der Öffentlichkeit kritisiert, da er immer wieder kleine Freiheitsbeschränkungen ersinnt und das Leben des Bürgers unnötig kompliziert. Der Apparat wird als unzugänglich, verschlossen und gefühllos erlebt, aus Leuten mit gesichertem Arbeitsplatz bestehend, die ihren kleinen Machtbereich weidlich ausschlachten. Die Beamtenschaft kann durchaus intelligent und objektiv sein - in vielen Ländern wird dies nicht bestritten -, trotzdem spürt die Öffentlichkeit, daß die Mitarbeiter unter dem Gesichtspunkt ausgewählt werden, Stabilität und Kontinuität zu gewährleisten, wenn Regierungen kommen und gehen. So gelten sie als Bewahrer des Status quo, als Verfechter der Trägheit, die sich dem Wandel - besonders wenn er radikal ist - entgegenstellen. In manchen Fällen meint man, daß eine gesichtslose Beamtenschaft der Kontrolle durch ihre politischen Herren weitgehend entzogen ist und daher dem Volk keine Rechenschaft zu geben hat. Gewiß ist es für einen Minister sehr schwer, die Tätigkeiten seines Beamtenstabes im einzelnen kennenzulernen, über die er in aller Regel kein Erfahrungswissen besitzt, die jedoch seinen eingefuchsten Berufsbeamten in allen Verästelungen vertraut sind.

In dieser Kritik steckt zweifellos ein gutes Stück Wahrheit, und sicherlich ist auch der erfahrene Beamte zuweilen gut beraten, wenn er seinem neuen, uneingeweihten Minister mit Vorsicht gegenübertritt. Die Erweiterung der Regierungsverantwortung in den letzten Jahren, ihre Ausdehnung in so viele Lebensbereiche hat automatisch zu einer Aufblähung des Apparates geführt, in einigen Fällen - etwa in der Verteidigung - auch zu einer Verewigung der politischen Machtpositionen. Intern gemachte Politik kann zuweilen zu gefährlichen, zum Teil versteckten persönlichen Interessen führen.

Einzelfragen

Nach diesen allgemeineren Bemerkungen über das Geschäft des Regierens scheint es notwendig, einige Aspekte etwas eingehender zu erörtern.

Widerstand gegenüber dem Wandel. Regierungen sorgen selten für Erneuerung. Sie reagieren, wenn der Ruf nach Veränderungen in der Öffentlichkeit laut wird - entweder im normalen demokratischen Prozeß oder nach einer erfolgreichen Revolution. Aber wenn der natürliche Konservatismus einer Regierung (und nicht nur ihres Beamtenstabes) auf den Ruf nach neuen Verfahren reagieren muß, hat er viele Möglichkeiten, abzubremsen. Der Ansatz der Regierung ist linear, er beruht entweder auf starren Verfahrens- und Verhaltensregeln oder auf Erfahrungswissen. Wie andere Institutionen neigt sie nicht zur Selbstkritik, und auf Druck von außen reagiert sie defensiv. Sie hält ihre Methoden nach langer Erfahrung für optimal, ja für den einzigen vernünftigen Lösungsweg. Verbesserungsvorschläge werden abgewehrt (»Das haben wir schon vor Jahren versucht, aber es hat nicht funktioniert«). Nur selten wird ein Fehler eingestanden, eine verpaßte Gelegenheit erkannt. Probleme werden in der Reihenfolge des Eingang bearbeitet, und es mehren sich die Fehler, die auf nicht völlig richtigen Entscheidungen in nicht völlig verstandenen Sachfragen beruhen. In einer wohlwollenden Umwelt, wie sie in der langen Phase des Wirtschaftswachstums gegeben war, ertönen nur wenige Warnsignale; die Gefahren scheinen zu weit entfernt, um die Apparate aufzuschrecken, die lieber auf ihren Lorbeeren ausruhen. Doch jetzt scheint die Umwelt ein feindseligeres Gesicht anzunehmen.

Bei den Unsicherheiten, die der globalen Revolution anhaften, müssen solche Einstellungen aufgegeben werden. Was gebraucht wird, sind flexible, dynamische Institutionen, die oft vielleicht nur vorläufiger oder vorübergehender Natur sind. Die Zielvorstellung Stabilität muß ersetzt werden durch Beweglichkeit, um auf schnell wechselnde Notwendigkeiten und Gelegenheiten reagieren zu können. Es ist mehr Transparenz nötig, weniger Unterscheidung zwischen dem Offiziellen und dem Offiziösen. Dazu muß sich die Psychologie der Beamten und der Politiker ändern, Personen aus der Industrie, aus den Gewerkschaften, von den Hochschulen und so weiter müssen für kürzere oder längere Zeitabschnitte in dem System tätig sein. Hier, wie überall in unserer sich wandelnden Gesellschaft, spielen Bildung und Ausbildung eine entscheidende Rolle.

Korruption. Politische und moralische Korruption grassiert in vielen Ländern und breitet sich aus. Ihre Bekämpfung ist eine wesentliche Voraussetzung für eine effektive, gerechte Regierungsarbeit. Diese Aufgabe ist nicht leicht. Bloße Ermahnungen helfen nicht viel, andererseits führt ein Umsturz häufig zu nur noch schlimmeren Zuständen: es wird einfach der Patron ausgewechselt. Über dieses Problem muß tief nachgedacht werden. Der erste Schritt ist zweifellos eine größere Transparenz des Regierungsapparates.

Konfrontation oder Konsens. In den meisten Demokratien mit einem Mehrparteiensystem hat sich ein Konfrontationsmodell herausgebildet, das das gesamte öffentliche Leben durchdringt. In Maßen angewandt, kann dies ein gesunder Zustand sein. Der Gedanke der sogenannten »kreativen Spannung« hatte in der Beziehung von Geschäftsführung und Arbeitern seine Berechtigung, solange sich die Lage der Arbeiterschaft ständig verbesserte, und in der Politik hat er sich gegen übermäßige Selbstgefälligkeit und Stagnation ausgewirkt. Aber nun ist der Bogen überspannt, und in vielen Fällen werden Parteiinteressen dem Wohl der Nation vorangestellt. Wir wenden uns hier nicht gegen die Parteipolitik im allgemeinen, doch sprechen gute Gründe für den Versuch, im Bereich der Politik wie auch der Industrie für eine gewandelte Einstellung - in Richtung auf mehr Konsens - zu werben. Angesichts der schwierigen Entscheidungen, die die nahe Zukunft uns abverlangt, kann künstlich angeheizter Parteienstreit, der eigentlich nur dem Stimmenfang für die nächste Wahl dient und nicht einmal auf echten ideologischen Differenzen beruht, in die Katastrophe führen. Es gibt einen immensen Bedarf nach maximaler Verständigung zwischen politischen Parteien, die den Anspruch erheben, die Hüter des nationalen Wohles zu sein; nur wenn dieser Konsens gewährleistet ist, können wir den zahllosen Stür-

REGIEREN UND REGIERUNGSFÄHIGKEIT

men trotzen, die uns bevorstehen. Um dieses Ziel zu erreichen, kann es von Nutzen sein, die Vertreter verschiedener Parteien in einem nichtpolitischen Forum, wie es zum Beispiel der Club of Rome oder ein ähnliches Gremium sein könnte, zusammenzuführen, um spezifische Fragen zu diskutieren.

Die Regierung und die Kräfte des Marktes. In Osteuropa hat die Abschaffung der Planwirtschaft zugunsten der Demokratie unausweichlich das Bedürfnis nach einer wirtschaftlichen Effizienz demonstriert, die auf Wettbewerb und Anreizen, also auf dem freien Spiel der Kräfte des Marktes beruht. Die Annahme dieses Systems hat zu verbreiteter Euphorie geführt - zu der Meinung, jetzt das Allheilmittel gefunden zu haben. Wir erkennen durchaus die Notwendigkeit, daß diese Länder auf der Grundlage der Kräfte des Marktes funktionieren, aber wir haben auch bereits davor gewarnt, sich ausschließlich auf diese Kräfte zu verlassen. An dieser Stelle ist es notwendig, in Kürze das Verhältnis zwischen Regierungen und den Märkten zu erörtern.

Der Markt ist nicht dafür geschaffen, sich mit Langzeitwirkungen, mit der Verantwortung zwischen den Generationen und mit der gerechten Verteilung von Eigentum zu befassen. Er verhält sich wesensmäßig nach Kurzzeitsignalen, und deshalb können seine Hinweise sehr in die Irre führen, wenn sie auf langfristige Bedürfnisse bezogen werden. Das Wettbewerbssystem der marktwirtschaftlich ausgerichteten Länder hat das Eigeninteresse und letztlich die Habsucht zur Grundlage. Würde man alle Zügel schießen lassen, so würde der brutale Einsatz der Kräfte des Marktes zu Ausbeutung, Mißachtung der sozialen Belange, Zerstörung der Umwelt und zu kurzfristigem Verbrauch der Ressourcen führen, die für die Zukunft so notwendig sind. Die Gesellschaft stellt jedoch die auch von Industrie und Handel akzeptierte Forderung, daß es ein verbindliches ethisches System geben muß, innerhalb dessen der Markt funktioniert. Damit ist das System in gewissem Grade selbstregulierend.

Das marktwirtschaftliche System hat sicherlich Fehler. Trotzdem sind Wettbewerb und Anreiz wirksame Faktoren der laufenden Zuweisung der Wirtschaftsgüter, der Entwicklung neuer Techniken und des materiellen Wohlstandes, wie ihn die Industrieländer heute genießen.

Auch die am stärksten auf Privatinitiative eingeschworenen Regierungen anerkennen die Notwendigkeit, die Grenzen zu definieren, innerhalb derer der Markt funktionieren kann. Im Interesse der Öffentlichkeit müssen die Regierungen ein festes Gerüst von Regelungen für den Privatsektor einführen und Mechanismen für die wirksame Behebung von Auswüchsen bereitstellen. Zugleich muß die Regierungspolitik ein Wirtschaftsklima erzeugen, in dem der Binnenmarkt gut funktioniert und die internationale Konkurrenzfähigkeit der Landeserzeugnisse gewährleistet werden kann. Auch sollte die Strategie der Regierung auf die Schaffung von Anreizen für längerfristige Entwicklung ausgerichtet sein, beispielsweise durch steuerliche oder andere Maßnahmen, die die Industrie dazu ermutigen, in wissenschaftliche Forschung und technische Entwicklungsprojekte mit dem Ziel längerer Verwertungszeiten zu investieren. Japan hat mit bemerkenswertem Erfolg ein System entwickelt, das private Geschäftsinitiative und Regierungsanreize kombiniert. Eine enge Zusammenarbeit zwischen dem öffentlichen und dem privaten Sektor ist entstanden als Grundlage langfristiger technischer Entwicklungen, insbesondere durch staatlich finanzierte Forschungsprogramme unter weitgehender Beteiligung der Privatwirtschaft.

Im Augenblick ist es besonders wichtig, daß jene Länder, die jetzt mit aller Kraft von einer zentralistisch geplanten zu einer Marktwirtschaft drängen, die Grenzen des Marktes ebenso erkennen wie seine Wohltaten.

Die Menschlichkeit in der Politik

In die Politik muß ein neues Element der Menschlichkeit eingebracht werden. In den letzten Jahren hat sich ein deutlicher Vertrauensverlust gegenüber politischen Parteien und Politikern gezeigt, eine Geringschätzung der Bürokratie, nachlassende Wahlbeteiligung und allgemeine Entfremdung zwischen Establishment und Gesellschaft. Die Erklärung ist sicher zum einen in einer übertriebenen Zentralisierung zu suchen, die das System entpersönlicht, zum anderen in bürokratischen Schikanen. Es ist ein Anzeichen einer tiefgehenden Misere. Politiker und Bürokraten haben anscheinend vergessen, daß es in der Politik (ebenso wie in der Wirtschaft) um die Menschen geht, daß sie den Menschen dienen muß. Erst wenn Menschlichkeit und Mitgefühl stärker in der Politik Eingang finden - mit dem Küssen von Babys in Wahlkampfauftritten ist es nicht getan -, wird die Entfremdung weichen.

Die internationale Dimension

Es wurde schon kurz auf einige Schwierigkeiten hingewiesen, die beim Regieren auf internationaler Ebene auftreten. Dort potenzieren sich die

REGIEREN UND REGIERUNGSFÄHIGKEIT

Probleme der nationalen Ebene. Der Trend zur globalen Dimension und die Einsicht, daß viele unserer heutigen Probleme globaler Natur sind und nicht durch die Initiativen einzelner Länder gelöst werden können, erhöht das Gewicht der Vereinten Nationen und anderer internationaler Systeme. Ereignisse der jüngsten Zeit deuten darauf hin, daß die Länder endlich bereit sein könnten, den Vereinten Nationen eine viel wichtigere Rolle im Friedensprozeß wie auch in den Umweltfragen zuzugestehen.

Das System der Vereinten Nationen, wie es ursprünglich konzipiert wurde, zusammen mit den unzähligen Behörden und Programmen, die im Lauf der Zeit mehr oder weniger wahllos hinzugefügt wurden, entsprechen nicht mehr dem, was die Welt heute angesichts der globalen Revolution braucht. Die Notwendigkeit einer Reform ist seit langem erkannt, doch konnte sie wegen der lange währenden geopolitischen Pattsituation nicht in Angriff genommen werden. Jetzt hat sich das geändert. Die GUS-Staaten sind in Fragen der Vereinten Nationen aktiv, und die Zurückhaltung der Vereinigten Staaten scheint langsam zu weichen. Die Zeit scheint also reif zu sein für eine Generalüberholung des Systems. Hierzu können neben neuen Analysen die unzähligen Studien dienen, die im Lauf der letzten zehn Jahre erstellt worden sind. Wir dringen darauf, daß sofort mit einem Neuentwurf des Systems begonnen wird und daß dies nicht ganz den Vertretern der verschiedenen Außenministerien überlassen bleibt. Fachleute aus der Wirtschaft und aus Forschung und Lehre können wichtige Beiträge liefern.

Zu dieser Überholung des Systems gehört eine erneute Überprüfung der Aufträge und Tätigkeiten der zahllosen Behörden, Dienststellen und Programme: Ihre Arbeitsaufträge müssen harmonisiert, ihr Schwerpunkt schärfer herausgearbeitet, und eine relativ ausgewogene Berücksichtigung des breiten Interessenspektrums muß gewährleistet werden. Zur Zeit gibt es viele Überschneidungen. Diese sind zum Teil wünschenswert im Hinblick auf die Weltproblematik. So findet zum Beispiel das Thema Technologie seinen Platz bei der Unesco, da es aus dem wissenschaftlichen Sektor der Aufgaben der Unesco erwächst. Aber auch UNIDO[3] ist im Kontext der industriellen Entwicklung damit befaßt, und UNEP[4] muß seine Auswirkungen untersuchen. Außerdem ist die Technologie in den Arbeitsbereichen von ILO[5], FAO, UNDP und der Weltbank unverzichtbar. Trotzdem besteht in vielen Bereichen ein großer

---

3 United Nations Industrial Development Organisation = Organisation für industrielle Entwicklung
4 United Nations Environment Programme = Umweltprogramm der Vereinten Nationen
5 International Labour Organisation = Internationale Arbeitsorganisation

Bedarf nach Koordination zwischen den verschiedenen Behörden. Natürlich gibt es schon die zwischenbehördlichen Ausschüsse, doch führen institutionelle Rivalitäten hier zu der gleichen Art von Ineffektivität, die wir auf der nationalen Ebene schon bei den interministeriellen Ausschüssen kennengelernt haben.

Die Wichtigkeit und die Natur vieler globaler Probleme legt es nahe, daß neue, flexible Wege gesucht werden; denn die Probleme lassen sich in ihrer Komplexität nur mühsam in die Programme bestehender Behörden oder Institutionen einordnen. In einem schlüssigeren UN-System wäre es denkbar, daß bestimmte Problemfelder von mehreren spezialisierten Behörden gemeinsam angegangen werden. Es würden Programme entworfen, in deren Rahmen die beteiligten Behörden finanziell und fachlich mitwirken würden, unter Umständen mit Unterstützung durch die Zentrale. Dieses Schema würde zwar den Einfluß der UN-Zentrale in der Arbeit der Spezialbehörden verstärken, aber dagegen wäre nichts zu sagen, wenn die bürokratische Einwirkung minimal bliebe und die Programme eine echte Autonomie hätten.

Aber auch die ganz normale Arbeit einiger Behörden verlangt nach einem neuen Konzept. Zwischenstaatliche Organisationen sind nicht die geeigneten Standorte für wissenschaftliche Forschung, ebensowenig wie Regierungsämter auf der nationalen Ebene. Sie können Anregungen geben, Probleme formulieren und den Rahmen für fruchtbare internationale Diskussionen bieten, aber sie sind nicht mit den finanziellen Mitteln ausgestattet, um in die Tiefe zu forschen. Sie haben im wesentlichen Katalysatorfunktion.

Bei der immensen Themenfülle, die eine Organisation wie Unesco zu bearbeiten hat, ist es unmöglich, kompetente Mitarbeiter zu haben, die in allen Einzelgebieten bewandert sind. Hinzu kommt, daß die Schwerpunktthemen notwendigerweise ständig wechseln, also jeweils nur für begrenzte Zeit auf der Tagesordnung stehen; die neuen Themen verlangen wiederum neue Kompetenzen. Die meisten Behörden suchen diese Probleme mit Hilfe von Beratern zu lösen. Effizienter wäre es freilich, die Verantwortung für bestimmte Studien jeweils den kompetentesten Instituten der Welt zu übertragen. Die Einstellung kompetenter Fachleute sollte auf Qualitätsbasis erfolgen, das Prinzip des »juste retour« sollte keinesfalls angewendet werden. Es wäre dann möglich, das aus hochqualifizierten Mitarbeitern mit breitgestreuten Interessen und Kontakten bestehende Team in der Zentrale ziemlich klein zu halten.

Schließlich müssen wir die Frage der Führungsqualitäten ansprechen, insbesondere die hohen Anforderungen, die an die Person des Generalsekretärs gestellt werden. Dieses Thema wurde kürzlich in einem Bericht der Dag-Hammarskjöld-Stiftung sachgemäß erörtert. In der UN-Charta wird der Amtsinhaber im wesentlichen als der oberste Verwaltungsbeamte der UNO beschrieben; es stellte sich jedoch recht bald heraus, daß entscheidende politische Vermittler- und Führungseigenschaften verlangt waren. In den reformierten, aktiven Vereinten Nationen der Zukunft ist das Image des Generalsekretärs von lebenswichtiger Bedeutung. Für Millionen Menschen in aller Welt repräsentiert er eine Organisation, die andernfalls nur wieder als eine bürokratische Maschine angesehen würde. Die Qualitäten, die vom Amtsinhaber gewünscht werden, verlangen fast Übermenschliches. Er oder sie (einen weiblichen Kandidaten hat es bis jetzt noch nicht gegeben) muß unerschrocken und zugleich vorsichtig sein, er muß ein hervorragendes Verständnis der Weltsituation und der Weltprobleme besitzen, sehr objektiv sein und die Fähigkeit haben, ein Image der Unparteilichkeit zu erzeugen, außerdem hochintelligent und sehr diplomatisch; dazu muß er oder sie innovativ sein und als ein Führer der Welt in Erscheinung treten. Schließlich verlangen die Strapazen dieses Amtes auch eine robuste physische Konstitution.

Das Auswahl- und Ernennungsverfahren erscheint indessen wie ein Spiel, das erstaunlich weit dem Zufall überlassen bleibt und dazu noch unter einem drohenden Veto steht. Die Kandidaten kommen recht unsystematisch ins Rennen; sie sind entweder selbsternannt oder werden von Regierungen vorgeschlagen. Das ganze ist im wesentlichen eine interne Angelegenheit, die Namen werden auf den Korridoren und in Konferenzräumen gehandelt. Die letzte Entscheidung treffen in der Praxis dann die fünf ständigen Mitglieder des Sicherheitsrates, bestätigt wird sie von der Generalversammlung. Auch außerhalb der Diplomaten- und Regierungskreise stehen genügend kluge, geeignete Persönlichkeiten zur Verfügung, und bei allem Respekt für den Amtsinhaber schlagen wir deshalb vor, für die Zukunft eine offenere und zugleich systematischere Auswahlmethode zu entwickeln.

Regierungsfähigkeit

Damit kommen wir ganz allgemein zu einer Neueinschätzung der Frage: Welche Eigenschaften verlangen wir von den Politikern, die uns regieren sollen? Eine Reform der Strukturen, Verfahrensweisen und Einstellungen wird wenig nützen, solange Männer und Frauen mit den richtigen Qualitäten und Fähigkeiten nicht bereit sind, diesen Dienst zu leisten, und solange nicht die Bürger diese Qualitäten erkennen und würdigen und dann auch bereit sind, für sie zu stimmen. Es reicht einfach nicht aus, daß man allein durch gute Fernsehauftritte und simplifizierende Reden, bei denen die Massen mit Hilfe leerer Versprechungen und unter Verleugnung der Tatsachen begeistert werden, den Weg in die höchsten Staatsämter findet. Für die benötigten Eigenschaften kann es angesichts der Vielfalt von Verhältnissen und Kulturen auf der Welt kein verallgemeinerndes »Paßbild« geben; dennoch wollen wir im folgenden einige der Qualitäten zusammentragen, die ein Führer mit einem neuen Profil in einer neuen Welt haben sollte:

- eine strategische Vision und eine globale Perspektive für die vorrangigen Elemente der Weltproblematik;
- Innovations- und Anpassungsfähigkeit;
- eine ethische Perspektive, die dem reinen Zweckdenken keine Zugeständnisse macht;
- die Fähigkeit, nach eingehenden Gesprächen mit Kollegen und Beratern wirksame Entscheidungen zu treffen, für deren Ausführung zu sorgen und zu gegebener Zeit die Ergebnisse zu bewerten;
- Lernfähigkeit; auch die Fähigkeit, andere zum Lernen zu ermutigen;
- den Mut, seine Ansicht zu ändern, wenn sich eine vertiefte Sichtweise der Verhältnisse und Probleme ergibt (in dem heute vorherrschenden Klima der Konfrontation kann dies manchmal den politischen Selbstmord bedeuten);
- die Fähigkeit, die Öffentlichkeit in aller Klarheit über die Hauptzielsetzungen der Politik so zu unterrichten, daß sie ermutigt wird, sich damit zu identifizieren;
- die Fähigkeit, Strategie und Taktik ihren richtigen Stellenwert zu geben: als Mittel, nicht als Zweck;
- Bereitschaft, Systeme einzusetzen, mit deren Hilfe er auf die Bedürfnisse der Bürger hören kann, auf ihre Ängste, Sorgen, Fragen und Vorschläge.

Dies wären einige der Desiderata. Wie sieht nun die heutige Wirklichkeit aus? Auch in den Ländern, in denen die Korruption sich in Grenzen hält, sieht man den Lohn des Politikers nur allzuoft im Hochgefühl der Macht, während er doch theoretisch in der Befriedigung liegen sollte, der Gesellschaft zu dienen und gute Arbeit zu leisten. Deshalb stellen sich gerne Menschen zur Wahl, die etwas mehr Eitelkeit mitbringen als der Durchschnitt und den Drang verspüren, Macht auszuüben. Dies sind kaum die geeigneten Kriterien für die Auswahl der

REGIEREN UND REGIERUNGSFÄHIGKEIT

Weisesten, die die Welt durch die Klippen der Revolution steuern können. Wie die Dinge im Augenblick liegen, vermeiden es viele Menschen mit hoher Qualifikation, die das Zeug zur Übernahme von Führungsaufgaben auf nationaler oder internationaler Ebene hätten, die Arena der Politik zu betreten mit ihren Unsitten und Verleumdungen, wo es für den, dem die Macht nicht oberstes Ziel ist, kaum eine Anerkennung gibt.

Es muß daher viel Sorgfalt auf die Auswahl unserer Führer verwendet werden. Derzeit geschieht das nach dem Prinzip, daß der Stärkste überlebt. Danach besteht die Tendenz, Personen zu wählen, die unverhohlen egoistisch und manchmal auch bereit sind, das Allgemeinwohl für ihren persönlichen Ehrgeiz oder ihre Partei zu opfern. Die Eigenschaften, mit denen man heute in hohe Ämter aufsteigt, sind also gerade jene Eigenschaften, die den einzelnen dafür untauglich machen. Charisma ist eine sehr wichtige Eigenschaft für eine Führungspersönlichkeit; aber Charisma allein reicht nicht aus, und allzuoft ist es mit weniger wünschenswerten Eigenschaften gekoppelt. Aber im Zeitalter des Fernsehens ist Charisma wohl die wichtigste Voraussetzung überhaupt, um eine Wahl zu gewinnen. Eine Änderung läßt sich schwer absehen; mit Sicherheit wird sie nicht aus dem System selbst erwachsen. Deshalb ist es so wichtig, daß integre Persönlichkeiten ohne politische Ambitionen die Öffentlichkeit mit diesen Problemen konfrontieren.

Politische Entscheidungen sind selten rational begründet. In der Regel werden sie von Fall zu Fall getroffen und beruhen auf einer komplexen Mischung aus Intuition, die sich auf Erfahrungswerte stützt, aus persönlichen Motiven, die oft unbewußt bleiben, aus Zwängen, die sich aus politischen Dogmen ergeben, und aus Zweckdienlichkeit. Dies wird sich kaum ändern, aber es kann sich verbessern im Sinne eines Erziehungsprozesses. Bessere, genauer analysierte Informationen können vorgelegt werden, die Motive können mehr ins Bewußtsein gehoben und dadurch modifiziert werden, und das Zweckdenken kann durch andere Ziele ersetzt werden, wenn das System längerfristige Erwägungen erlaubt.

Unter den stets wechselnden Bedingungen, die den Ausgangspunkt all unserer Überlegungen bilden, kommt es darauf an, daß vorausschauende Regierungen auf allen Ebenen ein gewisses Maß an politischem Unternehmertum entwickeln, anstatt in dem Trubel der Ereignisse nur auf die Erhaltung von Stabilität und Harmonie fixiert zu sein. Das Staatsschiff muß nicht nur im Wasser bleiben, es muß auch sicher und überlegt in die gewünschte Richtung gesteuert werden. Die Regierungen der Zukunft müssen daher lernen, in gewissem Maße soziale Architekten zu

werden. Um dies zu erreichen, ist im Rahmen der nationalen und weltweiten Trends eine viel tiefergehende, anhaltende Diskussion der Fragen erforderlich. Die Personalpolitik wird immer wesentlicher, eine neue Wissenschaft und Kunst der politischen Beratung gewinnt an Bedeutung. Politische Berater sollten nicht nur - ja nicht einmal in erster Linie - Beamte sein; zu ihnen sollten Menschen aus den verschiedensten Bereichen und ohne parteipolitische Bindung gehören. Die ganze Frage, welcher Personenkreis die beste Kompetenz für politische Analysen besitzt, ist noch offen, und es muß intensiv darüber nachgedacht werden, wie dieser Aspekt einer viel breiteren Beteiligung an politischen Prozessen Rechnung getragen werden kann.
???

9. KAPITEL

Schritte und Verfahren einer Weltlösungsstrategie

Die wichtigsten Schritte sind solche, mit denen der einzelne und die Gesellschaften es lernen, sich den ständig wechselnden Verhältnissen auf diesem Planeten anzupassen.

Die Anpassung an den Wandel ist die zentrale Herausforderung an der Wurzel aller Elemente der Weltproblematik, die wir im ersten Teil dieses Buches analysiert haben. Die Herausforderung richtet sich an alle Menschen auf unserem Planeten, ungeachtet ihrer Kultur, Traditionen, Religion oder Lebensanschauung, ungeachtet auch ihrer Ausbildung.

Jeder Wandel, ob zum besseren oder zum schlechteren, erfordert Lernen, Selbstprüfung und die Überprüfung unserer Beziehung zu anderen und zur Umwelt. Solche Fragen sind mühsam und ganz ohne Zweifel schwierig. Menschen, die dazu erzogen worden sind, fest in ihren Überzeugungen - in ihren Grundwerten, im Beruf, in ihrer Religion und so weiter - zu stehen, durchleben heute nicht nur eine, sondern eine ununterbrochene Serie von Wandlungen, die die Grundorientierung ihres ganzen Lebens bedrohen. Diese Wandlungen folgen einander immer schneller. Es reicht also nicht, sich ein für allemal einer geänderten Situation anzupassen; die Herausforderung liegt vielmehr darin, einen permanenten Zustand des Sich-Änderns zu durchlaufen, bei dem man Ungewißheit, neue Dimensionen der Komplexität, die heimtückischen, brutalen Veränderungen und auch die Chancen und Gelegenheiten erfährt, die der ganzen Welt ebenso wie dem einzelnen in seiner unmittelbaren Umgebung widerfahren.

In derart kontinuierlich wechselnden Verhältnissen zu leben bedeutet nicht, daß der einzelne die Veränderungen passiv über sich ergehen lassen und sich ohne eigene Reaktion von ihnen formen lassen soll. Genausowenig bedeutet es, daß er in einer fortgesetzten Streß-Situation leben muß, nur weil er nicht weiß, wie er unvorhergesehene Realitäten einordnen oder mit ihnen fertig werden soll.

SCHRITTE EINER WELTLÖSUNGSSTRATEGIE

Welche Instrumente hat er, um die Veränderungen zu verstehen und seine Freiheit und Unterscheidungsfähigkeit zu wahren? Wie schafft er es, nicht isolierter, pessimistischer Zuschauer zu bleiben, sondern einer der Akteure zu werden, fähig, durch Willenskraft und einen Geist der Erneuerung am Bau einer Gesellschaft mitzuwirken, die er von ganzem Herzen ersehnt?

Drei Hilfsmittel der Weltlösungsstrategie hat der einzelne auf seiner Reise durch diese Übergangszeit zur Verfügung. Sie sind im Grunde genommen nicht neu, aber im Rahmen einer Weltlösungsstrategie erhalten sie eine Dimension, die der neuen Perspektive gerecht werden kann. Erstens: die Herausforderung, zu lernen und sich zu bilden; zweitens: die Wissenschaft und die neuen Technologien; drittens: die Rolle der Massenmedien.

In allen vorausgehenden Kapiteln haben wir in verschiedensten Worten immer wieder auf die gleiche Notwendigkeit hingewiesen: lernen, verstehen, Kontakt aufnehmen, mitteilen, sich anpassen, organisieren. Diese Erfordernisse waren aus unseren Ausführungen ständig herauszuhören; denn das Problem der Erziehung und Bildung escheint beharrlich als ein Leitmotiv: vom Leben lernen, statt nur aufzunehmen, was die Schule lehrt; die Umwandlung dieser Welt verstehen, in der wir leben; sich neuen Technologien anpassen; am interdisziplinären Austausch in der planetarischen Dimension teilnehmen, in die wir uns hineingestellt sehen; aus Verantwortung handeln: Dies alles ist in den viel strapazierten Begriffen Erziehung und Bildung enthalten. Heute befinden sich die Bildungssysteme fast aller Länder in der Krise, den wirklichen Bedürfnissen werden sie nur in seltenen Fällen gerecht. Es gilt neue Bildungsziele, neue Prioritäten zu definieren. Es wird uns immer mehr bewußt, daß die Bildungssysteme, die Schulen und die Universitäten nur einen Teil von dem liefern, was wir Erziehung und Bildung nennen können: auch die Familie, das Berufsleben und viele andere soziale Zellen sind auf verschiedensten Ebenen am Erziehungsprozeß beteiligt. Die Bildungskrise ist zu einem wesentlichen Element in der Weltproblematik geworden, zugleich aber zeichnet sich Bildung und Erziehung als eines der bevorzugten Mittel der Weltlösungsstrategie ab. Sie steht in dem ganzen Komplex »Weltproblematik - Lösungsstrategie« an zentraler Stelle.

SCHRITTE EINER WELTLÖSUNGSSTRATEGIE

1. Die Herausforderung des Lernens

Es muß noch einmal wiederholt werden, daß nach unserem Verständnis »Bildung und Erziehung« ein weit größeres Feld umfaßt als die bestehenden Schulsysteme. Das wichtigste Erfordernis jeder Erziehung scheint uns zu sein, daß wir *lernen, wie man lernt*.[1] Vielleicht ist es eine Binsenwahrheit, daß Erziehung der Schlüssel zu den wahren Schätzen des Menschen ist. Sie gilt aber nur, wenn Erziehung als ein Bündel von Prozessen verstanden wird, die nicht bloß berufliche Qualifikationen vermitteln, sondern den Menschen befähigen, sein Potential zu nutzen, indem er jene Kulturgegebenheiten aufnimmt und sich jene Kulturtechniken aneignet, die er zur intelligenten Teilnahme am gesellschaftlichen Prozeß, zur Übernahme von Verantwortung und wahrer Menschenwürde braucht.

Leider sind das menschliche Wissen und der Stand sozialer Beziehungen mittlerweile so komplex geworden, daß das Bildungssystem ein natürliches Opfer dreier Plagen geworden ist: Überfülle des Wissens, Anachronismus und Unangemessenheit.

Der *Wissensüberhang* betrifft alle Altersstufen. Bei der schieren Masse des Wissens auf allen Gebieten wissen wir buchstäblich nicht mehr, welches Wissen wir den Kindern und Studenten weitergeben sollen. Um ein Beispiel zu geben: Die Anzahl aller wissenschaftlichen und technischen Veröffentlichungen allein im Jahr 1986 war so groß oder noch größer als die Summe der Schriften sämtlicher Gelehrten der Welt vom Anfang schriftlicher Überlieferung bis zum Zweiten Weltkrieg. Wie soll man da noch auswählen? Wie das Wissen weitergeben?

Der *Anachronismus* entsteht, weil sich diese Informationsflut ständig selbst überholt: Neues Wissen verleiht dem alten andere Perspektiven, Begriffe und Ideen verschieben sich, passen sich an. Doch in der Praxis können sich Grundschul- und Gymnasiallehrer kaum fortbilden. Sie unterrichten das, was sie zwanzig Jahre früher in einer völlig anderen Umwelt gelernt haben. Selbst wenn sie regelmäßige Fortbildungskurse besuchen könnten - was allerdings ein gewaltiger Fortschritt wäre! -, würden sie immer noch der Zeit hinterherlaufen; denn Wissen kann erst weitergegeben werden, wenn es verarbeitet ist, und das braucht seine Zeit.

---

1 Vgl. Botkin, Elmandjra, Malitza: *No Limits to Learning. A Report to the Club of Rome* (1978)

SCHRITTE EINER WELTLÖSUNGSSTRATEGIE

Die Kinder und Jugendlichen empfinden zunehmend, wie *unangemessen* die konventionelle Erziehung ist, die sie erhalten, da sie nur einen ungenügenden Bezug zu der Welt hat, in der sie aufwachsen. Fernsehen und Comics, Bücher und Science-fiction-Filme, Beton, Glas und Aluminium - alles erscheint ganz anders als das, was man in der Schule lernt. Auch die Berufsausbildung ist oft keine zureichende Vorbereitung auf das, was die Jugendlichen am Arbeitsmarkt erwartet; manchmal wird man sogar noch in Berufen ausgebildet, die es gar nicht mehr gibt. Es ist sehr schwierig, hier Abhilfe zu schaffen, denn jede Struktur- und Bildungsreform - mit allen unerwünschten Begleiterscheinungen - kann sich nur langfristig auswirken: es vergehen mindestens zehn oder fünfzehn Jahre. Über einen so langen Zeitraum lassen sich aber keine Vorhersagen machen.

Traditionell ist Erziehung als eine Funktion des Unterrichtens verstanden worden; heute jedoch und erst recht in der Zukunft bedeutet es den permanenten Lernprozeß, den jeder Mensch als Mitglied der Gesellschaft erfährt. Eines der neuen Hauptziele der Erziehung ist es, die Veränderung zu lernen.

■

»Höre zu, schau dich um, suche zu begreifen. So ist es auf der Erde. Sei nicht untätig, lauf nicht ziellos herum. - Wie sollst du leben? Wie sollst du die kurze Zeit verbringen? Man sagt, daß es sehr schwer sei, auf der Erde hier zu leben. Es ist ein Ort schrecklichen Ringens - mein kleines Fräulein, mein kleiner Vogel, meine Kleine.«

Huethuetlatolli - Lehrgedicht aus präkolumbianischer Zeit

■

Vom Säuglingsalter an beginnen die kleinen Kinder zu lernen, indem sie etwas tun, indem sie teilnehmen, ausprobieren - und nicht nur passiv zuschauen. Schon in frühester Kindheit lernt der Mensch, Darsteller zu sein, nicht Zuschauer. Nur in dieser aktiven Beziehung zu seiner menschlichen, natürlichen, körperlichen Umgebung kann sich die Freiheit und Unabhängigkeit, die Persönlichkeit, das Schöpferische eines Menschen entwickeln und bis zur Reife fortschreiten. Positiv handeln bedeutet allerdings nicht - auch dies muß gesagt werden -, daß man alle Regeln über Bord wirft oder Einschränkungen von sich weist.

Die Erziehung jedes Menschenwesens muß in jedem Stadium seiner Entwicklung ein differenzierter Vorgang mit vielen Funktionen sein, die

SCHRITTE EINER WELTLÖSUNGSSTRATEGIE

insgesamt den Lernprozeß darstellen auf dem Weg in die unmittelbare Zukunft. Die Ziele sind die folgenden:

* Wissen erwerben;
* die Intelligenz strukturieren, Kritikfähigkeit entwickeln;
* zur Selbsterkenntnis gelangen, seine Begabungen und Begrenzungen erkennen;
* lernen, unerwünschte Impulse und destruktives Verhalten zu bekämpfen;
* Kreativität und Phantasie wecken;
* lernen, in der Gesellschaft eine verantwortliche Funktion zu übernehmen;
* lernen, mit anderen zu kommunizieren;
* anderen Menschen helfen, sich an Veränderungen anzupassen oder auf sie vorzubereiten;
* fähig werden und andere befähigen, die Welt unter dem globalen Aspekt zu sehen;
* Menschen schulen, damit sie sich für die Gesellschaft einsetzen und an der Lösung ihrer Probleme mitwirken können.

In unserer heutigen Welt stellen die vier letztgenannten Punkte den einzigen Weg dar, wie man die künftigen Erwachsenen darauf vorbereiten kann, sich der Welt von morgen zu stellen; aber im klassischen Bildungsprozeß kommen diese vier Punkte praktisch nicht vor. Zur Erklärung werden die verschiedensten, mehr oder weniger überzeugenden Gründe angeführt: der übervolle Stoffplan, die mangelnde Ausbildung der Lehrer auf Gebieten, die Neuland sind, und so weiter. Einige Länder haben ein Pflichtfach eingeführt, das sie »Staatsbürgerkunde« oder ähnlich nennen. Es liegt wohl auf der Hand, daß in Zukunft ein neues Pflichtfach »Weltkunde« gelehrt werden muß - oder besser noch: »Einführung in die großen Probleme in der Welt und die Weltproblematik«.

Die Rolle des Lehrers, dem die künftige Entwicklung des Kindes anvertraut ist, ist eine der vornehmsten in der ganzen Gesellschaft; sie verlangt Hingabe und ein Bewußtsein von Berufung. Vielerorts ist der Lehrer jedoch gering geachtet, unterbezahlt und muß sich mit einem ziemlich niedrigen sozialen Status zufriedengeben. Es ist unbedingt erforderlich, gerade diesem Beruf eine sehr hohe Motivation zu geben und die besten Geister für ihn zu gewinnen. Dazu bedarf es einer neuen sozialen Denkweise in der Öffentlichkeit und besonders bei den Eltern. Vom Beruf des Lehrers hängt die Zukunft ab. Er muß einen so hohen Status erhalten und so honoriert werden, daß er die Besten anzieht, und auch die Lehrerseminare müssen aufgewertet werden. Sie müssen nicht nur hervorragende Kenntnisse und Stimulation vermitteln, sondern ihre Absolventen müssen vorwärtsblickende Menschen sein, die sich engagieren wollen. Dies ist ein Schlüsselbereich einer Bildungsreform, vor allem weil er eine Multiplikatorwirkung hat.

Die Erziehung sollte den Menschen bewußt und entschieden in einen permanenten, lebenslangen Prozeß einführen, der zu Hause in der Familie beginnt, sich zuerst in einem angemessenen schulischen Rahmen, dann am Arbeitsplatz, in der Freizeit, in einer religiösen Umgebung fortsetzt und weiter ausstrahlt in die Gemeinschaft oder den Club, in Organisationen wie die Gewerkschaften oder in die Politik, und der auch im Ruhestand noch andauert in Aktivitäten persönlicher oder sozialer Art.

Die Erziehung muß aber auch zum fachübergreifenden Arbeiten befähigen. Jedes Problem ist mehrschichtig, es hat technische, ökonomische, soziale, politische, geistige Elemente, und nur in den seltensten Fällen ist eine Lösung vom Politiker oder Wissenschaftler, Ingenieur oder Volkswirtschaftler im Alleingang zu erwarten. Bei der immer weiter fortschreitenden Verflechtung der Nationen und den zahlreichen Problemen globaler Dimension müssen viele Disziplinen gleichzeitig beteiligt sein. Fachübergreifendes Arbeiten ist aber sehr schwer zu realisieren, denn unsere Gesellschaft ist vertikal organisiert. Ministerien arbeiten in Ressorts, und bei der Gestaltung ihrer Politik fragen sie erst in zweiter Linie, wie sich diese auf die anderen Ressorts auswirkt. In ähnlicher Weise gliedern sich die Universitäten in Fakultäten und Fachbereiche, die ziemlich unabhängig nebeneinander arbeiten, sich immer mehr spezialisieren und in der Regel nicht viel voneinander wissen.

Die Erfahrung hat gezeigt, daß Spezialisten verschiedener Fachrichtungen sehr gut in einem Team an der Lösung eines gemeinsamen komplizierten Problems arbeiten können, wobei jeder die Erkenntnisse seines eigenen Faches einbringt. Allerdings wirken alle Motivationen, die es in der Akademikerschaft gibt, einem solchen Verfahren entgegen; denn wissenschaftliches Ansehen und Beförderung hängen vom Urteil der Fachkollegen ab, und diese halten als erfolgreiche Spezialisten wenig von der Arbeit eines interdisziplinären Teams, ja sie lehnen sie vielleicht sogar als Spielerei und Dilettantismus ab.

Die Männer und Frauen von heute morgen, erzogen, sich an feste Prinzipien zu halten, müssen zunehmend die Welt in ihrer Evolution wahrnehmen, in ihrer Komplexität und Unsicherheit. Sie müssen ihre eigenen Kapazitäten neu ausrichten und entwickeln im Hinblick auf Erneuerung, Anpassung an den Wandel und Organisation instabiler Verhältnisse, um diese kreativ zu gestalten.² Für ihr geistiges und intellektuelles Gleichgewicht, für ihre Fähigkeit, mit sogenannten Streß-Situationen fertig zu werden, brauchen sie neue Waffen, die sie in sich selbst entdecken können, auch wenn sie von ihnen noch nichts wissen und ihren Gebrauch noch nicht geübt haben. Dabei werden oder müssen sie wieder auf Verbindungen zurückgreifen, die lange Zeit verächtlich abgewertet wurden: »Der Mensch ist ein denkender Pfeil,« schrieb Pascal. Doch sein Gehirn, sein intellektueller Teil kann eine so geheimnisvolle Wahrheit wie das Wirkliche nur dann fassen, wenn er sich auch dem scheinbar Irrationalen, der intuitiven, gefühlsbetonten Seite zuwendet, die die wesentliche Grundlage menschlicher Beziehungen ist.

Die Rolle der Erziehung ist noch viel lebenswichtiger als wir meinten. Aber viel Nachforschen, viel Arbeit wird aufgewendet werden müssen, um das Erziehungskonzept ganz neu zu durchdenken. Es muß offen werden für die Dimensionen der heraufdämmernden Zeit, damit die Erzieher von heute und morgen die gewaltige Größe und den Adel ihrer Aufgabe entdecken können: eine neue Zivilisation ins Leben zu rufen, in Einheit und Mannigfaltigkeit.

2. Der Beitrag von Wissenschaft und Technik

In den Industrieländern des Nordens hat die Technik den gesamten Lebensstil geprägt, und aller Wohlstand ist auf sie gegründet. Auch in die Stadtregionen der südlichen Länder ist die aus dem Norden importierte Technik eingedrungen. Aber auch viele der Probleme unserer Zeit sind direkt oder indirekt durch die Technik oder durch ihren falschen Gebrauch verursacht. Die Technik und ihr Partner, die Wissenschaft, werden also in der Weltlösungsstrategie einen wichtigen Platz einnehmen.

Wissenschaft und Technik werden oft ein wenig oberflächlich als zwei Aspekte der gleichen Sache hingestellt: Forschung und Entwicklung führen zu Wissenschaft und Technik. In Wahrheit handelt es sich aber um zwei ganz verschiedene Systeme. Wissenschaft ist ein offenes System, dessen Früchte der ganzen Welt zur Verfügung stehen; die Technik hingegen ist von wirtschaftlichen Erwägungen bestimmt, und ihre Produkte sind streng gehütetes Firmeneigentum.

Die Wissenschaft befriedigt den Wissensdrang, sie erforscht das Unbekannte und liefert neue Daten. Daten sind die Rohstoffe der Information. Die menschliche Intelligenz selektiert, ordnet und verbindet die

---

2 Ilya Prigogine, Nobelpreisträger für Physik und Mitglied des Club of Rome, behandelt dieses Thema in glänzender Weise in seinen Schriften.

SCHRITTE EINER WELTLÖSUNGSSTRATEGIE

Daten, so daß sie Information ergeben. Eine Matrix der Information kann zum Wissen werden. Das Wissen als solches verleiht noch kein Verständnis; dieses entsteht erst, wenn zum Wissen die aus der Erfahrung gewonnene Weisheit hinzukommt. Wir haben es also mit einem Kontinuum zu tun, das von den Rohdaten über die Information und das Wissen zum Verständnis fortschreitet. Heute besitzen wir unendlich größere Informationsmengen über den Menschen und das Weltall als unsere Vorfahren, aber es hat kaum den Anschein, als sei die menschliche Weisheit in den letzten 5000 Jahren merklich angewachsen. Erst in unserer komplexen Zeit beginnen wir zu ahnen, daß die Suche nach Weisheit die eigentliche Herausforderung für die Menschheit ist.

■

»Wo ist das Wissen, das sich in der Information verliert?
Und wo ist die Weisheit, die sich im Wissen verliert?«

T.S. Eliot[3]

■

Eigentlich müßte es also ein Forschungsprojekt über die Natur der Weisheit geben und darüber, wie man sie erlangt. Aber welche der großen Stiftungen würde ein solches Projekt finanzieren? Dagegen haben wir in den letzten Jahren unser Wissen über das menschliche Gehirn, auch über das Verhalten des Menschen und insgesamt über die Natur des Homo sapiens beträchtlich erweitert. Diese fächerübergreifenden Forschungen müssen weitergeführt werden, unter Beteiligung der Biochemie, Physiologie, Neurologie, Endokrinologie, Molekularbiologie, Psychologie, Anthropologie und anderer Wissenschaften. Diese Arbeit verdient aktive Unterstützung, auch wenn ihre Ergebnisse derzeit recht theoretisch anmuten mögen. Nicht nur der rationale Geist, sondern auch die emotionalen und intuitiven Aspekte des Seins - die im menschlichen Leben eine so bedeutende Rolle spielen - müssen Gegenstand dieser Forschungen werden.

Eine Forschung, die nur der Wissenserweiterung dient ohne direkte praktische Anwendung, gilt als reine oder Grundlagenforschung; sie produziert Elemente im Mosaik unseres stets wachsenden Wissens. In der Regel findet sie in den Labors der Universitäten oder in Instituten von Wissenschaftsakademien statt, wie es bisher in den Ländern Osteuropas der Fall war. Wissenschaftliches Verständnis ist als Produkt der

---

3 Englischer Dichter und Schriftsteller (1888 - 1965)

SCHRITTE EINER WELTLÖSUNGSSTRATEGIE

Grundlagenforschung ein wichtiges Element zeitgenössischer Kultur. Die Forschung im Rahmen der Universität hat auch eine wichtige Erziehungsfunktion. Universitätslehrer, die zugleich als Forscher in der vordersten Front unseres sich erweiternden Wissens stehen, können ihren Studenten den Geist der wissenschaftlichen Methode weitergeben. Diese Funktion ist grundlegend für das Verständnis in unserer Zeit, in Entwicklungs- und Industrieländern gleichermaßen. Ohne sie könnten Wissenschaft und Technik nicht sinnvoll in den Prozeß der Entwicklung eingegliedert werden.

Eine zweite Form der Grundlagenforschung wird zunehmend in den industrialisierten Gebieten eingesetzt: die zielorientierte Grundlagenforschung, die in der Entwicklung der High-Tech wichtige Inputs liefert. Diese Art der Forschung führt zwar auch nicht zu unmittelbar anwendbaren Resultaten, aber sie kann vorhandene Unwissenheit beheben, die höheren technischen Prozessen noch im Wege steht. Sie wird in den Labors der Firmen oder im Auftrag von Firmen betrieben und kann ein nützliches Bindeglied zwischen der Industrie und den Universitäten sein.

In großem Umfang wird heute angewandte Forschung betrieben, ob in der Industrie, der Landwirtschaft oder im System der öffentlichen Dienstleistungen. Die Naturwissenschaften - Chemie, Physik oder Biologie - sind an ihr ebenso beteiligt wie Wirtschaftswissenschaften oder die Verhaltensforschung. Die komplexen Problemkreise unserer Zeit verlangen sogar ein gemeinsames Vorgehen der verschiedenen Disziplinen. Die Erfahrung zeigt immer wieder, daß die Mitarbeiter in solchen fachübergreifenden Projekten, die von ganz unterschiedlichen Wissenschaften herkommen, ein hohes Maß an Kommunikation erreichen, welche die Grenzen der Disziplinen überschreitet. Fachübergreifende Forschung ist ein wesentliches Erfordernis der Weltlösungsstrategie. In den äußerst stark vertikal organisierten Universitäten mit ihren Abteilungen und Fakultäten läßt sie sich kaum realisieren. Die angewandte Forschung muß natürlich insbesondere in den Entwicklungsländern ausgeweitet werden. Dort wird sie bereits im Agrarsektor betrieben, aber nur in wenigen Fällen auch in der Industrie, weil die Ausstattung der Labors der kleinen Firmen dies noch nicht zuläßt und die erforderlichen Wissenschaftler nicht bezahlt werden können.

Die technologische Entwicklung ist der wesentliche Schritt zur industriellen Innovation, aber doch nur der erste Schritt. Sie führt erworbenes technisches Wissen zusammen und entwickelt es in Versuchsprojekten oder in Form von Prototypen zu einem zuverlässigen Herstellungsverfahren für marktfähige Produkte. Diese Entwicklungsphase ist gewöhnlich kostspieliger als die reine Forschungsphase, die ihr voraus-

SCHRITTE EINER WELTLÖSUNGSSTRATEGIE

ging. Weitere Faktoren der technischen Erneuerung sind Marktanalysen zur Bestimmung des Bedarfs, die Bereitstellung von Risikokapital, Organisations- und Verwaltungsfähigkeiten sowie die Einstellung und Schulung von zuverlässigen Mitarbeitern. Wegen dieser Kosten und wegen des komplexen Verfahrens der industriellen Innovation liegt die Industrialisierung der Entwicklungsländer meist in den Händen der übernationalen Großkonzerne, oder es werden schlüsselfertige Technologien importiert. Der Technologietransfer hat sich oft als Fehlschlag erwiesen, meist wegen mangelnder technischer und organisatorischer Erfahrung im jeweiligen Einfuhrland. Nur die neu industrialisierten Staaten Südostasiens waren erfolgreich, weil sie der Nachkriegsentwicklung Japans gefolgt sind: Zuerst konzentrierten sie sich auf das Bildungssystem, richteten moderne Forschungs- und Entwicklungsinstitute ein, dann erst importierten sie sorgfältig ausgewählte Verfahren. Auch die größeren Entwicklungsländer haben schon genügend wissenschaftliche und technische Kapazitäten aufgebaut, um Innovationsmaßnahmen durchführen zu können.

Die Herausforderungen der globalen Revolution verlangen eine Neuorientierung der Forschungs- und Entwicklungsprogramme und eine radikale Änderung der Prioritäten. Wir können an dieser Stelle keine detaillierten Vorschläge unterbreiten, doch wollen wir in groben Zügen angeben, wie der Ansatz aussehen könnte.

Grundlagenforschung. Wie schon gesagt, sind Untersuchungen über den Menschen, seine Natur, seine Beweggründe, Möglichkeiten und Begrenzungen ebenso wie die Erforschung sozialer, bildungsmäßiger und anderer Strukturen ein wichtiges Erfordernis. Diese Grundlagenforschung muß in den Entwicklungsländern gefördert werden, und die Voraussetzungen für eine Aufwertung der Wissenschaftler aus südlichen Ländern müssen geschaffen werden. Ein Beispiel für diese Bemühungen ist Abdus Salams[4] Internationales Zentrum für Theoretische Physik in Triest.

Erforschung der Wirkungsweise des natürlichen planetarischen Systems. Wir wissen zu wenig über die Toleranzgrenzen des Systems oder über seine Anfälligkeit für menschliche Einwirkung. Zum Beispiel muß das globale Klimasystem in seiner ganzen Komplexität viel gründlicher untersucht werden. Wir müssen genau wissen, wie die Tätigkeit des Menschen das System lokal oder regional beeinflußt; nur dann können wir die Konsequenzen der Erwärmung der Erdatmosphäre und anderer

---

4 Nobelpreisträger für Physik, Mitglied des Club of Rome

SCHRITTE EINER WELTLÖSUNGSSTRATEGIE

Makro-Erscheinungen voraussehen. Wir haben große Wissenslücken, auch beispielsweise über die Ablagerungen von Kohlendioxid: Es heißt, daß nur etwa ein Drittel oder die Hälfte des emittierten Gases bisher festgestellt worden ist. In all diesen Fällen brauchen wir verläßliches Wissen, wenn wir das natürliche Toleranzsystem kennenlernen wollen - ehe wir es (und uns selbst) durch schiere Unwissenheit zerstören.

Zielgerichtete Forschung im Hinblick auf technische Neuerungen, um viele bestehende Probleme zu lösen oder abzumildern. Diese Forschung dient der Behebung ebenso wie der Prävention. Wir wollen nur die wichtigsten Stoßrichtungen skizzieren.

Wir haben schon die Notwendigkeit einer massiven Kampagne für Energieeinsparung und Effizienz betont. Bei der Einsparung geht es mehr um die Anwendung wohlverstandener Techniken als um Forschung. Will man aber Erfolg haben, brauchen wir starke Veränderungen menschlicher Gewohnheiten und damit die Arbeit der Sozialwissenschaften. Sehr viel Forschung müssen wir auf größere Effizienz in der Energieerzeugung, -übertragung und -anwendung verwenden. Techniken der Energieberechnung müssen entwickelt und angewandt werden. Diese Aufgaben werden überwiegend in den nördlichen Ländern mit ihrer energieintensiven Volkswirtschaft angegangen, aber auch der Süden mit seinem Bevölkerungszuwachs hat den gleichen Bedarf. Dies wird erfreulicherweise in der Erklärung von Nairobi zum Thema Klimaverschiebungen (Mai 1990) gesehen.

Sehr hohe Priorität muß auch einem internationalen Forschungsprogramm für alternative Energien und entsprechende Arbeiten im nationalen Rahmen eingeräumt werden. Hierunter fallen die Entwicklung der Kernfusion, die Magnetohydrodynamik und alle sanften Energieformen. Auch die Erforschung künftiger Möglichkeiten einer Wasserstoffwirtschaft muß beschleunigt werden; Wasserstoff entsteht bei der Aufspaltung von Wasser durch Elektrolyse oder Katalyse. Hier handelt es sich nicht um eine alternative Energie, sondern um eine Form der Energieübertragung zur Verwendung als Kraftstoff für Autos, Flugzeuge und so weiter für den Fall des Ölausfalls.

Außerdem müssen neue saubere Technologien entwickelt werden und traditionelle Verfahren nach Kriterien der Umweltverträglichkeit weiterentwickelt werden. Ein Desiderat in der chemischen Industrie sind zum Beispiel spezifische synthetische Verfahren und neue Katalysatoren, ferner die Entgiftung giftiger Industrieabfälle unter minimalem Energieaufwand. Die Techniken der Wiederaufbereitung müssen verbessert werden, und biologisch abbaubare Kunststoffe für Verpackungs- und andere Zwecke sind eine weitere Aufgabe für die chemische Industrie.

In der Landwirtschaft und den Agrarindustrien muß eine entschlossene Anstrengung gemacht werden, den Energiebedarf zu senken. Es wird bereits an der Entwicklung von Getreidesorten gearbeitet, die ihren eigenen Stickstoff produzieren, so daß der Verbrauch von Stickstoffdünger stark eingeschränkt werden könnte. Chemische Pestizide müssen durch biologische Steuersysteme ersetzt werden. Genetische Züchtung ist erforderlich, um wichtige Getreidesorten resistenter zu machen gegen Insekten- oder Pilzbefall oder gegen klimatische Veränderungen.

Interessante Forschungsprojekte befassen sich mit der Entwicklung neuer Verkehrssysteme. Flexible Systeme für den städtischen Verkehr werden dringend benötigt.

Wissenschaft und Technik im Interesse der Entwicklung. In der Wissenschaft und Technik ist die Diskrepanz zwischen reichen Ländern und Entwicklungsländern noch größer als auf dem Gebiet der Wirtschaft. Etwa 95 Prozent aller Forschung und Entwicklung, die weltweit geleistet wird, findet in den Industrieländern statt. Je ärmer ein Land ist, desto geringer der Anteil seiner Wissenschaftler, der in der Grundlagenforschung arbeitet. Große Entwicklungsländer wie Brasilien, Indien und Mexiko besitzen zwar schon die Infrastruktur für umfangreichere Projekte der angewandten Forschung, aber in den übrigen Entwicklungsländern finden wir derart zielgerichtete Forschung nur im Agrarbereich. In diesen Ländern wird es nichts nützen, mehr Wissenschaftler heranzubilden. Dies kann nur zur Abwanderung führen, denn im produzierenden Wirtschaftssektor finden Wissenschaftler in der Regel keine Arbeitsplätze. Die Wissenschaft kann in solchen Ländern jedoch nur dann einen Beitrag zur Entwicklung leisten, wenn sie an den Produktionsprozeß angeschlossen ist.

Es ist allgemein anerkannt, daß die Schaffung von heimischen Forschungskapazitäten in jedem Entwicklungsland eine wichtige, vielleicht die wichtigste Voraussetzung für die Entwicklung der südlichen Hemisphäre ist. Zu diesem Ergebnis kam die UNO-Konferenz über Wissenschaft und Technik für die Entwicklung, die 1979 in Wien stattfand. Dort wurden auch Finanzierungsmodelle entworfen, aber nach mehr als einem Jahrzehnt ist nichts Konkretes vorzuweisen. Dennoch bleibt die Notwendigkeit bestehen, diese Kapazitäten aufzubauen. Wir bewegen uns hier in einem Teufelskreis. Sollen die Produktionskapazitäten aufgebaut werden - was zur Entwicklung führt -, dann setzt das eine wissenschaftliche und technische Infrastruktur voraus; diese scheint jedoch

SCHRITTE EINER WELTLÖSUNGSSTRATEGIE

ohne Symbiose mit Produktivmitteln nicht entstehen zu können. Diese Blockierung zu überwinden, ist eine entscheidende Herausforderung an die beteiligten Länder und die internationale Gemeinschaft.

3. Die Rolle der Massenmedien

Die Wirkung der Massenmedien auf die öffentliche Meinung und auf den einzelnen braucht nicht mehr demonstriert zu werden: Ein immer größerer Teil der Menschheit läßt sich heute von den jeweiligen Radio- und Fernsehprogrammen prägen, und die Diskussion über die Macht der Medien ist in unserer Gesellschaft zur Selbstverständlichkeit geworden. Die Medien stellen einen der wichtigsten Faktoren im öffentlichen Meinungsbildungsprozeß und im Denken des einzelnen dar.

Die Rolle der Massenmedien ist jedoch noch nie in allen Dimensionen bis ins einzelne analysiert worden. Wir wissen nur wenig über die Natur dieses Einflusses und über seine Dauerwirkung. Wir argumentieren mehr anhand unserer Eindrücke und Mutmaßungen als aufgrund von erwiesenen Tatsachen. Selbst im Westen handelt es sich um ein relativ neues Phänomen, und die Debatten stützen sich auf Reaktionen der öffentlichen Meinung in den westlichen Ländern. In den Entwicklungsländern sind die Massenmedien eine noch neuere Erscheinung und nur begrenzt verbreitet, was die Auswertung von Reaktionen und Meinungen erschwert.

Die bisher aufgezeichneten Reaktionen sind überwiegend kritisch oder ganz ablehnend. Häufig wird das Verantwortungsbewußtsein der Journalisten kritisiert, ihre Subjektivität und ihr mangelnder Respekt vor der Berufsethik werden kritisiert. Für definitive Schlußfolgerungen ist jedoch die ganze Erscheinung noch zu neu. Deshalb ist hier die Frage nach der wirklichen Macht der Massenmedien am Platz, auch nach der Rolle, die sie beim Aufbau der neuen globalen Gesellschaft spielen oder spielen können. Die Frage läßt sich nur in einem Dialog mit den Beteiligten beantworten. Wir müssen herausfinden, welche Rolle sie zu übernehmen bereit sind, um der Allgemeinheit ein besseres Verständnis für die Weltproblematik, aber auch für die Herausforderung einer Weltlösungsstrategie zu übermitteln.

Die Erfahrung zeigt, daß die oft beschworene Macht der Medien nicht nur eingebildet ist. Ihre Realität steht außer Frage. Man denke nur an die Rolle, die Transistor-Empfänger im algerischen Unabhängigkeitskrieg gespielt haben, um die Gemüter aufzuheizen, oder an den

SCHRITTE EINER WELTLÖSUNGSSTRATEGIE

Druck, den die Presse in der Watergate-Affäre ausgeübt hat und der zum Rücktritt des Präsidenten der Vereinigten Staaten führte.

In Demokratien wirken sie als »vierte Macht«, wenn sie politische oder Finanzskandale aufdecken oder Verbraucherinteressen vertreten. Bis zu einem gewissen Grade sind sie auch immer manipulierbar - unabhängig vom politischen System -; sie unterliegen politischem Druck, wirtschaftlichen Interessen, restriktiver Informationspolitik oder manchmal auch der Selbstzensur. Vor allem das Fernsehen hat in den letzten zwei Jahrzehnten eine enorme Macht erlangt; doch besitzen die Medien noch nicht die Reife und das Verantwortungsbewußtsein, das eine solche Machtstellung erfordert. Wenn es um Themen der Entwicklungsländer geht, reduziert das Fernsehen diese oft auf grauenhafte Bilder von verhungernden Kindern in Äthiopien oder im Sudan, die den Eindruck vermittelten, als stammten sie aus Konzentrationslagern der Nazis. Auf der ganzen Welt werden den Fernsehzuschauern vor allem die sensationsheischenden Aspekte der Unterentwicklung vorgesetzt.

Aber verlangt nicht das Publikum solch dramatische Informationen? Mit der Schlagzeile »Morgen Krieg!« verkauft sich die Zeitung besser als mit »Morgen Frieden«. Das Bedürfnis nach Unterhaltung ist riesengroß. Doch wir wollen hier keine Motivationsforschung betreiben. Wir müssen uns nur klarmachen, daß die Medien Konzerne sind und sich nach der öffentlichen Nachfrage richten müssen, unabhängig davon, ob sie in öffentlicher oder privater Hand sind. Sie arbeiten nach dem Prinzip von Gewinn und Investitionen, und sie verkaufen ein ganz bestimmtes Produkt: Information - eine im Überfluß vorhandene, vielfältige, aber auch sehr kurzlebige Ware, und das alles in einer scharfen Konkurrenzsituation.

Haben also die Journalisten die Freiheit, zu schreiben, was sie wollen? Mehr noch: Unter manchen Regierungen und zu manchem Zeitpunkt ist Unterentwicklung in einem Land, das sich als Entwicklungsland ausgibt, eher tabu. Zu anderer Zeit soll die Unterentwicklung wiederum herausgestellt werden, um Forderungen nach finanzieller oder humanitärer Hilfe zu untermauern. Weitere Themen, die unter ganz verschiedenen Gesichtspunkten behandelt werden können, sind Umweltschäden, die Bevölkerungsexplosion, lokale Konflikte, Hungersnot, Unterernährung und Armut sowie die gegenseitige Abhängigkeit der Nationen.

Die richtige Auswahl der großen Weltthemen und der Tagesnachrichten aus fünf Kontinenten ist ein Problem für sich. Wenn Aktualität das Auswahlkriterium ist, dann ist die Überfülle an Nachrichten vom ganzen Planeten Erde so groß, daß nur die allerneuesten, eiligsten

SCHRITTE EINER WELTLÖSUNGSSTRATEGIE

Nachrichten zählen dürfen, und es entsteht der Eindruck eines wahllosen, kaleidoskopischen Allerlei.

Wir müssen jedoch darauf hinweisen, daß der globale Aspekt der Weltproblematik in den Nachrichten fast immer fehlt. Der Katalog der Probleme wird ungeordnet heruntergespult, ohne auch nur den Versuch einer Analyse der Ursachen oder eine bescheidene Andeutung von Lösungsmöglichkeiten. Ausschlaggebend ist, was »Nachrichtenwert« hat. Damit wird das in der Öffentlichkeit vorherrschende Gefühl unterstrichen, wir lebten in einer so problemgeschüttelten Welt, daß jedes Handeln von vornherein aussichtslos ist. Dies führt zu einer allgemeinen Lähmung, zur Demobilisierung. Die Menschen wenden sich ihren persönlichen Problemen zu, weg von den Problemen ihrer Umwelt. Mögliche Lösungswege werden niemals bekannt, und die Öffentlichkeit erlebt sich als nutzlosen Zuschauer.

Das Fernsehen steht täglich vor einer wahren Informationslawine. Die Auswahlkriterien können nicht völlig objektiv sein, sie sind auch vom jeweiligen Land und von der Person des Journalisten abhängig. Auch muß das Fernsehen seiner ganzen Natur nach Dinge simplifizieren, die in Wahrheit immer komplexer werden. So wird das Fernsehen zum Opfer der Tag und Nacht eintreffenden Nachrichten und Themen und nimmt sich kaum einmal die Zeit, den Dingen auf den Grund zu gehen. Was die Tagesschau nicht leisten kann, müssen Features, Bildungsprogramme, Diskussionsrunden und so weiter übernehmen. Gelegentlich befassen sich solche Sendungen jetzt mit Umweltfragen, und man fängt gerade erst an, das Entwicklungsproblem unter positivem, konstruktivem Aspekt darzustellen.

Wir haben bereits einige spezifische Themen genannt, über die die Öffentlichkeit in Bildungsprogrammen informiert werden muß, zum Beispiel Umweltschutz, Energiesparen, die Rolle von Wissenschaft und Technik, die Interdependenz der Länder sowohl im Norden als auch im Süden, die Folgen, die sich daraus ergeben, und so weiter. Die Informationsfreiheit und der Pluralismus der Information bleiben erhabene Themen, für die immer weiter gerungen werden muß. In dem Prozeß zunehmender Anpassung an den Wandel, eines ständigen Lernens in einer Übergangsgesellschaft, langsamer Gewöhnung an Unsicherheit und Komplexität spielen die Medien eine überaus wichtige Rolle.

Eine breit angelegte Diskussion muß mit Journalisten und führenden Vertretern der Medien dringend geführt werden, bei der es um die Bedingungen geht, unter denen diese neue Rolle der Medien definiert werden kann. Der Club of Rome wird hierzu eine Initiative ergreifen.

10. KAPITEL

Motivationen und Werte

Wir kehren noch einmal zu einem zentralen Motiv der gegenwärtigen Szene zurück: dem beherrschenden Einfluß der Technik im Leben des einzelnen und der Gesellschaft. Seit der industriellen Revolution haben wir unsere Ziele und unsere Lebensweise an eine immer komplexere Technik angepaßt, die uns in den Genuß eines materiellen Fortschritts brachte. Dies hat natürlich den Wohlstand vieler Bürger in den Industrieländern vergrößert, viele schlimme Folgen der Armut beseitigt, die allgemeine Gesundheit verbessert, die Lebenserwartung gesteigert, für eine allgemeine, wenn auch nicht immer angemessene Schulbildung gesorgt und viele soziale Annehmlichkeiten gebracht. Die Erkenntnis, daß die Technik eine bestimmende Rolle für die Entwicklung der Welt spielt, ist noch relativ neu, und selbst die Wirtschaft, die doch so stark von technischen Problemlösungen abhängt, ist sich bis heute über die Tragweite dieser Erkenntnis noch nicht völlig im klaren. Viele Wirtschaftsexperten meinen immer noch, die technische Entwicklung sei die Folge des Wechselspiels wirtschaftlicher Kräfte, sozusagen ein Muskel in der unsichtbaren Hand von Adam Smith. Daran ist sicher viel Wahres; andererseits entstehen immer mehr technische Neuerungen durch mehr oder weniger zufällige Entdeckungen, die in den Laboratorien gemacht werden. Somit führt die Wissenschaft, die als autonomer Faktor anzusehen ist, zu wirtschaftsbestimmter Technik, indem sie neue Produkte und Systeme und damit auch neue Nachfrage erzeugt.

Trotz der unerwünschten sozialen und ökologischen Nebenwirkungen der Technik und eines allgemeinen Mißtrauens gegen sie, weil sie zur Atombombe und zur Gen-Manipulation geführt hat, besteht in einem Wirtschaftssystem, das von der Stimulierung des Konsums und von der Verfügbarkeit von Krediten lebt, weiterhin die allgemeine Erwartung, daß Reichtum und materieller Besitz fortdauern werden. Der Luxus von gestern wird zum Gebrauchsartikel von heute, künstlich herbeigeführtes Veralten beschleunigt den Güterumsatz, die Abfälle der Gesellschaft häufen sich immer mehr und sind immer schwieriger zu beseitigen,

während der wissenschaftliche Fortschritt auch die Alltagsprodukte erfaßt.
Die Medaille hat aber auch noch eine andere Seite. Ein beträchtlicher Teil des Reichtums, den das Wirtschaftswachstum erzeugt hat, wurde für den Aufbau eines sozialen Netzes verwendet - für Arbeitslosenunterstützung, Gesundheitsfürsorge, Bildungseinrichtungen und Sozialhilfemaßnahmen, um die Armut zu lindern. Einige Länder wurden dadurch sogar zu Wohlfahrtsstaaten, aber die Wohlfahrt hat neben vielen sozialen Vorteilen auch einen psychologischen Preis. Viele meinen, der Wohlfahrtsstaat verführe den einzelnen dazu, sich allzusehr auf den Staat zu verlassen, womit die Eigenverantwortlichkeit abnehme. Der von den Gewerkschaften so verabscheute Paternalismus der Unternehmer wurde durch den Paternalismus des Staates ersetzt, und dessen riesige Bürokratien werden als volksfern und gesichtslos erlebt.

Das materialistische, technikorientierte Entwicklungsdenken ist in die verschiedensten Gesellschaften und Kulturen eingedrungen, und selbst starre, fundamentalistische Kulturen können dem Versprechen von Macht und Reichtum, das dieser Ansatz scheinbar mit sich bringt, nicht widerstehen. Das Ziel materiellen Reichtums scheint aber Habsucht und Selbstsucht zu erzeugen. Diese Eigenschaften hat es zwar schon immer bei den Menschen und in ganzen Gesellschaften gegeben, aber sie scheinen sich mit dem Schwinden nichtmaterieller Werte potenziert zu haben, und durch die Offenlegung von Korruption, Kriminalität und Finanzskandalen in den Medien treten sie noch zunehmend stärker hervor.

Der Nachteil der Wissenschaft ist, daß sie zwar viel zu unserem materiellen Wohlstand beigetragen, die Gesundheit gefördert, die Lebenserwartung erhöht und uns Freizeit geschenkt hat, daß sie jedoch nicht viel getan hat, um bei all diesen materiellen Verbesserungen das menschliche Dasein zu bereichern. Nun besteht das dringende Erfordernis, zu versuchen, die Technik auf den Menschen auszurichten, damit sie zum allgemeinen, dauerhaften Wohl aller Völker heute und in künftigen Generationen beiträgt im Gesamtrahmen eines ganzheitlichen, globalen, ja kosmischen Weltverständnisses. Materielle Fortschritte müssen durch die Förderung sozialer, moralischer und spiritueller Aspekte ergänzt werden. Dies gilt für die Entwicklungsländer künftig ebenso wie schon heute für die Industrieländer.

MOTIVATIONEN UND WERTE

■

»Unsere heutige Zivilisation beruht im Materiellen auf einer außerordentlich erfolgreichen technischen Entwicklung, im Geistigen jedoch auf praktisch gar nichts.«

Dennis Gabor[1]

■

Die Gesellschaft als ganzes und auch der einzelne sind aus dem Gleichgewicht geraten. Die emotionalen, geistigen und sogar die rein intellektuellen Elemente wurden vom Gewicht unserer materiellen Triumphe erdrückt. Ein gesundes Gleichgewicht kann nur durch ein tieferes Verständnis des einzelnen Menschen hergestellt werden, durch eine wirkliche Wahrnehmung unserer Motive, das Akzeptieren aller positiven und negativen Aspekte und durch die Schaffung eines Raumes in uns selbst, in dem Weisheit und Kreativität wachsen können. Die Probleme, die der einzelne und die ganze Gesellschaft heute haben, sind tief in der menschlichen Natur begründet. Ohne ein intensives Wissen um unsere inneren Begrenzungen und Möglichkeiten und ohne ihre offene Anerkennung werden wir beim Versuch, die Probleme zu lösen, nicht über die Ebene hinauskommen, auf der wir Symptome einer nicht diagnostizierten Krankheit erkennen. Beispielsweise werden wir nie den Krieg endgültig verhindern können, ehe wir nicht verstanden haben, wo es in jedem von uns zur Entstehung von Konflikten kommt.

Egoismus - oder »Lebenskraft«, wie man das in der ersten Blüte des Darwinismus nannte - ist eine Eigenschaft aller biologischen Arten. In ihm wurzeln Lebenswillen, Fortpflanzungstrieb und der Drang, zu wachsen und zu gedeihen. Der Egoismus ist zwar die treibende Kraft hinter Neuerungen und Fortschritt. Allerdings manifestiert er sich auch ununterbrochen in selbstsüchtigem Handeln, Habgier, unsozialem Verhalten, Brutalität, Machthunger auch im kleinen, Ausbeutung und Herrschaft über andere.

Der Kampf zwischen den positiven und den negativen Aspekten des Egoismus ist das ewige faustische Drama, bei dem wir alle mitwirken. Ein dynamisches Gleichgewicht zwischen den beiden gegensätzlichen Seiten herbeizuführen ist das zentrale, aber selten erreichte Ziel der Sozial- und Kulturpolitik. Räumt man den egoistischen Kräften zuviel Platz ein, führt das vielleicht zu einer dynamischen Gesellschaft, aber

---

1 D. Gabor (1978)

womöglich gleichzeitig zu Ausbeutung, sozialer Ungerechtigkeit, Korruption und Unterdrückung.

Unser genetisches Erbe verfolgt uns. Die negativen Aspekte unserer Natur, die wir sogar uns selbst nur höchst ungern eingestehen - wie Gier, Eitelkeit, Wut, Angst und Haß - sind Erscheinungsformen der Brutalität unseres Egoismus. Sie haben dem Menschen während des langen Prozesses der organischen Evolution gute Dienste geleistet, denn sie haben uns geholfen, die Herrschaft über alle anderen Arten der Schöpfung und über schwächere Arten des Homo sapiens sowie Vorläufer des Homo sapiens zu erlangen, die schon lange nicht mehr existieren. Nun, auf unserem heutigen Bewußtseinsstand, da wir um unsere Sterblichkeit wissen und fähig sind, die Zukunft als Kontinuum des Lebens und der Generationen zu begreifen, nützen uns die negativen Aspekte des Egoismus weniger als während des Kampfes um die Vorherrschaft. Aber sie sind noch immer vorhanden und müssen im persönlichen und kollektiven Verhalten berücksichtigt werden. Jahrhundertelang wurden die Völker durch die Religion diszipliniert, und negative Charaktereigenschaften wurden teilweise durch die Hoffnung auf das Paradies und die Angst vor der Hölle unter Kontrolle gehalten. Mit dem weitverbreiteten Verlust des Glaubens an die Religion und auch an politische Ideologien und Institutionen sind die Schranken gefallen, der Respekt vor dem Gesetz ist gesunken, Terrorismus und Kriminalität nehmen zu. Die heutige Generation hat keine Identität, und sie weiß auch nicht, wo sie danach suchen soll.

Der einzelne projiziert seine persönlichen Eigenschaften auf das Kollektiv, sie sind deshalb auch in der sozialen Umwelt wirksam. Der nationale Egoismus ist ambivalent wie der individuelle Egoismus: Er kann sich als natürliche und wünschenswerte Liebe zum eigenen Land oder zur jeweiligen ethnischen Gemeinschaft äußern, er kann aber auch aufgepeitscht werden zu Chauvinismus, Fremdenhaß, Rassismus, Haß gegen andere Länder oder Lebensarten und schließlich zum Krieg. Bei internationalen Verhandlungen zeigt sich der Egoismus häufig im kurzsichtigen Eintreten für Eigeninteressen statt für eine weitergefaßte Harmonie und das Wohl des Ganzen, zu dem auch die eigene Gruppe oder Nation gehört. Häufig werden dabei langfristige Eigeninteressen geopfert, um kurzfristige taktische Vorteile herauszuholen.

Von diesem Egoismus ist selten die Rede, und wenn er doch einmal an die Oberfläche gelangt, wird er mit einem Tabu belegt. Wenn unsere Diagnose stimmt, dann scheint es notwendig, solche Tabus aufzuheben und die Existenz und die Macht der negativen wie positiven Aspekte des persönlichen und des kollektiven Verhaltens offen anzuerkennen. Man sollte zu einer Haltung finden, die auf dem aufgeklärten, gemeinsamen Eigeninteresse eines jeden Bewohners unseres kleinen Planeten beruht, um sicherzustellen, daß für uns und unsere Nachkommen eine tragfähige materielle und soziale Umwelt geschaffen wird.

Diese Selbstbezogenheit ist aber nur ein Aspekt einer viel weitergehenden Frage: Welches sind die geistigen und ethischen Werte, die gegebenenfalls die Grundlage einer neuen Weltgesellschaft bilden können?

Eine neue Grundlage für moralische und geistige Werte

■

»*O Dieb der Gesänge, mein Herz!*
Wo willst du sie finden?
Du bist so bedürftig, so arm,
aber die Weisheit begreifst du,
in schwarzer und roter Tinte geschrieben.
Und vielleicht wirst du nicht länger Bettler sein.«

Aztekisches Gedicht[2]

■

Die Weltgesellschaft, auf die wir zusteuern, kann nur entstehen, wenn sie sich aus moralischen und geistigen Werten speist, die ihr die Bahn vorschreiben. Jenseits aller Kulturen, Religionen und Philosophien wohnt dem Menschen ein Durst nach Freiheit inne, das Bestreben, die eigenen Grenzen zu überwinden, die Suche nach etwas Jenseitigem, das schwer zu fassen ist und oft keinen Namen hat. Die Erfahrung hat gezeigt, daß es noch keiner Diktatur, keiner Gewaltanwendung und Freiheitsbeschneidung jemals gelungen ist, diese oft verborgene, oft leidenschaftliche Suche ganz aus dem Herzen des Menschen auszulöschen, die aus dem von C. G. Jung analysierten kollektiven Unterbewußtsein zu stammen scheint.

---

2 MSS Cantares Mexicanos - Vol 68, r.

MOTIVATIONEN UND WERTE

Es ist festzustellen, daß sich zunehmend einzelne und Gruppen mit diesem Thema beschäftigen. So nimmt zum Beispiel die Süd-Kommission unter Vorsitz von Julius Nyerere in ihrem letzten Bericht (1990) eine sehr klare Position ein, ein erfreuliches Zeichen wachsender Bewußtheit: »Letzten Endes ist die Forderung des Südens nach Gerechtigkeit und Demokratie in der Weltgesellschaft nicht zu trennen vom Streben nach diesen Zielen in den südlichen Ländern selbst. Die Verpflichtung auf demokratische Werte, der Respekt vor den Grundrechten - besonders vor dem Recht auf eigene Meinung -, faire Behandlung von Minoritäten, Sorge für die Armen und Unterprivilegierten, Rechtschaffenheit im öffentlichen Leben, die Bereitschaft, Meinungsverschiedenheiten ohne Krieg zu schlichten - all dies verstärkt die Chancen des Südens, eine neue Weltordnung zu sichern.«

Hochgesinnte Erklärungen wie diese konnten früher das Verhalten des einzelnen und ganzer Gesellschaften beeinflussen, sind aber in den Geschäften unserer Zeit anscheinend nicht mehr akzeptabel. Im Verhalten der Menschen und der Staaten - auch dort, wo die Menschenrechte verfassungsmäßig garantiert sind -, werden Moralvorschriften umgangen und das Gesetz mißachtet oder geschönt im Sinne der Behörden. Unausgesprochen führt der Trend »zurück in den Dschungel«.

Menschen brauchen ein Bewußtsein der eigenen Identität, wenn sie ein Leben in Anstand und menschlicher Würde führen wollen. Viele Gesellschaften der Vergangenheit haben das sehr gut gewußt, aber im heutigen Strudel der Veränderungen ist es schwer, die eigene Identität zu wahren. Viele Menschen verlassen ihre Heimat und werden mit kulturellen Widersprüchen konfrontiert; sie leiden häufig unter Identitätsverlust und Demoralisierung und haben außerdem keine sinnstiftende Arbeit. In den westlichen Gesellschaften mit ihrer seichten Ideologie des Konsums - »Ich bin, was ich habe« beziehungsweise »Ich bin, was ich tue« - sind die fundamentaleren Aspekte des Lebens wie die Religion, die ethnische Identität und die ererbten Werte und Überzeugungen in Vergessenheit geraten. Eine solche Situation führt zu übersteigerter Individualität, zu Selbstsucht in allen möglichen Formen, übermäßigem Konsum und einem exzessiven Hunger nach Zerstreuung, etwa durch Fernsehen oder Drogenkonsum. Es muß dringend eine neue Haltung gefunden werden, in der Werte wieder Ziele setzen und dem Individuum ein Gefühl von Sinnhaftigkeit geben. Veränderung wird allzu häufig nur als Bedrohung des Selbst gesehen.

Sind die traditionellen Werte plötzlich in Vergessenheit geraten? Wurden sie aufgegeben? Sind geistige Werte urplötzlich beiseite geschoben worden? Wie ist der Befund? In dem Kapitel über »Die

MOTIVATIONEN UND WERTE

menschliche Misere« haben wir die Vermutung ausgesprochen, daß diese Werte während der letzten paar Generationen zunehmend abgelehnt wurden. In den Industriegesellschaften wurden geistige Werte durch den Materialismus ausgehöhlt, von dem auch die obere Klasse in den Entwicklungsländern angesteckt ist.

Verwirrung in bezug auf Werte entsteht in einigen Ländern ferner durch die Krise der großen Religionen. Für sie ist es schwer, sich an die im Wandel begriffene Welt anzupassen, ohne dabei die Inhalte ihrer Botschaft zu verlieren, und sie haben Mühe, auf die ernsten Fragen ratloser Menschen in ihren Glaubensgemeinschaften zu antworten. Moralische Werte werden ebenfalls untergraben, weil sie gerade von denen, die sie propagieren, und ebenso von Gesellschaften, die angeblich auf ihnen beruhen, schamlos ignoriert werden. Aber die Menschen sind über diese Entwicklung beunruhigt. Noch nie war die Frage der Werte Gegenstand so vieler Symposien, Diskussionen und Untersuchungen. Das zeigt, daß sich hinter der Zerstörung des alten Wertesystems immer stärker das Bedürfnis nach einem neuen Wertesystem artikuliert, das dem Leben des einzelnen und der Gesellschaften eine stabile Grundlage geben könnte und das darüber hinaus die feste Basis einer neuen Weltordnung sein könnte, die eine harmonische Zukunft ermöglicht.

Ist das Ziel also ein neues Wertesystem, das mit den traditionellen Werten bricht? Reichen die traditionellen Werte nicht aus, um mit den neuen Herausforderungen wie der Gen-Manipulation fertig zu werden - Herausforderungen, die das Gewissen der Menschen beunruhigen und sie verwirren? Können wir heute von universellen menschlichen Werten sprechen, die allen Bewohnern unseres Planeten jenseits der Verschiedenheit ihrer Kulturen gemeinsam wären?

Es ist nicht leicht, auf solche Fragen zu antworten, und doch hängt unsere Zukunft davon ab, daß diese Antworten gefunden werden. Eine globale Gesellschaft ist kaum vorstellbar ohne eine Grundlage gemeinsamer und aufeinander abgestimmter Werte, die das Handeln aller Menschen prägen, ohne die gemeinsame Entschlossenheit der Menschen, die Herausforderungen anzunehmen, ohne die moralische Kraft, auf sie zu antworten, und ohne die zielbewußte Steuerung des Wandels. Wir können die entstehende globale Gesellschaft nur dann wollen, wenn in ihr ein Zusammenleben möglich ist, in dem Unterschiede und Pluralismus akzeptiert werden.

Ein großer Teil der traditionellen ethischen Werte ist heute noch gültig, auch wenn sich ihre Formulierung geändert hat, weil die Werte sich auf eine veränderte Welt beziehen. Die heutige Gesellschaft ist praktisch überall offener und reicher, oder sie strebt zumindest nach einem allgemeinen Wohlstand, und sie ist besser informiert. Um ein Beispiel zu geben: Solidarität ist heute nicht mehr auf Familie und Sippe beschränkt, sondern wird in einem viel weiteren Sinn verstanden; die auf die Sippe beschränkte Solidarität dagegen wird offen diskreditiert.

Man kann ethische Werte also angemessen definieren und sich hoffentlich auch auf sie einigen, wenn man sie zeitgemäß umschreibt. Da wären dann dauerhafte Werte: Freiheit, Menschenrechte und persönliche Verantwortlichkeit, Familie, Gleichberechtigung von Mann und Frau, Mitgefühl für die Alten und Behinderten, Achtung anderer, Toleranz, Achtung von Leben und Frieden und die Suche nach der Wahrheit.

■

»Wahre Worte sind nicht lieblich.
Liebliche Worte sind nicht wahr.
Ein guter Mensch ist kein Vielredner.
Ein Vielredner ist kein guter Mensch.
Ein guter Mensch ist zufrieden, wenn er entschlossen ist
ohne Anwendung von Gewalt.
Laß ihn entschlossen sein ohne Stolz.
Laß ihn entschlossen sein ohne Übertreibung.
Laß ihn entschlossen sein ohne Prahlerei.
Laß ihn entschlossen sein aus Notwendigkeit.«

Lao Tse

■

Hier müssen wir sorgfältig zwischen der persönlichen und der kollektiven Ebene unterscheiden. In vielen Fällen sind sie gut miteinander vereinbar; ein einleuchtendes Beispiel dafür liefert der Kampf gegen die Umweltverschmutzung. Die Verflechtung der Nationen und die Ausweitung vieler Probleme auf eine globale Dimension rufen weltweit nach zunehmender Bewußtheit und nach einer neuen internationalen Ethik. Auf der kollektiven Ebene ergeben sich einige neue Ansätze, die vom Druck der neuen Verhältnisse diktiert werden:

* eine Ethik der Natur: notwendig aufgrund globaler Umweltprobleme;
* eine Ethik des Lebens: etwa in bezug auf die Gen-Manipulation;
* eine Ethik der Entwicklung: als Resultat der immer unerträglicheren Kluft zwischen Arm und Reich;

MOTIVATIONEN UND WERTE

   * eine Ethik des Geldes: weil Finanzspekulationen mit der wirtschaftlichen Realität nichts mehr zu tun haben und zu viele Menschen nur noch nach Geld streben;
   * eine Ethik des Bildes: sie gilt für die Medien und sollte die Aufbereitung von Bildern durch die Fernsehanstalten von einseitiger Dramatisierung befreien;
   * eine Ethik der Solidarität: diktiert durch die Dimension der Probleme, vor denen die Menschheit heute steht, eine Dimension, welche die Kooperation der Menschen überlebensnotwendig macht.

Eine solche neue Ethik wird sich unvermeidlich auch auf der nationalen Ebene auswirken.

Wir geben zu bedenken, daß auch die Zeit einen ethischen Wert hat. Jede verlorene Minute, jede aufgeschobene Entscheidung bedeutet, daß mehr Menschen an Hunger und Unterernährung sterben, sie bedeutet auch, daß die Zerstörung der Umwelt so weit voranschreitet, daß sie nicht mehr rückgängig gemacht werden kann. Niemand wird jemals genau den menschlichen und finanziellen Preis der verlorenen Zeit kennen ...

Hat man das erst einmal verstanden, dann müssen die Ethik der Solidarität und die Ethik der Zeit zu einer Ethik des Handelns führen, von der sich jeder Bürger angesprochen und aufgerufen fühlen muß. Auf sich selbst gestellt, fühlt sich der einzelne hilflos in der gigantischen Schlacht, in die er sich hineingestellt sieht. Also schließen sich einzelne zu Gruppen und Organisationen zusammen, um gemeinsam die nötige Stärke und Stoßkraft zu erreichen.

Eine kollektive Ethik hängt vom ethischen Verhalten des einzelnen ab, aber natürlich kann auch umgekehrt der einzelne durch die kollektive Ausrichtung zu ethischem Verhalten angeregt und ermutigt werden.

Wie können unterschiedliche, teils überkommene, teils neue individuelle oder kollektive Wertesysteme in einer Gesellschaft und auf der persönlichen Ebene nebeneinander bestehen?

Das Aufkommen universeller Werte wie die Menschenrechte oder Rücksicht auf die Natur bedeutet nicht das Ende der überlieferten Werte. Sie können einander widersprechen, auch können individuelle Werte manchmal im Widerstreit zu den kollektiven Werten stehen. Ein augenfälliges Beispiel ist der Konflikt um den Waffenhandel. Einerseits ist er eine Einnahmequelle für eine ganze Nation und bedeutet Arbeit für unzählige Männer und Frauen, andererseits steht er im Widerspruch zu dem Friedensbedürfnis der gleichen Nation.

MOTIVATIONEN UND WERTE

Das harmonische Nebeneinander ganz verschiedener Werte ist nichts Neues, es wird jedoch von dem anwachsenden Fundamentalismus ernsthaft in Frage gestellt. Eher ist es die relative Bedeutung der Werte, die sich je nach Alter der betreffenden Ideologie oder Religion verändert. Da jede Person biologisch und soziokulturell einmalig ist, sollte der Nachdruck auf der individuellen Ebene liegen. »Kollektive« Werte entspringen allzu oft einer Entscheidung, die von den Mächtigen getroffen wird. Diese wollen unter allen Umständen ihre Werte anderen aufzwingen, sie zeigen für die Werte anderer Geringschätzung und versuchen sie zu unterdrücken. »Kollektive« Werte kommen nur in Betracht, wo wahre Freiheit und ein hohes kulturelles Niveau herrschen.

Streitende Eliten söhnen sich leicht aus, trotz oberflächlicher Gegnerschaft. Die Öffentlichkeit ist bei Diskussionen dieser Art nicht beteiligt, sie wird lediglich manipuliert. Die Kluft zwischen elitärem Denken und einem Denken auf der Ebene des Volkes ist enorm; hier treten Entstellungen und Spannungen auf, die kaum oder überhaupt nicht lösbar sind.

Es ist von Interesse, festzuhalten, daß unterschiedliche Wertesysteme tatsächlich koexistieren, auch wenn diese Koexistenz manchmal durch Gegnerschaft und Mißtrauen gezeichnet ist. Eigentlich handelt es sich gar nicht um eine Koexistenz widersprüchlicher Wertesysteme, sondern um die gleichen Werte, die nur unterschiedlich ausgelegt werden. Letzten Endes gibt es einen Faktor, der bei aller Vielfalt der Interpretationen die Koexistenz - im Rahmen einer Gesellschaft der Ungewißheit - ermöglicht: die Fähigkeit zum Dialog, zur Kommunikation.

Zum Abschluß dieser kurzen Betrachtung müssen wir zwei Tatbestände hervorheben, die in entgegengesetzte Richtungen weisen. Der moralische Sinn des einzelnen ist tatsächlich geschwächt. Der Mensch fühlt sich betrogen: Zum einen ist die ethische Struktur zusammengebrochen, der er sich verpflichtet fühlte und der er sich bereitwillig gebeugt hatte; zum anderen hat er sich vor den riesigen Gefahren der modernen Welt in sich selbst zurückgezogen und somit isoliert. Dem steht jedoch etwas anderes gegenüber, nämlich eine fortschreitende kollektive Bewußtheit der alten und der neuen Probleme dieser Welt, welche Erwartungen weckt und zum Nachforschen anregt. Die geistige und ethische Dimension wird nicht mehr verächtlich oder gleichgültig abgetan, sondern als Notwendigkeit begriffen, die zu einer neuen Menschlichkeit hinführen soll.

MOTIVATIONEN UND WERTE

∎

»Der göttliche Geist beschütze uns alle! Laßt uns mit großer Energie zusammenarbeiten! Mögen unsere Bemühungen intensiv sein und Früchte tragen, möge kein Haß zwischen uns walten!«
                                    Aum, Friede, Friede, Friede, Friede[3]

∎

Unser Weg
in ein neues Zeitalter

Wir werden keine Zusammenfassung unser Schlußfolgerungen versuchen. Die ganze Natur der Weltproblematik verbietet das. Statt dessen wollen wir einige Beobachtungen und Vorschläge anfügen, wie wir unseren Weg in das Dickicht der Zukunft bahnen können. Dieser Weg führt über das Lernen, das wir ja als wichtiges Element der Weltlösungsstrategie herausgestellt haben. Zuvor aber wollen wir nochmals an einige Leitsätze erinnern, die sich durch dieses Buch ziehen:

* Es ist notwendig, daß jeder einzelne einen engagierten Beitrag leistet, wenn wir einen Weg durch den vielschichtigen, verschlungenen Problemkomplex unserer Zeit finden wollen.
* Wir müssen erkennen, daß den Motiven und Werten, die unser Verhalten bestimmen, Möglichkeiten positiver Veränderung innewohnen.
* Wir müssen begreifen, daß das Verhalten einer Nation und einer Gesellschaft das Verhalten ihrer Bürger widerspiegelt.
* Wir dürfen von seiten der Regierenden keine drastischen Lösungen erwarten, sondern müssen davon ausgehen, daß Tausende kleiner, kluger Entscheidungen, in denen sich das neue Bewußtsein von Million von Menschen spiegelt, benötigt werden, um das Überleben der Gesellschaft zu sichern.
* Wir müssen dem Prinzip Geltung verschaffen, daß Privilegien von Einzelpersonen oder ganzen Nationen stets mit einem entsprechenden Maß an Verantwortung verbunden sein müssen.

Die Ideen und praktischen Vorschläge dieses Buches wollen eine Grundlage bieten, auf der wir durch Lernen unseren Weg in die Zukunft finden können. Es ist keineswegs nötig - und kann auch nicht erwartet werden -, daß in allen Punkten Übereinstimmung herrscht. Das gilt sowohl für die Gedanken, die wir uns über die Welt im Wandel gemacht haben, als auch für die unterschiedliche Bedeutung, die wir den verschiedenen Problemen beimessen. Die Themen, die wir angesprochen haben, sind Stoff für eine breite Diskussion; wir wollen Verantwortliche auf allen Ebenen dazu anregen, vieles noch einmal neu zu überdenken. Darüber hinaus hegen wir die Hoffnung, daß die vielen, die mit der Macht kaum in Berührung kommen, deren Zukunft aber von den abzusehenden Veränderungen stark betroffen sein wird, die Bedeutung vieler angeschnittener Themen, etwa die Interdependenz der Nationen und die Wechselwirkungen zwischen den Problemen, Zug um Zug besser begreifen. Es ist an der Zeit zu zeigen, daß die Probleme unserer Welt und die Veränderungen, die in der Luft liegen, jeden einzelnen mehr oder weniger direkt betreffen, auch wenn er die Symptome leichter wahrnimmt als ihre Ursachen. Schon jetzt bleiben nur wenige Menschen verschont; denken wir nur an die Probleme des Zusammenlebens mit Immigranten verschiedener ethnischer Herkunft, an die Wirkung bestimmter Fernsehsendungen auf Kinder und Jugendliche, die Internationalisierung des Automobils oder die weltweite Verbreitung der Produkte in Supermärkten.

Wenn wir unseren Weg durch diese Übergangszeit finden und feste Bezugspunkte ausmachen wollen, müssen wir unsere Gedankengänge, unsere Vorstellungen, unser Verhalten und auch die Realitäten, auf die sich unsere Urteile gründen, so verändern, daß wir den gegenwärtigen Wandlungsprozeß, den die ganze Welt durchmacht, verstehen können: das Aufgebot all der globalen Probleme wie Umweltzerstörung, Sicherung der Ernährung, Entwicklung der armen Länder, Krise der Regierungsfähigkeit und all die anderen, die wir zu beschreiben versuchten.

Die komplexe und unsichere Lage wird die Entscheidungsträger auf allen Ebenen - vor allem die Politiker - dazu zwingen, nach neuen Wegen zu suchen und unkonventionelles Denken zu übernehmen; doch werden sie ihre Entscheidungen - mögen diese noch so wohlüberlegt und auch mutig sein - nicht über den Kopf der Bevölkerung hinweg durchsetzen können. Der allgemeine Widerstand gegen die Veränderung und die Angst vor dem Unbekannten können entschiedene, aber unvertraute Maßnahmen beeinträchtigen. Die Dynamik der öffentlichen Meinung kann erst dann nutzbringend funktionieren, wenn der einzelne über die Art der globalen Phänomene Bescheid weiß, sie versteht und dadurch eine begründete Einsicht darüber gewinnt, was auf dem Spiele steht - das Überleben der Menschheit. Es leuchtet jedoch ein, daß die Tatsachen allein den einzelnen noch nicht davon überzeugen können, daß diese Phänomene ihn persönlich angehen. Den meisten Menschen werden sie zu weit entfernt, zu theoretisch und überhaupt zu riesig erscheinen, verglichen mit den alltäglichen Problemen der Familie, des Berufs, der Gesundheit, Finanzen und so weiter. Solche persönlichen Schwierigkeiten können den einzelnen leicht dazu bringen, daß er sich zurückzieht, sich weigert zu verstehen oder bei dem Gedanken an seine Hilflosigkeit als isoliertes Einzelwesen ganz einfach Angst kriegt, wenn er sich mit Tatsachen auseinandersetzen soll, die in ihrer Vielschichtigkeit und Komplexität alles Dagewesene übertreffen.

Solche Zweifel und Rückzüge müssen anerkannt und gezielt angesprochen werden, damit die Möglichkeit entsteht, sie zu zerstreuen durch das Erlebnis, daß man mit seiner Furcht nicht alleine steht, und auch durch Diskussionen mit anderen, in denen einem die Tatsachen nach und nach vertraut werden. Die Lage muß aus der persönlichen, lokalen Sicht betrachtet werden. Dies ist einer der Gründe für die Notwendigkeit, die Demokratie auf der Basis breiterer Teilnahme und unter dem Eindruck der weltweiten Probleme neu zu beleben.

Wir müssen also »global denken und lokal handeln«. Der Club of Rome war von Anfang an von der Notwendigkeit dieses Weges überzeugt, und es gibt viele Möglichkeiten, ihn zu beschreiben. Dazu einige Beispiele.

Zusammengehen auf der globalen und der lokalen Ebene

Auf Initiative von Maurice Strong[1] und dem Club of Rome fand 1989 in Denver eine Konferenz mit rund 40 Entscheidungsträgern aus dem US-Bundesstaat Colorado statt. Dabei wurde folgende Frage diskutiert: Wie wirken sich die großen Weltprobleme auf die Wirtschaft und das soziale Leben in Colorado aus, und wie können führende Politiker und Männer der Wirtschaft aus diesem Bundesstaat Einfluß auf diese Probleme nehmen? Im Verlauf der Tagung wurde immer deutlicher, wie eng die Probleme in vielen Bereichen zusammenhängen, insbesondere bei Umweltfragen. Wenn jeder Einwohner Colorados es sich jeden Tag zur Pflicht macht, Energie zu sparen und weniger verschwenderisch zu sein, wirkt sich das auf Colorado, aber auch auf die ganzen Vereinigten Staaten und auf den Globus aus. Tut es nur ein einzelner, bleibt das Ergebnis symbolisch. Wenn sich aber viele zusammentun, um für den Schutz der Umwelt zu arbeiten, und wenn sie Einfluß auf die Gemeinschaft ausüben und weitere Unterstützung gewinnen, dann wird ein be-

---

[1] Generalsekretär der Uno-Konferenz für Umwelt und Entwicklung 1992 in Rio de Janeiro, Brasilien; Mitglied des Club of Rome

deutsames Resultat erzielt. Im Anschluß an diese Tagung fand ein offenes Forum statt, bei dem die dort im engeren Kreis erzielten Gedanken und Ergebnisse vor einem breiteren Zuhörerkreis entwickelt wurden. Ähnliche Tagungen werden auch in anderen Ländern geplant, zunächst in Japan, und auch andere Organisationen schlagen jetzt bereits einen ähnlichen Weg ein.

Auf dem Gebiet der Entwicklung stellten wir die Rolle von örtlichen Initiativgruppen[2] heraus, die oft von nichtstaatlichen Organisationen, Gruppen von Dorfbewohnern und anderen in der Landwirtschaft, der Gesundheit, Erziehung und so weiter gestartet werden. Ähnliche Aktivitäten breiten sich auch in den Slums von Großstädten aus, und alles das trägt dazu bei, das Konzept und die globale Schau der Entwicklungspolitik zu modifizieren.

Der Club of Rome hat dadurch, daß er seine Anliegen bekannt macht und zu globalem Denken und lokalem Handeln ermutigt, die Gründung nationaler Assoziationen des Club of Rome gefördert. Inzwischen gibt es solche Assoziationen in etwa dreißig Ländern in allen Erdteilen. Alle Assoziationen haben eine gemeinsame Satzung, in der auch etwas über die Verknüpfung des lokalen und des globalen Aspektes ausgesagt ist:

Jede Assoziation befaßt sich mit den globalen Problemen auf der Grundlage der Kulturwerte des eigenen Landes und trägt dadurch zu einem allgemeinen Verständnis der Lage der Menschheit auf unserem Planeten bei.

Sie ist verpflichtet, die Berichte und Ergebnisse des Club of Rome auf örtlicher Ebene an Entscheidungsträger, Akademiker, Industrielle und die breite Öffentlichkeit weiterzugeben. Sie leitet Beiträge, Vorschläge und kreative Ideen zum Verständnis der globalen Probleme an den Club weiter.

Die nationalen Assoziationen des Club of Rome haben also die Aufgabe, die Kommunikation herzustellen zwischen den nationalen Besonderheiten und der nationalen Sichtweise der Weltproblematik einerseits und der globalen Sichtweise des Club of Rome andererseits. Außerdem sind sie die Schaltstellen für den Informationsfluß in beiden Richtungen. Vom Globalen zum Lokalen und vom Lokalen zum Globalen zu gehen, bedeutet einen radikalen Wandel in der Denk- und Argumentationsweise, der zunehmende Bedeutung erlangen wird. Es ist eine neue intellektuelle Übung, die noch zu erweitern und zu integrieren sein wird.

---

2 Siehe 7. Kapitel: Von der Unterentwicklung zur Entwicklung

EIN NEUES ZEITALTER

Die lokale Zusammenarbeit einzelner

Das Bild wäre unvollständig, würden wir nicht auf die Handlungsmöglichkeiten des einzelnen Bürgers eingehen, der im Zentrum des ganzen Gefüges steht. In Extremfällen wie Kriegen oder Naturkatastrophen verwandeln sich Individuen umgehend in verantwortungsbewußte Bürger, die zu gemeinsamem Handeln bereit sind. Andere Beispiele, die zwar weniger spektakulär, aber ebenso aussagekräftig sind, belegen, daß der einzelne Mensch nicht untätig und teilnahmslos bleibt, wenn sich eine unmittelbare Gefahr abzeichnet. Ist etwa die Umwelt akut bedroht, kommen krasse Fälle von Ausbeutung ans Licht oder entsteht eine Situation, in der die Interessen der Menschen auf dem Spiel stehen, schließen sich auf den unterschiedlichsten Feldern einzelne und kleine Gruppen zu Initiativen zusammen, bereit, für Dinge zu kämpfen, die sie direkt oder indirekt betreffen und durch die sie sich motiviert fühlen.

Als Beispiel sei hier nur auf Zusammenschlüsse von Benutzern öffentlicher Verkehrsmittel und von Telefonkunden verwiesen oder, in einer anderen Kategorie, auf nichtstaatliche Organisationen, die sich um behinderte Kinder, alte Menschen oder mißhandelte Frauen kümmern. Daneben existieren andere Organisationen, die sich dem Kampf gegen Aids und zahlreiche andere Krankheiten zuwenden, Menschenrechts- und Umweltgruppen, Friedensinitiativen und eine Vielzahl von Entwicklungshilfeorganisationen, wie wir sie weiter oben beschrieben haben. Nicht zu vergessen sind die Initiativen von Arbeitslosen in vielen Ländern, die versuchen, sich Arbeit zu beschaffen oder eigene Unternehmen aufzubauen, und die nichtstaatlichen Organisationen, die in der Absicht gegründet wurden, Kleinbetriebe zu unterstützen und ihnen technische Hilfe zu leisten.

Der einzelne kann sich also durchaus in Aktionen dieser Art engagieren und tut dies auch weltweit in vielen Fällen. Das zeigt, daß ein Band geknüpft werden kann zwischen dem Einzelmenschen und Aktionen auf lokaler oder nationaler Ebene, die sich in bestimmten Fällen bis auf die internationale Ebene auswirken.

Der neue unabhängige Sektor

Der Erfolg von Bürgerinitiativen muß heute nicht näher bewiesen werden. Sehr oft werden solche Initiativen von einzelnen Männern und

EIN NEUES ZEITALTER

Frauen ins Leben gerufen. Dafür gibt es zahlreiche Beispiele in aller Welt. Im indischen Bundesstaat Uttar Pradesch beispielsweise haben sich die Bewohner um einen Mann namens Sunderlal Bahuguna geschart, um den Bau eines 1,7 Milliarden Dollar teuren amerikanischen Staudamms zu verhindern, der ihre Dörfer überflutet und die Lawinengefahr in der Region dramatisch erhöht hätte. Mehrere Berichte, die die technische Machbarkeit des Projekts in Frage stellten, und ein elftägiger Hungerstreik Bahugunas veranlaßten die Regierung, den Plan fallenzulassen. In Kenia führte Wangari Maathai, Gründerin und Präsidentin der Grüngürtel-Bewegung (Green Belt Movement) sowie Mitglied des Club of Rome, einen erfolgreichen Kampf gegen den Bau eines 62stöckigen Bürohochhauses in einem beliebten öffentlichen Park in Nairobi. In Mexico City, wo das Problem der Umweltverschmutzung die Grenzen des Erträglichen weit überschritten hat, mobilisierte Marcos Chan Rodríguez die Menschen in seiner Nachbarschaft und gründete eine Bürgerinitiative, um eine Zementfabrik, die Zementstaub in die Luft blies, zur Drosselung der Produktion zu zwingen. Die Gruppe erkannte, daß sie an die linksgerichtete Oppositionspartei appellieren mußte, um das Interesse der Regierungspartei zu finden. Sie belebte dadurch nebenbei auch das demokratische System.

Die enorme Zunahme nichtstaatlicher Organisationen ist auf nationaler wie internationaler Ebene in jedem Bereich festzustellen. Einige haben streng professionelle Ausrichtung, andere vertreten spezielle Interessen; manche konzentrieren sich auf ein Sonderproblem, anderen geht es um Angelegenheiten von allgemeinem Interesse. Sie können religiös ausgerichtet sein oder auf einer bestimmten politischen Lehre fußen. Die Entstehung so vielfältiger Organisationen ist ein gesundes Zeichen, beweist sie doch, daß die Menschheit fähig ist, bei brennenden aktuellen Problemen auf die Starrheit und eine augenscheinliche Handlungsunfähigkeit nationaler und internationaler Bürokratien zu reagieren. In ihrer Gesamtheit haben diese neuen unabhängigen Gruppen nur geringen Zusammenhalt und erscheinen somit oft etwas anarchistisch, weil sie mehr durch Spontaneität und Flexibilität auffallen als durch ein einheitliches Muster. Die meisten dieser zahllosen Organisationen sind schwach - nicht nur finanziell -, doch ihren mangelnden Einfluß machen sie häufig wett durch Stoßkraft und Enthusiasmus. In einigen Fällen dringen sie sogar in die offiziellen politischen Strukturen ein und stellen Kandidaten bei Parlamentswahlen auf, wie sich am Beispiel der Grünen gezeigt hat. In anderen Fällen werden sorgfältig beobachtete Übersichten über weltweite Trends erstellt und von Politikern vieler Länder ernsthaft studiert; ein Beispiel hierfür ist das Worldwatch Institute in Washington.

Regierungen und internationale Institutionen beginnen, diesen neuen unabhängigen Sektor, wie er genannt wird, langsam ernstzunehmen, oft nur widerwillig und trotz aller scheinbaren Unverträglichkeit mit dem offiziellen Sektor. Immerhin besitzen einige dieser Organisationen Erfahrungen, Einblicke und Kenntnisse, die den Regierungen abgehen, und sie vertreten wichtige öffentliche Anliegen, die die Regierungen nicht ignorieren können. So kommt es immer wieder zu einer Zusammenarbeit zwischen dem offiziellen und dem unabhängigen Sektor. Dabei haben auch unterschiedliche nichtstaatliche Organisationen Gelegenheit, in Kontakt zu kommen und Ähnlichkeiten oder Unterschiede zu entdecken. Wir meinen, daß es auch in internationalen Foren zu dieser Art von Zusammenarbeit kommen sollte. Dort sind die Diskussionen zwischen verschiedenen Regierungen oft noch realitätsferner als auf der nationalen Ebene, und die Teilnahme von sorgfältig ausgewählten nichtoffiziellen Fachleuten in den Ausschüssen könnte sich sehr belebend auswirken. Diese Idee würde beispielsweise auch in dem von uns vorgeschlagenen Umwelt-Sicherheitsrat der Vereinten Nationen verwirklicht.

Obwohl immer häufiger Treffen stattfinden, an denen auch unabhängige Organisationen teilnehmen, haben sie es bisher versäumt, ihre Kräfte zu bündeln und ihre Ziele aufeinander abzustimmen. Nicht daß wir für eine Uniformierung des unabhängigen Sektors wären - dabei könnte er leicht das verlieren, was ihn auszeichnet -, doch ein effektiveres System wechselseitiger Information würde unnütze Zersplitterung verhindern, einen fruchtbaren Erfahrungsaustausch fördern, zu Bündnissen führen und dadurch die Gesamteffektivität verbessern.

Dies ist einer der Wege, die der Club of Rome bei seinen neuen Initiativen einschlagen will - global, national, regional und lokal. Zu gewissen Zeiten dürfen wir nicht vorschnell auf die höchste Ebene springen, wenn lokale oder regionale Bemühungen erfolgversprechender sind.

Innovationen in Terminologie, Analyse und Denkansatz

An vielen Stellen in dieser globalen Revolution fehlt es uns an Wissen, und niemand kann garantieren, daß vermehrtes Forschen größere Gewißheit bringen wird oder daß die Ergebnisse dieser Forschung rechtzeitig verfügbar sein werden, um anfallende Entscheidungen noch beeinflussen zu können.

Wir wissen zwar viel, aber wir verstehen nicht genug.

EIN NEUES ZEITALTER

Daher müssen wir lernen, angesichts bleibender Ungewißheit zu handeln. Die Politik ist schon seit je die Kunst, in einer ungewissen Lage Entscheidungen zu fällen. Der Unterschied in der heutigen Situation liegt darin, daß die Ungewißheit viel tiefer reicht und zudem mit schneller Veränderung verbunden ist. Diese bleibende Ungewißheit erfordert es, daß wir unsere Institutionen und Verfahrensweisen anpassen. Wir brauchen angesichts der rasch wechselnden Zielsetzungen unserer Geschichte mehr Flexibilität und eine größere Reaktionskapazität.

Dabei stehen wir auch vor der zentralen Herausforderung, die derzeitige Begriffsstruktur und Terminologie der Wirtschaftswissenschaften mit der ökologischen Begriffsstruktur und Terminologie in Einklang zu bringen. Zwei Wege sind denkbar: Die ökologischen Aspekte können der konventionellen ökonomischen Analyse hinzugefügt werden, oder die ökonomischen Ansätze werden in die breitere ökologische Sichtweise integriert. Hier kommt es auf große Sorgfalt und präzises Denken an. Die verschiedenen Arten der Ökonomie müssen unterschieden werden: Makro-Ökonomie, Mikro-Ökonomie und ökologische oder Umwelt-Ökonomie. Wir müssen Wege finden, um Umweltaspekte wirksamer in die gut etablierten makro- oder mikroökonomischen Systeme einzugliedern.

Bei dem Bemühen, die Umweltprobleme zu lösen und zu steuern, ist die Rolle des Marktes in ihrem Verhältnis zur Rolle der Regierung von entscheidender Bedeutung. In der wirklichen Welt existieren keine Lösungen, die ausschließlich auf der Grundlage des Marktes beruhen. Zum Beispiel haben alle westlichen Länder gemischte Wirtschaftssysteme entwickelt, in denen die Regierung dem privaten Sektor einen Rahmen von Verordnungen, Anreizen, Unterstützung und Richtlinien liefert. Es herrscht Einigkeit darüber, daß ein reiner Marktansatz die Probleme kollektiver Güter oder Fragen von langfristigem Interesse nicht lösen kann.

Die Probleme, denen wir gegenüberstehen, sind nicht nur intellektueller und analytischer Natur; es spielen immer auch reale Interessen und Machtstrukturen mit. In der realen Welt sind stets widersprüchliche Interessen am Werk. Wird ein normativer Ansatz hergestellt, dann müssen abgestimmte Aktionsschemata zwischen Machtgruppen und auch zwischen Nationen geschaffen werden, die logischerweise auch weiterhin ihre eigenen Interessen, Werte, Normen und Kulturtraditionen haben.

EIN NEUES ZEITALTER

Werte als Grundlage unseres Handelns

Wir müssen die Bedeutung von ethischen Werten in den verschiedenen Bereichen der Weltproblematik schärfer herausarbeiten, denn dies wird ein Kampfplatz der Zukunft sein und ein grundlegender Bestandteil der Weltlösungsstrategie. Wenn wir an die Zukunft späterer Generationen denken, müssen wir notgedrungen auch darüber nachdenken, wie die Probleme und Werte der heutigen Generation sich auf diese Zukunft auswirken werden. Wenn wir uns dann um eine tragfähige Weltgesellschaft und Weltwirtschaft bemühen, müssen wir auch den verschwenderischen Lebensstil der Industrieländer korrigieren und den Konsum drosseln - Änderungen, die uns ohnehin aufgrund der Erfordernisse des Umweltschutzes aufgezwungen würden. Aus ethischer Sicht von vordringlicher Bedeutung sind auch erneute Anstrengungen, die Armut in der ganzen Welt zu beseitigen.

Ethische Gesichtspunkte waren den Entscheidungsträgern in Politik und Wirtschaft bisher, vorsichtig ausgedrückt, nicht besonders wichtig. Höchstens die breite Öffentlichkeit hat diesbezüglich einige verschwommene Vorstellungen: Man ist gegen Korruption, gegen Umweltverschmutzung und gegen eine Wirtschaftsmoral, die zu vergessen scheint, daß die Wirtschaft in erster Linie den Menschen dienen sollte.

In den westlichen Ländern gibt es, wie bereits erwähnt, gesetzliche Rahmenbedingungen, die das Wirken der Marktkräfte regulieren; es gibt Antitrustgesetze und Antidumpinggesetze, Preisbindungsabkommen, Kontrollen im Kreditwesen und ähnliches. Außerdem existiert ein bestimmter Verhaltenskodex, der von der Geschäftswelt oft implizit akzeptiert wird. So etwas ist notwendig, um das reibungslose Funktionieren der kapitalistischen Gesellschaft sicherzustellen, um Betrug zu verhindern und die Arbeitskräfte und die Öffentlichkeit zu schützen. Dieses regulierende System ist zwar teilweise ethisch motiviert, aber die meisten Maßnahmen dieser Art dienen der bequemen Handhabung der Dinge und sollen nur optimale Bedingungen für den wirtschaftlichen Fortschritt schaffen. Ökologische Katastrophen, die zu Tod und Zerstörung führen, geben diesem Problemkomplex von Zeit zu Zeit Impulse und zwingen die Industrie, im eigenen, langfristigen Interesse ein gewisses Maß an sozialer Verantwortung zu übernehmen, auch wenn die damit verbundenen Kosten im nächsten Jahr den Gewinn zu schmälern drohen. Es wird immer notwendiger sein, klar erkennbare ethische Normen zu entwickeln, wie die Gesellschaft sie verlangt, Normen, mit denen auch die Industrie leben kann, wenngleich mit Einschränkungen. Solche Normen sollten das aktuelle Anliegen der osteuropäischen Länder sein, die soeben das System der Marktkräfte mit eher unkritischer Begeisterung übernehmen.

Ein ethisches Konzept der internationalen Beziehungen, das die Welt dringend braucht, kann sich erst dann entwickeln, wenn es auch auf der nationalen Ebene und letztendlich auf der Ebene jedes Einzelmenschen in gleicher Weise wirksam ist. Ein solches Konzept läßt sich nur nach intensiver Forschung und ebenso intensiven Gesprächen verwirklichen, bei denen ein zusammenhängendes, wohl abgestimmtes, dynamisches Menü für das menschliche Zusammenleben vorgeschlagen und dann von der Vielfalt der Völker als gemeinsamer Nenner in deren Geschichte, Kultur und Wertesystem aufgenommen wird.

Ein Aufruf zur Solidarität

Dieses Buch ist ein Aufruf zu weltweiter Solidarität. Wir leben im Anfangsstadium der ersten globalen Revolution, auf einem kleinen Planeten, und wir scheinen wild entschlossen, diesen zu zerstören. Wir sind mit zahlreichen Konflikten konfrontiert, leben in einem ideologischen und politischen Vakuum und stehen vor Problemen mit globalen Dimensionen, die von den an Bedeutung verlierenden Nationalstaaten nicht aus eigener Kraft gelöst werden können. Wir haben ungeheure wissenschaftliche und technologische Möglichkeiten zur Verbesserung der menschlichen Lebensbedingungen, wir sind reich an Wissen, aber arm an Weisheit, und wir suchen nach dem Schlüssel zum Überleben und einem Konzept einer tragfähigen Entwicklung.

Die einzige Hoffnung scheint in gemeinsamem Handeln zu liegen, das von der Einsicht in die Gefahren und vom gemeinsamen Eigeninteresse aller Menschen inspiriert ist. Ein wesentlicher Zuwachs an Weisheit ist wahrscheinlich nur durch die innere Entwicklung des Individuums zu erreichen. Die großen Religionen haben in ihren reinsten Bestrebungen zu allen Zeiten versucht, dies zu ermöglichen, allerdings mit wenig sichtbarem Erfolg. Wir dürfen daher keine Wunder erwarten und müssen auf dem aufbauen, was wir haben. Wir müssen in einem ersten Schritt weltweit ein aufgeklärtes, gemeinsames Eigeninteresse am Überleben der Menschheit und der menschlichen Gesellschaften fördern. Das wiederum setzt voraus, daß wir ein universelles Verständnis der prekären Lage der Menschheit, ihrer Gefahren und ihrer Verheißungen erzielen können.

■

»Vielleicht wird die Menschheit vor die Alternative gestellt, zwischen zwei Extremen wählen zu müssen: entweder die eigene Art zu vernichten oder künftig als eine Familie zusammenzuleben.«

Arnold Toynbee[1]

■

---

1 Britischer Historiker (1889-1979)

AUFRUF ZUR SOLIDARITÄT

Auf dem Weg zu dieser Solidarität können unsere Biologie und unser Egoismus mächtige Verbündete sein. Der Egoismus der meisten Menschen ist nicht auf ihre eigene Lebensspanne beschränkt, sondern erstreckt sich auch auf ihre Kinder und Enkel, mit deren Dasein sie sich identifizieren. Es müßte daher möglich sein, »egoistisch« auf Verhältnisse hinzuarbeiten, die künftigen Generationen eine würdige und wahrhaft menschliche Existenz ermöglichen. Dieses Streben wird von der gegenwärtigen Generation viele materielle Opfer fordern, aber es dürfte auch ungeahnte Verbesserungen der Lebensqualität mit sich bringen. Wenn wir die Solidarität der ganzen Welt erfolgreich als höchste Ethik des Überlebens gewinnen wollen, dann ist der erste Schritt dazu, Verständnis zu wecken.

Der Rat
des Club of Rome

Beim letzten Treffen des Club of Rome in Hannover im Jahr 1989 haben die anwesenden Mitglieder den dringenden Wunsch geäußert, ein Jahr lang tief über die gegenwärtige Weltlage und die sich daraus ergebende neue Aufgabe des Club of Rome nachzudenken. Zur Vorbereitung hatte unser Kollege Mihajlo Mesarovic an alle Mitglieder einen Fragebogen verschickt, und das Ergebnis dieser Aktion wurde als Zusammenfassung der Hauptideen in einem Bericht präsentiert.

Dann zog sich der Rat, wie beschlossen, zu einer Art geistiger Klausur zurück, zuerst Ende Februar 1990 in Petrovo-Dalneye bei Moskau in den Räumen des Ministerrats der Sowjetunion und ein zweites Mal Mitte September 1990 in Santillana, Spanien.

Das vorliegende Buch wurde vom Rat des Club of Rome diskutiert, überarbeitet und verabschiedet. Es ist das erste Mal seit der Gründung des Club of Rome, daß der Club selbst einen Bericht veröffentlicht und nicht, wie es bisher Tradition war, ein Bericht *an* den Club vorgelegt wird.

Dies bezeugt, daß die Mitglieder des Club of Rome mehr denn je bereit sind, über unterschiedliche Beurteilungen in Einzelfragen hinwegzusehen, sich auf eine gemeinsame Analyse zu verständigen und gemeinsame Ziele zu proklamieren.

Mitglieder des Rates:

Ibrahim Helmi Abdel Rahman
Umberto Colombo
André Danzin
Ricardo Díez-Hochleitner
John E. Fobes
Kurt Furgler
Jermen M. Gvishiani

Bohdan Hawrylyshyn
Helio Jaguaribe de Mattos
Alexander King
Misael Pastrana Borrero
Adam Schaff
Bertrand Schneider
Karan Singh
Hugo Thiemann
Victor L. Urquidi
Layachi Yaker

Würdigungen

Unser besonderer Dank gilt den Mitgliedern des Club of Rome Martin Lees und Donald Michael, die mit ihrer Arbeit für den Rat einen wertvollen, unverzichtbaren Beitrag zu den hier vorgelegten Gedanken geleistet haben.

Ebenso danken wir Patrice Blank, Richard Carey und Alexander Pekham für kritische Würdigung und kenntnisreiche Beratung, Soyo Graham-Stuart, Nicole Rosensohn und Marina Urquidi für Kritik und Ratschlag, Empfehlungen und willkommene Unterstützung sowie Fabienne Bouton für ihre nie versagende Geduld in der Entstehungsphase dieses Buches.

Bibliographie

AIESEC (Association Internationale des Etudiants en Sciences Economiques et Commerciales), *Report on International Congress*, AIESEC-Germany, Köln (1991)
J. Botkin,* M. Elmandijra, M. Malitzka,* *No Limits to Learning*, Oxford (1978). A Report to the Club of Rome, Paris (1980)
Lester R. Brown,* *Seeds of Change*, New York (1970)
Rachel Carson, *Der stumme Frühling*, München (o.J.)
Jean-Claude Chesnais, *Tiers Monde*, Paris (1987)
Mattei Dogan, John D. Kasarda, *The Metropolis Era: A World of Giant Cities*, Newbury Park (1988)
Jay W. Forrester,* *Industrial Dynamics*, Cambridge (1961)
Jay W. Forrester,* *Urban Dynamics*, Cambridge (1969)
Dennis Gabor u.a., *Beyond the Age of Waste*, A Report to the Club of Rome, Oxford (1978)
Orlo Giarini, *Dialogue on Wealth and Welfare*, A Report to the Club of Rome, Oxford (1980)
Orlo Giarini, Walter R. Stahel, *The Limits to Certainty*, Dordrecht (1989)
Franz-Olivier Giesbert, Le Président, Paris (1990)
Maurice Guernier, *Tiers-Monde: trois quart du monde*, Paris (1980)
Volker Hauff u.a., *Unsere gemeinsame Zukunft*, Der Bericht der Brundtland-Kommission, München (1987)
Bohdan Hawrylyshyn, *Road Maps to the Future*, A Report to the Club of Rome, Oxford (1980)
Institut francois des relations internationales, RAMSES *(Rapport Annuel Mondial sur le Systèmes Economique et les Stratégies)*, Paris (1975)
Alexander King,* *The State of the Planet*, Oxford (1981)
Ervin Laszlo* u.a., *Goals for Mankind*, A Report to the Club of Rome, New York (1977)
Akilu Lemma, Pentti Malaska, *Africa beyond Famine*, A Report to the Club of Rome, London (1989)
René Lenoir, *Le Tiers-Monde peut se nourrir*, Paris (1984)
Jacques Lesourne,* *Les Systèmes du Destin*, Paris (1975)

BIBLIOGRAPHIE

Elizabeth Mann-Borgese, *The Future of the Oceans*, A Report to the Club of Rome, Montreal (1986)
Donella H. Meadows, Dennis L. Meadows,* Jorgen J. Randers, William W. Behrens, *Die Grenzen des Wachstums*, Ein Bericht an den Club of Rome, Frankfurt/M. (15. Auflage, 1990)
Mihajlo Mesarovic, Aurelio Peccei, Eduard Pestel, *Der Weg ins 21. Jahrhundert*, Ein Bericht an den Club of Rome, München (2. Auflage, 1983)
Thierry de Montbrial, *Energy: the Countdown*, A Report to the Club of Rome, Oxford (1978)
Aurelio Peccei,* *Noch ist es nicht zu spät*, München (1984)
Eduard Pestel,* *Beyond the Limits of Growth*, A Report to the Club of Rome (1989)
Jean Saint-Geours, *L'Impératif de coopération Nord-Sud, La synergie des mondes*, Paris (1981)
Adam Schaff*, Günther Friedrichs, *Microelectronics and Society*, A Report to the Club of Rome, Oxford (1982)
Bertrand Schneider,* *Die Revolution der Barfüßigen*, Ein Bericht an den Club of Rome, München (1986)
E.F. Schumacher, Small Is Beautiful: *Economics as if People Mattered*, London (1973)
Jan Tinbergen (Hg.), *RIO-Reshaping the International Order*, A Report to the Club of Rome, New York (1976)
United Nations Industrial Development Organization, *Report on Workshop on Biomass Thermal Processing Projects*, London (1990)
University of Tokyo Global Environmental Study Laboratory and Massachusetts Institute of Technology Center for Energy Policy Research, *Proceedings of the Workshop on Economic, Energy, Environmental Modeling for Climate Policy Analysis*, Cambridge (1991)

Club of Rome*

Ervin Laszlo
Die inneren Grenzen der Menschheit
Ketzerische Überlegungen zur gegenwärtigen Ethik, Kultur und Politik
2. Auflage. 1988. 125 Seiten. Broschur. ISBN 3-926116-08-0

»Eine bemerkenswert klare Denkschrift über die gegenwärtigen Probleme der Menschheit und die dringende Notwendigkeit einer radikalen Änderung ihrer Haltungen und Handlungen.«
Alexander King

Ervin Laszlo
Global denken
Die Neu-Gestaltung der vernetzten Welt
Vorwort von Ilya Prigogine. 1989. 190 Seiten. Gebunden.
ISBN 3-926116-11-0

»Im Gegensatz zu Marx und Lorenz... eröffnet sich hier die Möglichkeit zu sinnvollem, vielleicht retenden Einfluß auf unsere Geschicke.«
Robert Jungk

* *Ervin Laszlo ist Gründungsmitglied des Club of Rome*

Eine Welt für alle

Eine Welt für alle
Visionen von globalem Bewußtsein
Mit Beiträgen von Willy Brandt, Michail Gorbatschow, Gro Harlem Brundtland, Fritjof Capra, Ervin Laszlo, Brigitte Erler, Hazel Henderson, Peter Russell, Hubert Weinzierl u.a.
2. Auflage. 1990. 204 Seiten. Broschur. ISBN 3-926116-20-X

»Visionen sind gefragt, einfache Lösungen haben ausgedient. Alle Weltprobleme sind miteinander verknüpft. Eine Umgestaltung im Weltformat, eine globale Perestroika ist die einzige Chance der Menschheit, meinen die Autoren dieses Buches, prominente Politiker, Forscher und Publizisten.«
dpa

Willy Brandt, Johan Galtung u.a.
Eine Welt - ein Schicksal
Ein Handbuch zur neuen Nord-Süd-Dimension
1992. Ca. 240 Seiten. Broschur. ISBN 3-926116-39-0

Internationale Experten analysieren in diesem Handbuch die aktuelle Nord-Süd-Lage nach der Ost-West-Entspannung, die neuen Risiken und Chancen der Länder des Südens.

Nord-Süd

Hafez Sabet
Die Schuld des Nordens
Der 50-Billionen-Dollar-Coup
2. Auflage. 1992. 119 Seiten. Broschur. ISBN 3-926116-34-X

»Dies ist ein exzellentes Buch. Ich teile die Meinung des Autors in allen Punkten.«
Jan Tinbergen (Nobelpreisträger Wirtschaft)
»Das ist kein Beitrag eines linken Utopisten, sondern eines Marktwirtschaftlers. Gerade das macht es besonders provozierend.«
Umwelt-Pressedienst
»Sabets Lösungsansätze für eine globale Strukturreform gehen weit über bisherige Vorschläge hinaus.«
Robert Jungk

William Nicholson
Der Marsch
Aufbruch der Massen nach Europa
Das Drama des Nord-Süd-Konflikts
Mit einem Essay von Hans Arnold. 1990. 141 Seiten. Broschur. ISBN 3-926116-26-9

»Ein engagierter Essay zur weltweiten Flüchtlings- und Entwicklungshilfeproblematik.«
Süddeutsche Zeitung

Zeitgeist/Kultur

Rettet die Weltkulturen
Ein Report an die UNESCO
Herausgegeben von Ervin Laszlo
Vorwort von UNESCO-Generalsekretär Federico Mayor
1992. Ca. 300 Seiten. Broschur. ISBN 3-926116-47-1

Bisher wurde der Rettung der Weltkulturen nur wenig Aufmerksamkeit zuteil. Dies muß sich ändern, denn es geht hier um den Weisheitsschatz der Menschheit. Dieses Buch zeigt, welchen Beitrag jede der großen Kulturregionen der Erde zur Lösung der Menschheitsfragen leisten kann.

Rudolf Bahro
Rückkehr
Die In-Weltkrise als Ursprung der Weltzerstörung
1991. 365 Seiten. Broschiert. ISBN 3-926116-40-4

Umweltkrise? Ein Ablenkungsmanöver, selbstbetrügerisch. Ist nicht der Mensch selbst die erste und letzte Ursache der Zivilisation? Warum stört, ja sprengt der Menschengeist das irdische Gleichgewicht? Die Weltzerstörung kann nur begriffen, kann, wenn überhaupt, nur aufgehalten werden, wenn der Mensch die In-Weltkrise meistert, aus der sie hervorgeht.